W9-ACT-732

CONTINENTAL, LATIN-AMERICAN AND FRANCOPHONE WOMEN WRITERS

Volume IV

Edited by

Ginette Adamson
Eunice Myers

University Press of America,® Inc.
Lanham • New York • Oxford

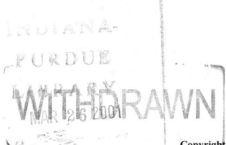
Copyright © 1997 by
University Press of America,® Inc.
4720 Boston Way
Lanham, Maryland 20706

12 Hid's Copse Rd.
Cummor Hill, Oxford OX2 9JJ

Library of Congress Cataloging-in-Publication Data

Wichita State University Conference on Foreign Literature (lst :
1984)
Continental, Latin-American, and Francophone women writers.
Bibliography: p.
l. Literature--Women authors--History and criticism--Congresses. I.
Wichita State University Conference on Foreign Literature (2nd :
1985) II. Myers, Eunice. III. Adamson, Ginette. IV. Title.
PN471.W5 1984   809'89287 87-8105 CIP

ISBN 0-7618-0869-8 (cloth: alk. ppr.)

⊖™ The paper used in this publication meets the minimum
requirements of American National Standard for information
Sciences—Permanence of Paper for Printed Library Materials,
ANSI Z39.48—1984

In memory of one of
our most faithful participants,

DANIELLE CHAVY COOPER

(1921 - 1995)

CONTINENTAL, LATIN-AMERICAN AND FRANCOPHONE WOMEN WRITERS, VOL. IV

EDITORS

Ginette Adamson
Eunice Myers

ACKNOWLEDGMENTS

This publication and twelve successful conferences on women writers at Wichita State University are the result of collaboration. Therefore, we seize this opportunity to thank the people and organizations who facilitated our work. First, our sincere thanks to the scholarly participants, whose enthusiasm inspired our continued efforts. Our gratitude to our keynote speakers and invited writers: Québécoise writers France Théoret and Monique LaRue, the Conseil des Arts du Canada, and the Délégation du Québec in Chicago for their continued support; French writer Claudette Oriol-Boyer and the Ministère des Relations Internationales (Paris); Marina Mayoral (Spain) and the Ministerio de Cultura (Spain), Adelaida López (Colombia) and Ilse Pracht-Fitzell (Germany). We also thank the editorial board who reviewed many versions of the manuscripts. Of course we recognize the monumental efforts of Servanne Woodward, Wilma Detjens, and Brigitte Roussel, who were codirectors of the conference.

We are also grateful to the Department of Modern and Classical Languages and Literatures, the Deans in the College of Liberal Arts and Sciences and the Vice-President for Academic Affairs, for their financial help and encouragement; and to other colleagues at Wichita State University who contributed to the success of our conferences. Special thanks to Carl Adamson and Robert Phillips for providing technical assistance and copy layout, and to our assistants Elena Dreisziger and Melissa Beckloff.

Contributor Laura G. Spencer will retain copyright privileges.

We gratefully acknowledge permission from these authors and publishers to quote from the works indicated:

Marie-Thérèse Humbert to quote from her works; Madeleine Monette and Les Quinze (*Double suspect*); Cristina Pacheco (*La última noche del "Tigre"*); Adélia Prado to quote from her poems; Elise Turcotte, VLB éditeur (*La voix de Carla*), and Ecrits des Forges (*Dans le delta de la nuit* and *Navires de guerre*); and Hugo J. Verani, editor of María Eugenia Vaz-Ferreira's *Poesías completas*

TABLE OF CONTENTS

INTRODUCTION

The nature of the Wichita State University Conference on Foreign Literature and, consequently, of this collection of revised essays assures diversity: the only organizing principle behind the presentations is that they deal with women who write in languages other than English. This leads to a rich variety of approaches to feminine/feminist literature. On the other hand, this welcome heterogeneity complicates any attempt at an organized presentation.

For the sake of simplicity, the papers in this collection are presented by language and by country or region. In addition, the authors within each area are presented in an approximately chronological order. Papers on Latin-American writers appear first, then articles on women from Spain. These are followed by one study each on literature from Brazil and from Germany. Women writers of France come next, beginning with investigations of medieval texts and proceeding through the twentieth century. Francophone writers from Africa and the Caribbean then follow. The volume ends with studies on writers from Québec. The choice of order should in no way be construed as a preference or a slight. The largest number of articles is on French-speaking authors. Therefore, to draw attention to the other languages, I chose to put them first. Again, because of chronology, French literature precedes the writing from other Francophone countries.

Despite this convenient and admittedly arbitrary grouping, there are connections to be found among the texts. Many of them overlap both thematically and theoretically. The following is an attempt to discover similarities in the midst of diversity.

Several contributors examine the ways in which authors change or eliminate the traditional boundaries between genres. Susan Ireland, for example, shows Madeleine Monette's *Le double suspect* to be both a detective novel and a journal inviting the participation of the reader in the diarist's journey of self-discovery. Similarly, Annabelle Rea believes Françoise Ega's *Lettres à une noire* belongs to several genres, for it contains elements of the novel, autobiography, slave narrative, letter/journal (as indicated by the title), and a writer's diary. She concludes that Ega's subtitle, "récit antillais," clarifies the orality of this hybrid text which is representative of the black female literary tradition. Claire-Lise Tondeur also explores the merging of oral tradition with the written text by Simone Schwarz-Bart, again in Antillean society. Elena Sánchez-Mora investigates Carmen Martín Gaite's search for the ideal interlocutor. Claudine Fisher shows how the contemporary French novelist Béatrice Commengé explores time. Intertextuality is emphasized in Giulia Colaizzi's study of the intertext in Teresa Garbí's *Cinco* and Victoria Steadman's examination of Paule Constant's novel, *Propriété privée*. Eduardo Jaramillo-Zuluaga traces Marvel Moreno's novelistic use of "ventriloquy," an indirect style focalized in a secondary character. In addition Moreno's work focuses on unhappy and unjust relationships between men and women.

Several other contributors to this volume combine sociological approaches, usually emphasizing women's lives, with textual analysis. Tiiu Laane analyzes German writer Louise von François's use of comedy, especially satire, to reflect her society. Mary C. Harges illustrates how Rosa Montero's fourth novel explores the problems of gender expectations for her male protagonist as well as the female ones. Cherie Meacham views Cristina Pacheco's novels as life stories of women, stories used to protest the injustices of Mexican society. Another unjust society is obvious in Annabelle Rea's previously-mentioned research on Françoise Ega's *Lettres à une noire*, but even there women form informal support groups. Claire de Duras's *Ourika*, an early French work, is presented by Michèle Bissière as an exploration of the "continent noir." Danielle Chavy Cooper explores Atlantic island worlds in the novels of Marie-Thérèse Humbert.

Two French playwrights are studied in this collection: Thomas L. Zamparelli looks at the treatment of women by Marguerite de Navarre, and Marie-France Hilgar presents Madame Ancelot, a nineteenth-century writer of both plays and novels. In addition, the Spanish female dramaturge, Concha Romero, is the subject of Carolyn J. Harris's examination of her portrayal of female experience.

Poetry is the topic of three articles included here. Margaret Cook contemplates the body as text or writing the body in Elise Turcotte's works. Brazilian poets Adélia Prado and Gilka Machado are introduced to many readers in Joyce Carlson-Leavitt's discussion of their search for an appropriate feminine/feminist voice. Laura Gutiérrez Spencer studies the "politics of desire" in Vaz Ferreira's poetry.

Another kind of desire, courtly love, is seen in Jean-Philippe Beaulieu's treatment of a text by Hélisenne de Crenne. Similarly, Brigitte Roussel investigates Louise Labé's neo-Platonistic treatment of love. Eros and its revolutionary potential are the topic of Kay Raymond's discussion of Rosario Ferré's writing. Robert Ziegler's article on Rachilde shows her emphasis on the portrayal of unconventional relationships.

A related issue, that of civilization and barbarity, is the emphasis of Timothy Williams' paper on Françoise de Grafigny's *Les lettres d'une Péruvienne* (published 1747).

Monique Nagem probes Chantal Chawaf's literature as redemptive texts. Meanwhile, Marianne Bosshard scrutinizes Chawaf's works from a more theoretical perspective, using ethical and post-structuralist thought as applied to the feminine/female act of writing.

Finally, Metka Zupancic gives an overview of several women writers from Quebec, including the previously-mentioned Monette.

In Volume II, I referred to our endeavor using a term coined by Annis Pratt--"spinning among fields." We continue to delight in the inter-disciplinary nature of feminist literary criticism, taking the best of many fields of thought, and adapting them to our own experiences and to our study of the works of those women writers who enrich our lives.

Eunice D. Myers

WORK CITED

Pratt, Annis, et al. *Archetypal Patterns in Women's Fiction.* Bloomington, Indiana UP, 1981.

Ejercicios de ventriloquía:
En diciembre llegaban las brisas,
de Marvel Moreno

J. Eduardo Jaramillo–Zuluaga
Denison University

Marvel Moreno es una escritora colombiana que ha vivido en París, pero su novela y sus cuentos no ocurren en París; ocurren en Barranquilla, una ciudad calurosa "que está junto a un río, muy cerca del mar" (*En diciembre* 283). Sus cuentos llevan un título provocador: *Algo tan feo en la vida de una señora bien* (1980) y en 1982 conocieron un cierto éxito editorial al ser traducidos al francés. Más tarde uno de esos cuentos fue llevado al cine y el filme obtuvo un galardón en el festival de Cannes en 1984.

Su novela *En diciembre llegaban las brisas* (1987) narra tres historias. La primera historia y la última son muy parecidas. Cuentan la triste vida de dos mujeres que fueron sometidas y anuladas por sus maridos. En el primer caso se trata de Dora, una muchacha sensual que vivía la "primitiva inocencia" del deseo (37) y "encontraba natural saberse deseada" (14). Dora se casa con Benito Suárez, un médico que a lo largo de la vida matrimonial la convierte "en un zombi limitado a lidiar un bebé . . . , en una mujer amorfa y marchita que comía poco, dormía mucho y vivía atontada por los tranquilizantes y las jaquecas" (58). En el segundo caso se trata de Beatriz Avendaño, una mujer cuya "marca distintiva era la rigidez, el caracter mecánico (y) disciplinado de sus movimientos" (193), y que termina prendiendo fuego a su casa para vengarse de su marido infiel. La historia del medio, la segunda historia, es una historia más feliz. Es la historia de Catalina, la hija de la Divina Arriaga, quien logra librarse de la opresión de su marido haciendo que se suicide y luego, ya viuda, termina en Nueva York viviendo a plenitud su sexualidad.

Además de denunciar la opresión que sufre la mujer en la sociedad machista de Barranquilla, todas estas historias tienen un mismo dispositivo narrativo: un perseverante estilo libre indirecto cuya focalizadora es Lina, un personaje que poco tiene de personaje literario, que es más que nada un pretexto, un punto en que se congregan los relatos y en el que se anudan todas las fuentes de información. Con un poco de nostalgia y otro poco de resentimiento, Lina recuerda desde París las historias de Dora, de Catalina y de Beatriz, y las recuerda con tal minuciosidad, con tanta riqueza de detalles, que termina por poner en tela de juicio su propia credibilidad. En efecto, ¿cómo es posible que Lina lo sepa todo?: Lina es la que encuentra una carta en la que el marido de Dora confiesa ser un asesino (82); Lina es la que se hace pasar por fotógrafa para conocer la casa donde torturaron al padre de la hermosa Catalina (114), Lina es la que ha visto, sin que sepamos a través de qué mirilla, todas y cada una de las caricias que se dieron Beatriz Avendaño y Javier Freisen cuando hicieron el amor por primera vez (250).

Suele pensarse que un personaje que lo sabe todo o que está en todas partes resulta inverosímil e indica una limitación en el arte de componer una novela. Así por ejemplo, cuando apareció publicada en 1958 *La región más transparente* de Carlos Fuentes, los primeros comentaristas no sabían qué *status* asignarle a Ixca Cienfuegos, el personaje en el cual se anudaban el México mítico y el urbano y las distintas clases sociales que lo componen. Algunos comentaristas opinaron que Ixca era un torpe recurso para darle unidad a la novela, otros pensaron que simbolizaba la ciudad de México y el mismo Fuentes sugirió que se trataba de "una máscara."[1] Marvel Moreno ha recibido críticas semejantes. En un libro sobre la novela colombiana de finales del siglo XX, Alvaro Pineda Botero afirma que Lina, "(s)iempre obsesionada por conocer un poco más, es una máscara que permite cómodamente el relato en tercera persona" (Pineda 49).

Y sin embargo, el caso de Lina es más complejo: Lina no sólo es un recurso que le da unidad a las tres historias de la novela, sino que además subraya en todo instante que el punto de vista narrativo es el de una mujer. La presencia de Lina enfatiza el hecho de que el mundo narrativo es un mundo femenino. Lina es algo más que una focalizadora, es un *tour de force*, es un ejercicio constante de *des–focalización*. A cada momento le recuerda al lector este hecho, que la voz narrativa no es imparcial y que la imparcialidad es, simplemente, un falso supuesto del modo narrativo masculino. En resumen, Lina coloca al lector en una situación muy curiosa, lo desfocaliza, lo despoja de una complicidad en la que ha estado acostumbrado a leer siempre.

Hace ya algunos años, George Poulet definió el fenómeno de la lectura en términos de esa complicidad tradicional. Para Poulet la lectura ideal es una experiencia de interioridad, un acto por medio del cual el yo del lector piensa los pensamientos de otro, un instante en que el otro y el yo del lector forman una misma entidad (Poulet 62). Esta definición de la lectura resulta apropiada si hablamos de imparcialidad, de la objetividad que defiende el modo narrativo masculino, pero no lo es cuando presenta un desplazamiento de la voz narrativa hacia una esfera distinta de complicidad. Para ilustrar la política de lectura que ofrece *En diciembre llegaban las brisas*, podemos colocarla sobre un fondo común que forman otras obras colombianas contemporáneas como *¡Que viva la música!* de Andrés Caicedo (1976), *La tejedora de coronas* de Germán Espinosa (1982), *Metropolitanas* de R. H. Moreno–Durán (1986) y *Un pasado para Micaela* de Rodrigo Parra Sandoval (1988).

Todas estas obras son narradas por personajes femeninos y permiten pensar en un ejercicio de ventriloquía, es decir, en un ejercicio que tiene por objeto colocar la propia voz (la voz del narrador masculino) en el cuerpo de otro (el personaje femenino) y, por tanto obliga a la voz narrativa a adoptar ciertas modulaciones que no son suyas y a abrir su discurso a una visión marginal del mundo que de otra manera no expresaría. Aunque el resultado inmediato es una mayor abundancia en las modulaciones del lenguaje novelístico (una mayor riqueza en la representación de la heteroglosia), el ejercicio de la ventriloquía acarrea también la posibilidad de perder, ya no el control sobre el mundo narrativo, sino, lo que parece más grave, la identidad de la propia voz. Como consecuencia, el ejercicio de la ventriloquía bien puede manifestar la necesidad de ganar un control sobre el otro, esto es, (de manera más relacionada con nuestro caso), la necesidad de hacer decir a la mujer las palabras que la hacen más deseable.[2] El ejemplo más claro de este doble movimiento de la ventriloquía que va de la incorporación de la voz de otro al control de esa voz, se encuentra en un relato de R. H. Moreno–Durán. Es el monólogo de una actriz que filma una película en Barcelona bajo la dirección de su marido. Ella comienza su monólogo así:

> Metida por oficio más que por placer en la piel ajena, ya ni siquiera sé quién soy. Una vez fui Mariana Alcoforado y otra Luisa de Brito, lo que no impide que hoy me vea convertida en una audaz reportera que lo arriesga todo en pos de una gran primicia. De esta forma, bajo los hábitos encarné primero una

pasión tórrida y contagiosa y luego, bajo los miriñaques, supe tramar con eficacia insospechada un pacto adúltero. (*Metropolitanas* 17)[3]

En sentido estricto, no podemos afirmar que *En diciembre llegaban las brisas* presente un ejercicio de ventriloquía, porque no se trata de una narración en primera persona y, además, porque Lina pertenece al mismo sexo de la autora. Sin embargo, la novela posee dos características que permiten asimilarla a un ejercicio deventriloquía. La primera de esas características se refiere a la manera en que Lina se introduce en un enclave que tradicionalmente ha pertenecido al discurso del escritor (y no de la escritora). Lina vive en París y desde París evoca la historia de sus amigas barranquilleras. Que Lina viva en París es algo que no debe ser subestimado. No basta para explicar el hecho de que la autora también viva en París. Más bien habría que considerarlo como la reiteración de un viejo *locus* latinoamericano. El París literario que aparece en la novela latinoamericana y, más específicamente, en la colombiana, es uno de esos lugares del lenguaje en el que todo es posible, un lugar donde se cruzan las palabras y los cuerpos, una especie de *locus amenus*, un *locus* de libertad. En una novela de los años cuarenta el protagonista exclama: "París... ¡Oh, París! ¡Lejano París de todos mis amores!" (*Ayer nada más...* 13). Y en una novela de 1980 el protagonista dice: "En París somos siempre jóvenes" (*Años de fuga* 64). Lina habita, pues, ese *locus* de felicidad que es París, y desde París recuerda esas historias que estamos leyendo y que, en consecuencia, pueden ser consideradas como una colección de *exempla*, de ejemplos: son un manual para sobrevivir en un mundo masculino. Lina es la mujer que ha logrado una imposible libertad siguiendo el itinerario que le señalaba una de sus preceptoras, la tía Eloísa: "El periplo de iniciación y prueba (exige) un período relativamente corto, para que, al final de la travesía, se (tenga) aún la fuerza y el entusiasmo necesarios para la vida" (111).

La segunda característica que asimila la novela de Marvel Moreno al ejercicio de la ventriloquía consiste, ya no en la intromisión del personaje en un enclave literario, sino en la posición que obliga a adoptar al lector. En efecto, la presencia de Lina obliga al lector a reajustar constantemente sus propios juicios, a revisar su propia hermenéutica. Esto es algo que se presenta desde el mismo principio de la obra. La novela se abre con una cita de la Biblia que la abuela de Lina le pide leer cuidadosamente porque en ella se encontraban,

Todos los prejuicios capaces de hacer avergonzar al hombre de su origen, y no sólo de su origen, sino además, de las pulsiones, deseos, instintos o como se llame, inherentes a su naturaleza, convirtiendo el instante que dura su vida en un instante de culpabilidad. (9)

Esta manera de comenzar, con una cita bíblica, es común en las tres historias que componen la novela. Y si en la primera historia es la abuela la que le pide a Lina leer la Biblia con atención, en la segunda historia es la tía Eloísa y en la tercera la tía Irene. El procedimiento es demasiado frecuente como para que pueda escapar a nuestra atención. Entre esos pasajes bíblicos y Lina hay siempre una tercera persona, una tía o una abuela, una lectora en todo caso, que le pide a Lina leer esos pasajes bíblicos haciendo una hermenéutica distinta de la tradicional. De igual forma, entre las páginas de *En diciembre llegaban las brisas* y el lector hay siempre una tercera persona, Lina, que no cesa de desfocalizar el mundo narrativo que componen las vidas de Dora, Beatriz y Catalina.

En diciembre llegaban las brisas es, pues, una de las novelas de escritora más interesantes que se han publicado en Colombia en los últimos años. En el ejercicio constante de desfocalización que realiza a lo largo de un perseverante estilo libre indirecto, la obra de Marvel Moreno ha elegido ese viejo *locus* de París—Lina en París—para desmontar la práctica de una hermenéutica que ha ejercido siempre la autoridad. Este es un programa literario que comparte con otros escritores colombianos contemporáneos. Sin embargo, algo la diferencia de ellos: el ejercicio de la ventriloquía, el desplazamiento constante de la voz hacia la marginalidad, no obedecen en la obra de Marvel Moreno al deseo de dominar el cuerpo de otro, sino más bien al deseo de ganar un poco más de espacio para el propio cuerpo.

NOTAS

[1] H. Ernest Lewald afirmó que Ixca Cienfuegos "no convence ni como personaje de carne y hueso ni como símbolo de lo genuinamente mexicano' (20). Durante un diálogo público en Washington University (St. Louis, 1985), Fuentes sostuvo que Ixca era "una máscara."

[2] Sobre la necesidad de estudiar la voz de la mujer como uno de los lenguajes capitales de la heteroglosia, véase Wayne C. Booth, "Freedom of Interpretation: Bakhtin and the Challenge of Feminist Criticism,' *Critical Inquiry* 9.1 (1982): 45-76. Sobre la relación de poder que existe entre la voz que representa y la voz representada, véase R. Barton Palmer, "Languages and Power in the Novel: Mapping the Monologic," *Studies in the Literary Imagination* 23.1 (1990): 99-127.

[3] Otros ejemplos son el principio de *¡Que viva la música!*: "Soy rubia, rubísima"; el tono evocador de *Un pasado para Micaela:* "La muchacha de alborotadas melenas rubias que hace cuarenta años se bajó de una berlina en el pueblo . . . era prácticamente igual a ti, Micaela, físicamente hablando se entiende. Usaba un grueso faldón de flores estampadas, botas negras y chaleco de cuero y tenía los brazos abiertos . . ." (12); el tono más exaltado de *La tejedora de coronas*: ". . . comprender el sentido de esos encantos ahora nuevamente resaltados por el espejo, el orden y la prescripción del fino dibujo de mis labios, el parentesco de mi ancha pelvis con la del arborícola cuadrúpedo, la función nada maternológica ni mucho menos lactante de mis eréctiles pezones . . ., el delicado nudo de mis tobillos, bajo los cuales se cimentaba la espléndida arquitectura" (10).

OBRAS CITADAS

Alvarez Lleras, Antonio. *Ayer nada más...* Paris: Le livre libre, 1930.

Apuleyo Mendoza, Plinio. *Años de fuga.* Bogotá: Plaza y Janés, 1985.

Bakhtin, M. M. "Discourse in the Novel." *The Dialogic Imagination.* Ed. Michael Holquist. Trans. Caryl Emerson and Michael Holquist. Austin: U Texas P, 1981. 259–422.

Booth, Wayne C. "Freedom of Interpretation: Bakhtin and the Challenge of Feminist Criticism." *Critical Inquiry* 9.1 (1982): 45–76.

Caicedo, Andrés. *¡Que viva la música!* Bogotá: Colcultura, 1977.

Espinosa, Germán. *La tejedora de coronas.* Bogotá: Pluma, 1982.

Fuentes, Carlos. Diálogo público. Washington University, St. Louis, Primavera de 1985.

Lewald, H. Ernest. "El pensamiento cultural mexicano en *La región más transparente* de Carlos Fuentes." *Revista Hispánica moderna* 33 (1967):216–23.

Moreno, Marvel. *En diciembre llegaban las brisas.* Barcelona: Plaza y Janés, 1987.

Moreno–Durán, R. H. *Metropolitanas.* Barcelona: Montesinos, 1986.

Palmer, R. Barton. "Languages and Power in the Novel: Mapping the Monologic." *Studies in the Literary Imagination* 23.1 (1990): 99–127.

Parra Sandoval, Rodrigo. *Un pasado para Micaela.* Bogotá: Plaza y Janés, 1988.

Pineda Botero, Alvaro. *Del mito a la posmodernidad: la novela colombiana de finales del siglo XX.* Bogotá: Tercer Mundo, 1990.

Poulet, Georges. "Criticism and the Experience of Interiority." *The Structuralist Controversy: The Languages of Criticism and the Sciences of Man.* 1970. Ed. Richard Macksey and Eugenio Donato. Baltimore: The John Hopkins UP, 1982.

The Politics of Desire in the Poetry
of María Eugenia Vaz Ferreira

Laura Gutiérrez Spencer
New Mexico State University

María Eugenia Vaz Ferreira was born on July 13, 1875, in Montevideo, Uruguay. A member of the South American bourgeoisie, during her adolescence and youth (1893-1905) she became the most celebrated female poet of Latin America. Though her work is generally associated with Spanish American modernism, her style ranges from romanticism to the innovations of the vanguard movement. She lived as a misunderstood woman, a woman before her time.

> María Eugenia Vaz Ferreira fue indiscutiblemente la precursora de la poesía femenina en nuestro país—y era una artista y al mismo tiempo una intelectual que sobresalía en los ambientes cultos y mundanos de un Montevideo provincial, burgués y pacato donde las mujeres aún se encontraban en una especie de limbo cultural estimulado por la sociedad "machista" de la época que relegaba a la mujer al estricto ámbito doméstico, a la zaga incondicional de padres, maridos, hijos y hermanos. (Legido 4)

Her role as a pioneer of Latin-American feminist poetry has never been adequately recognized. Gabriela Mistral has born witness that she herself, Juana de Ibarbourou and Alfonsina Storni were all influenced by her work. In a speech made at a ceremony honoring the three poets, Mistral remembers Vaz Ferreira and applauds her support and encouragement of younger poets: "Pensemos a María Eugenia, alma heroica y clásica, que en lo heroico y en lo clásico hubiera querido pastorearnos a todas, pero que se nos fue demasiado pronto" (Moreira 15-16). Mistral imagines how Vaz Ferreira would have nurtured her and her contemporaries as she did Agustini if she had had the opportunity. The four most acclaimed women poets of Latin America then, were inspired by Vaz Ferreira's work; yet her name has fallen into obscurity since her death in 1924.

On the surface, the poetic techniques applied by Vaz Ferreira adhere to the poetic conventions of the time. Within her Modernist poetry, for instance, she includes motifs of mythology, references to Satanism, neologisms, archaisms, and motifs associated with French Symbolism and Parnassianism. But the powerful female figures that she portrays are of a revolutionary nature. For instance, Vaz Ferreira challenged the hegemony of the male hero over his female counterpart. She begins "Heroica" with the poetic subject's expression of her desire for a man of heroic proportions:

> Yo quiero un vencedor de toda cosa,
> invulnerable, universal, sapiente,
> inaccesible y único. (Verani 127)

In the beginning of the poem, the woman's image of an ideal lover corresponds with the traditional perception that a woman desires a strong and aggressive male who will dominate. This object of her desire is an unconquerable male hero who squelches all female power for she describes this man as a conqueror of "el corazón de la rebelde fémina" (Verani 127). Throughout the poem the poetic subject proclaims her desire for this indomitable conqueror, and yet in the end she desires this strong man only in order to gain more pleasure from his defeat at her hand:

> Y que rompa una cósmica fonía
> como el derrumbe de una inmensa torre
> con sus cien mil almenas de cristales
> quebrados en la bóveda infinita,
> cuando el gran vencedor doble y deponga
> cabe mi planta sus rodillas ínclitas. (Verani 128)

The "invincible" hero is destroyed by the poetic subject who exults at his defeat by placing her foot upon his conquered knee. The destruction of the masculine hero is a violent reaction to the domination of females found in patriarchal myth in which the male maintains the unquestioned position of subject and active agent.

Vaz Ferreira's feminist stances took many forms other than outright rebellion. She accurately described the psychosexual dynamics of male desire long before it was "defined" by male researchers in Europe. Jacques Lacan, perhaps the most prominent psychoanalyst on the subject, built upon the discoveries of Sigmund Freud. While analyzing male sexuality, he noted that males do not identify themselves as masculine merely by possession of the phallus. Masculinity does not become actualized without the realization that the female, the mother for instance, does not possess a phallus. But the shock of this revelation results in a fear of castration. The presence of the woman's "castrated" body serves to make the male aware of the presence of his phallus and therefore, his masculinity. Lacan notes the curious nature of the dynamics of male desire: "There is an antinomy here, that is internal to the assumption by man (Mensch) of his sex: why must he assume the attributes of that sex only through a threat—the threat, indeed, of their privation?" (Lacan 281). His sexuality is realized by means of a fear of losing the sign of that sexuality. In simple terms, the male subject only knows he has *it* by comparing himself with one who does not. Within this dialectic of desire, the woman and her sexuality are rendered superfluous. Luce Irigaray expresses the dynamic of the invisible feminine object: "I, too, a captive when a man holds me in his gaze; I, too am abducted from myself. I am immobilized in the reflection he expects of me. Reduced to the face he fashions for me in which to look at himself" (Irigaray 66). Irigaray represents the woman as a captive of the dialectic of masculine desire. The man needs her not for herself but to reflect his own identity.

Vaz Ferreira dramatically represents the interpretation of the female object as a reflection of the male subject in her poem "Entré a su cuarto de artista." The model watches as the artist skillfully paints her likeness, yet the artist becomes frustrated in his attempts to represent what he "wants" in her eyes. No matter how hard he tries, he cannot represent this in the portrait. The model looks at the painting and comments:

> "Ya lo comprendo—le dije—
> Escucha, bórrale pronto
> ese mirar de muñeca,
> esas pupilas sin fondo.
> En su lugar pon ahora
> dos espejos y tú solo
> para mirarlo, te pones
> así, bien frente a tus ojos." (Verani 188)

The woman/object in the artist's view is only a doll, a place-holder that affirms the identity of the artist himself. The model is conscious of her role as a place-holder in the artist's eyes. She more than he, realizes that what he desires lies not within herself. Her exterior (her body) serves as a mirror that reveals his own phallus to him. What she describes as "ese mirar de muñeca,/ esas pupilas sin fondo" represent the artist's lack of interest or awareness of the model's interior state of being. She is depicted in his painting as an object without consciousness or will. Within the dialectic of desire, the woman's identity is erased. As the poem demonstrates, the artist's use of the woman as a reflection of himself, has the effect of eliminating the woman from "the picture": "En su lugar pon ahora/ dos espejos, y tú, solo, para mirarlo, te pones así, bien frente a tus ojos." The encounter between the male and female becomes, in the final analysis, an encounter of the male with himself.

María Eugenia Vaz Ferreira in "Entré a su cuarto de artista" proved herself to be a predecessor (by decades) of Jacques Lacan in his analysis of the psychoanalytic dynamics of male desire. She described perfectly the manner in which women's sexuality and identity are suppressed under the domination of male desire. The early feminists of Latin America, unfortunately, were not able to benefit from Vaz Ferreira's insight since this poem was not published until 1986.

As we have seen, one of the consequences of male desire is the eradication of any recognition of female identity or desire on the part of males. When Vaz Ferreira began to write and publish poetry, the expression of sexual passion by women was not generally accepted. In fact, female autonomy in most any form was suspect. Hugo Verani describes the environment in which Vaz Ferreira wrote as "una época de severa rigidez que imponía a la mujer sumisión y dependencia total e intolerable" (Verani 9). We know that during and after Vaz Ferreira's life the issues of women's suffrage, divorce, and women's work outside the home were virulent topics of discussion in the public arena. There was no known tradition in Latin America of female poets extolling the joys of erotic love. From the time of her adolescence, Vaz Ferreira was keenly aware that a woman of her time who wrote, often forfeited a domestic life and vice versa. This realization is apparent in her poems "Monólogo" and "Berceuse." Perhaps one reason that Vaz Ferreira was accepted in Montevidean society was because of her "intachable reputación de señorita" (Moreira 35). In fact, in the literary criticism of the time, the most commented aspect of her life is her supposed life-long virginity.

Vaz Ferreira was one of the first Latin American women writers to express sensuality in her poetry. In the words of Hugo Verani, Vaz Ferreira was "la primera mujer hispánica moderna que poetizó las ansias de su sexo y planteó el amor como tema literario, rebeldía (social, sexual) que muy pronto desembocar en el lirismo sensual y confesional de Delmira y Juana de Ibarbourou" (Verani 9). Vaz Ferreira's eroticism paved the way for these poets to fully develop and explore the poetic expression of female desire. The poem "Los desterrados" serves as an excellent example of Vaz Ferreira's representation of man as object of sexual desire. In this poem Vaz Ferreira sensually describes the body of a blacksmith working at a forge:

> El cabello sudoroso
> en ondas le negreaba
> chorreando salud y fuerza
> sobre la desnuda espalda.
> Le relucían los ojos
> y la boca le brillaba
> henchida de sangre roja
> bajo la ceniza parda. (Verani 109)

Vaz Ferreira's sensuous description of the blacksmith includes not only the visual appearance of his body but the smell of the iron he works and the sound and feel of the rhythmic pounding of his hammer. The woman's sense of arousal is complemented by the description of the sparks that fly under the force of the hammer.

The poetic subject feels a strong desire for the man in the poem but she knows it is impossible for her to realize the position of subject in the game of desire. This man's female love is represented as a passive sexual object "libre de secretas ansias." These "ansias" are described as secret, because they are unspeakable within patriarchal discourse. The poetic subject asks God why he did not make her like this man's lover:

> ¿Por qué no te plugo hacerme
> libre de secretas ansias,
> como a la feliz doncella que esta noche
> y otras tantas
> en el hueco de esos brazos
> hallará la suma gracia? (Verani 109)

The poetic subject longs to surrender to the sensual pleasure offered by this object of her desire. Nevertheless, she is destined to live a barren and solitary existence:

> Mírame por mi camino,
> como por una vía apia
> de sonrisas incoloras
> y de vacías miradas. . . (Verani 109)

The poetic subject describes herself as always alone and sad, but she does not surrender her autonomy. In the end she accepts her fate and continues on her way.

> Así me quejé y a poco
> seguí la tediosa marcha,
> arropada entre las brumas
> pluviosas, y me obsediaban
> como brazos extendidos
> los penachos de las llamas
> y unos ojos relucientes
> adonde se reflejaba
> el dorado y luminoso
> serpenteo de las fraguas. (Verani 110)

As she leaves the scene she is haunted by the memory of her unrealized passion that she may never consummate.

Vaz Ferreira's poems of rebellion and desire are revolutionary in that they express a frank and insightful vision into the feminine psyche. Not since Sor Juana has a Latin-American poet expressed such disdain for the oppressive dynamics of patriarchal culture and discourse that represent women as mere objects of male desire. Like Sor Juana, Vaz Ferreira used irony and humor to reveal the unequal treatment of men and women within society. While Vaz Ferreira analyzed and criticized the dynamics of male desire, she also pioneered the development of female erotic poetry in her innovative and sensuous depiction of female desire, thereby paving the way for younger, more intrepid poets who would surpass sensuality and replace it with open eroticism.

WORKS CITED

Irigaray, Luce. "And the One Doesn't Stir Without the Other." *Signs: A Journal of Women in Culture and Society* 1 (Autumn 19810: 6-67.

Lacan, Jacques. *Ecrits: A Selection*. NY: W. W. Norton, 1977.

Legido, Juan Carlos. *Manual de literatura*. 27: *María Eugenia Vaz Ferreira*. Montevideo: Técnica, 1976.

Moreira, Rubenstein. *Aproximación a María Eugenia Vaz Ferreira*. Montevideo: Montesexto, 1978.

Verani, Hugo, ed. *María Eugenia Vaz Ferreira: poesías completas*. Montevideo: Ediciones de la Plata, 1986.

Eros and Revolution in Rosario Ferré

Kay E. Raymond
Sam Houston State University

Rosario Ferré insists on the importance of women's passion as well as their potential as revolutionary figures because of this emotion in her essays, stories and novellas. The female is, because of her subordination within patriarchal society, a possible cauldron of resentments and discontent, ready to boil over and serve as catalyst for major social change. Her feelings, nurturing themselves while she appears to accept her fate, may finally burst through their cover and lead to social upheaval. In fact, the woman who finally breaks the bonds of tradition is seen as being impelled by a passion, or multiple passions.

The female as potential revolutionary appears early in Ferré's writing career. In *Zona de carga y descarga*, a magazine she co–edited from 1972 to 1975, the editorials center on the necessity of freedom for colonial areas such as Puerto Rico, a change in the political system, coupled with the necessity for socialism, a change in the economic system. Ferré also links female liberation with that of national independence in a 1973 editorial (*Zona* 2–3). But, Ferré argues (repeating an idea stated by Alexandra Kollontai about the Russian system in the early 1920s), even if these stated goals of political freedom and a socialist economic system were reached, *in themselves* these changes would not bring about the liberation of women. The latter implies a complete transformation of the basic structure of society as a whole.

Patriarchal norms do not automatically disappear because of other permutations. Economic and political changes do not necessarily alter the values of a patriarchal society, in which obedience to authority and hierarchical practices are supreme. To modify these norms, the basic relationship between men and women must be changed. Throughout her fictional writings, despite the author's disavowal of an intentional previous message, women's societal inferiority is underlined. Ferré asserts that when women are considered as social inferiors, subject to male authority, a woman becomes viewed as an object or a slave. As she points out in her essay "La cocina de la escritura": "Es ineludible que mi visión del mundo tenga mucho que ver con la desigualdad que sufre todavía la mujer en nuestra edad moderna" (145).

This link between the female and the society in which she lives is seen specifically in Ferré's collection of essays, *Sitio a Eros*, which deals with the relationship between the female author and societal norms. The title is derived from the Russian feminist Alexandra Kollontai's 1923 essay, "Make Way for Winged Eros: A Letter to Working Youth." In it, Kollontai discusses the place of love in proletarian ideology, distinguishing between "Wingless Eros," the unadorned sexual drive, and "Winged Eros," "a love woven of delicate strands of every kind of emotion" (277). Ferré discusses this essay, and applauds Kollontai's emphasis on the multiplicity of human emotion involved in love and the possibility of freer, more caring relationships between men and women (Ferré, *Sitio* 93). However, by omitting Kollontai's adjective "winged" in her own title, Ferré distinguishes herself from Kollontai, and stresses one aspect of her own feminism: the justification of pure *eros* in the sense of the erotic, almost primeval, natural force which she insists that women—as well as men—feel. She asks: "¿No tiene acaso la mujer, al igual que el hombre, derecho al amor profano, al amor pasajero, incluso al amor endemoniado, a la pasión por la pasión misma?" (*Sitio* 16) To a certain extent, Ferré considers woman herself to be defined by passion. In her "Envío" to *Fábulas de la garza desangrada* she writes: "Amo / porque vivo, y soy mujer, y no me animo a amordaza / sin compasión a mi conciencia . . ." (7). An individual woman has a right to her passion just as she has the right to know the "secretos de mi cuerpo y mi espíritu" (*Fábulas* 51). This passion can be expressed in many forms: in Marina's adulterous relationship with her cousin, Marco Antonio, in "Marina y el león"; the whirling, captivating dance of María de los Angeles as Coppélia in "La Bella Durmiente" (Ferré, *Papeles* 109–19, 144–86); or the consuming passion between Gloria Camprubí, nurse/mistress/wife and her homosexual husband, Nicolás, in *Maldito amor*.

Despite Ferré's emphasis on the female as nonconformist, the young woman who is ready to accept social codes and live within the norms of a patriarchal society frequently appears in her stories. The young girl of "De tu lado al paraíso" spends boring, purposeless afternoons at home before her marriage (*Papeles* 194). Even María de los Angeles, the protagonist of "La Bella Durmiente," the most famous of Rosario Ferré's works, at first thinks of marriage to Felisberto as a liberation: "ahora vas a poder bailar para siempre porque te vas a casar conmigo te voy a llevar lejos de aquí me hablas y te veo chiquitito . . . ya estoy libre ahora liviana desnuda empujándome hacia ti con las piernas hasta romper la superficie dame otro beso Felisberto despertó" (158). But, as Lucía Guerra–Cunningham has pointed out, the Sleeping Beauty tale in Ferré's version becomes an example of "anti–märchen," a fairy tale in which Evil triumphs over Good and at the end of which there remains a state of disequilibrium and imperfection (20). An inexperienced young woman who accepts society's definition of her role learns that the ideal world she has been presented does not reflect reality. Felisberto is not a Prince Charming: he breaks his promise to his wife that she would not have to have children, and impregnates her during wife–rape. María discovers that marriage to Felisberto does not rescue her from her parents' demands; rather, the husband imposes a new tyranny from which she can escape only in death. The story itself fulfills one of the norms which Ferré has set for female writers, that of opening women's eyes to reality: "La responsabilidad actual de toda escritora es precisamente convencer a sus lectoras de ese precepto fundamental: el príncipe azul no existe, no tiene materialidad alguna fuera de la imaginación de la propia capacidad creadora" (Sitio 14).

The most lasting image of women we have from Ferré's work is of strong, passionate women who face their situation with determination and defiance. Doña Elvira in Maldito amor, although she is small and delicate, has a "passionate soul" and confronts her husband when she feels that his treatment of their workers is unjust (16–7). The twin sisters in Ferré's folk tale "Pico Rico Mandorico" cut off the tip of the oppressive landowner's nose, thus enabling the townspeople to recognize him as their exploiter (La mona 7–16).

Ferré's powerful female characters do not simply point out injustice, but lead the rebellion or begin the revolution. At the end of the story "Amalia," the uncle's three mistresses rebel, gain power and strength, joining the chauffeur in a bacchanalian fury, killing the uncle, destroying his house, and then setting fire to it (Papeles 78–80). After a long period of passively accepting their fate, they become Erinyes, Furies, acting out vengeance. And, in Ferré's novel Maldito amor, which at first appears to be a thinly–veiled tale of a Guamaní hacendado family, these mytho-logical women again appear as avengers. At the end, Gloria, the mulata mistress, and Titina, the black maid, are dancing and singing while setting a fire in the fields around the house and mill (74–79). This dance is similar to, but somewhat more subdued than, Lhusesita's dance which prefigures the anarchic rebellion of "Maquinolandera" (*Papeles* 218). Fire in these circumstances is not only a destructive force, a means for getting revenge, but also a constructive element in the Heraclitean sense. Fire is the agent of transmutation, a mediator between what vanishes and what is created. Those who have been most oppressed within the society, people who have been discriminated against because of both their race and sex, lead the revolution to the new order.

Impelled by their frustration and anger, women, then, especially the most oppressed ones, become Furies. They become the avenging force which destroys the old social, political and economic order. As Ferré stated in a 1973 editorial, oppressed women will lead the forces of change: "Las mujeres de Old Colony, ciudadanas de segunda clase, explotadas tanto en el hogar como en el trabajo, tienen una motivación mucho más apremiante que los hombres para llevar a cabo la verdadera revolución social. Podría decirse que sólo por medio de ella ésta tomará lugar" (*Zona* 3).

Ferré's writing places her at the forefront in the reevaluation of the social, political and moral role of Caribbean women, not only because of the topics which concern her, but also because she is part of, and a leader in, what Elena Poniatowska has called the "great flow of literature of the oppressed" (27).

WORKS CITED

Ferré, Rosario. "La cocina de la escritura." In *La sartén por el mango.* Eds. Patricia Elena González & Eliana Ortega. Río Piedras: Ediciones Huracán, 1985, 137–54.

—-. *Fábulas de la garza desangrada.* Mexico: Joaquín Mortiz, 1982.

—. *Maldito amor.* Mexico: Joaquín Mortiz, 1986.

—. *La mona que le pisaron la cola.* Río Piedras: Ediciones Huracán, 1981.

—. *Papeles de Pandora.* Mexico: Joaquín Mortiz, 1979.

——. *Sitio a Eros.* Mexico: Joaquín Mortiz, 1980.

Guerra–Cunningham, Lucía. "Tensiones paradójicas de la femineidad en la narrativa de Rosario Ferré." *Chasqui* 13.2 (1984): 13–25.

Kollontai, Alexandra. "Make Way for Winged Eros: A Letter to Working Youth." In *Selected Writings.* Ed. Alix Holt. London: Allison and Busby, 1977. 276–92.

Poniatowska, Elena. "La literatura de las mujeres es parte de la literatura de los oprimidos." *Fem* 6.21 (1982): 27.

Zona de carga y descarga 5 (1973): 2–3.

From Cradle to Grave: Women's Life Cycle in the Resistance Narratives of Cristina Pacheco

Cherie Meacham
North Park College

Commenting on history's tendency to confuse anonymity with impersonality in the depiction of the masses, Edward Hellet Carr writes: "People do not cease to be people, nor individuals individuals, because we do not know their names" (63-64). Carr's statement provides an appropriate context for the work of Mexican journalist and author, Cristina Pacheco, whose short narratives resist the objectification and dehumanization of urban poverty. Pacheco has dramatized the marginalized existence of the urban poor of Mexico City with concrete and intimate detail in five published collections of articles and vignettes: *Para vivir aquí* (Grijalba 1983), *Cuarto de azotea* (SEP 1983), *Sopita de fideo* (Océano 1984), *Zona de desastre* (Océano 1986), and *La última noche del "Tigre"* (Océano 1986).

Cristina Pacheco joins the ranks of Elena Poniatowska and María Luisa Mendoza in using testimonial fiction to document the harsh reality of the underclasses in Mexico. Her testimony conforms to the standards of the genre requiring that it come "from the place in which it is born, lives and is propagated: the lips of the people" (Kanafani 12). Pacheco is an award-winning journalist and creator of the television documentary on Mexico City, "Aquí nos tocó vivir," which has won her wide recognition as an effective and dedicated advocate of the underprivileged. On the jacket of Pacheco's latest publication, which is the subject of this study, her editor summarizes her role as mediator between the oppressor and the oppressed: "Los hombres, mujeres y niños a quienes en la vida real les niega la esperanza, la voz, y el porvenir, los humillados y ofendidos que aún no tienen cabida en las páginas de la Historia son los protagonistas de *La última noche del 'Tigre'*."

In the majority of her stories, Pacheco portrays the experience of victimization through female characters for whom issues of gender converge with those of race, class and age to create a debilitating circle of destructive ideologies. By focusing on the chronological stages in women's life cycle, this study will reveal Pacheco's feminist protest over women's subordinate status in a gender hierarchy that has been exacerbated by a decade of debt crisis and a cataclysmic earthquake. Her depiction of women's increasing deprivation undermines the claims of progress and modernization made by Mexico's ruling party. Moreover, the trivial but tragic reality of their daily lives documents an ironic contrast with visions of feminist reforms in other populations. Although the characters' responses vary from passive acceptance to impassioned resistance, their personal circumstances often expose the act of survival as one of heroic accomplishment and clearly denounce the male hegemony as an antiquated and blatantly repressive system.

While exploring the convergence of national issues with feminist concerns in a selection of Pacheco's most recent stories, this study will also assess the testimonial vehicle she uses as an intersection between historical documentation and literary device. In an article about Pacheco's earlier fiction, María Elena de Valdés comments on the hybrid nature of her narratives "wherein the immediacy and authenticity of journalism are combined with the imaginative power of fictional writing" (150). She describes Pacheco's writing as the "fictionalized reporting of events and lives of concrete individuals" (160). Pacheco herself has defined her work as "recreations filtered through her own experiences and imagination" (cited on the jacket of *Sopita de fideo*). René Jara observes this as a syncretism in testimonial literature that establishes "una relación de continuidad entre historia documental y ficción narrativa" (5) and that challenges traditional definitions of canon and genre.

To delineate the merging of history and fiction in testimonial literature, Lillian Manzor-Coats states: "If the historians seek to refamiliarize the reader with historical events, the novelist, on the other hand, 'defamiliarizes' history into story" (161). Utilizing a series of referential codes, Pacheco creates the image of reporting events that have transpired outside the narration to which she is merely bearing witness. She takes care to give specific names and dates and describes locations and characters with brief but accurate detail. To enhance the impression of authenticity, she at times frames her stories with a conventional document such as a newspaper article. Avoiding contemporary narrative experi-mentation, she constructs the sequence of events in a lineal narration of action, in which the unities of time, place, and action are generally maintained. She offers the reader a proliferation of brief but intensely dramatic episodes that give the appearance of video recordings made by a sympathetic but unobtrusive witness.

In addition to Pacheco's capable manipulation of literary codes that point to verisimilitude, there is evidence of her manipulation of figurative devices that prevent her simple and straightforward narrations from appearing banal and clichéd. In his book, *Defamiliarization in Language and Literature*, R.H. Stacy quotes Russian formalist Shklovsky on the principle of defamiliarization in the aesthetic design of literature:

> Habitualization devours work, clothes, furniture, one's wife, and the fear of war. "If the whole complex lives of many people go on unconsciously, then such lives are as if they had never been." . . . The purpose of art is to impart the sensations of things as they are perceived and not as they are known. (*Russian Formalist Criticism* 12)

According to Stacy, the dynamic experience of perceiving, or "defamiliarization" is accomplished when the object is "in some way manipulated or distorted--turned upside down or inside out, enlarged, reduced, or simply held up to be viewed from a different angle or new light" (173). Significant in this process is the use of the "eiron" or naive or innocent onlooker who challenges the reader to a new perspective by "never calling complex things by their accepted name, but always disintegrating complex action or object into its indivisible components" (Mirsky 60). The subjects of many of Pacheco's stories are the victim-survivors of institutionalized oppression, often illiterate and needing the intervention of an "editor" or narrator to recreate the incident. As do other writers of testimonials (Barnet 288), Pacheco suppresses her own ego and renders instead the dialogues of characters in their own idiosyncratic voices, maintaining appropriate lexicon, pronunciation, grammar, and syntax for their socio-economic class. When characters are unable to speak for themselves, she relates their thoughts in third person indirect narration that remains close to the given character's point of view. Using an aesthetic of defamiliarization that magnifies the commonplace and trivial, elevates the humble to heroic status, inverts traditional images, and deromanticizes cultural myths, Pacheco communi-cates her refusal to accept the world as it is by making the familiar and acceptable unfamiliar and unacceptable.

An appropriate place to begin exploring the thematics and aesthetics in Pacheco's portrayal of women's lives is with her presentation of the most vulnerable subjects, female infants and children. Three young protagonists demonstrate the tragedy of infant mortality, child abuse and rape in the context of the urban ghetto. In these accounts, the principle of enlargement permits a close examination and reconsideration of incidents that may otherwise be deemed insignificant to find in them elements of profound revelatory significance. In order to communicate the essence of vulnerability, Pacheco's reveals the victim's plight through an absence of the victim's own voice. That absence communicates an "itinerary of silence rather than retrieval," described by post-colonial critic Gayatri Spivak as the historical experience of the powerless (50).

With its innocuous title, "Historia de primera planta" (30-34) magnifies for expansion a short newspaper text about a young couple arrested for transporting the body of a dead infant in a suitcase. Countering the anonymity and cold objectivity of the article, Pacheco recreates the situation to find the lacking emotional dimension. In a relatively static presentation, she enters the tawdry hotel room of two recent immigrants to Mexico City to experience with them the loss of their newborn daughter. The third-person narration describes the silence in the room that signals the infant's death and contrasts it with the cacophony of her short and agonized life. It is a welcomed change for the other tenants who have experienced the child's misery as an annoying disturbance. The child is defined strictly in terms of absences--the absence of her cries, of her name, of the simple experiences of "sueño tranquilo, placer de juegos," of a baptism, of a dignified burial. The conditions of abject poverty had denied her those things before her life had begun. The prayers of the parents imposed on the narrative associate the infant with Christ as an image of the perfectly innocent victim. Birth and death are united in the opening of the life cycle, offering an image of truncated promise and denied salvation to frame the other narrations.

Giving an enumeration of realistic details, Pacheco creates the claustrophobic world of "Joela" (107-11) "donde no hay espacio para las palabras" (107). Joela lives in "una especie de colmena estrecha y oscura" (107), cluttered with piles of soiled clothes, discarded tools and instruments. The third-person narrative assumes the limited perspective of the overworked nine-year-old child, and fulfills its defamiliarizing

26

function of creating a dissonance between the cruel reality and its straightforward and commonplace presentation (Stacy 16). Once again it is silence that communicates the unspeakable horror of Joela's abuse: her silence when asked about the cause of the scar on her face, Joela's passive acceptance of an exhausting workload, the pained silence of a compassionate teacher listening to Joela's compositions, and Joela's refusal to write about the terror of her sleepless nights in the violent barrio, which make it impossible for her to concentrate at school and thus obtain the necessary skills to escape poverty. Inverting the images of freedom and hope associated with childhood, Joela's youth reveals the presence of immutable barriers that will distort her entire life.

The ironically titled narrative, "Justicia" (79-83) has as its incident another event worthy of news coverage, the rape of eleven-year-old Estela by the leader of a local gang. Once again, the voice of the girl is conspicuously absent. The primary "victim" portrayed in the story is Estela's father, Cipriano, defender of his daughter's honor in Hispanic culture. The reader observes his humiliation over the questions asked him by the police who doubt his daughter's morality, his growing discomfort in the company of a daughter who has been shamefully violated, and his despair over having lost face in the eyes of the other men in the barrio. When vengeance occurs, it is the men under Cipriano's leadership who take action against the gang. Estela's situation appears to be totally insignificant despite the terms of its own merit; it becomes a non-reality that defies the written text by its shrill absence. As in the cases of the other two children, language comes to be seen as an accomplice in her oppression. Rather than giving voice to those who most need a defense, Pacheco demonstrates the conditions of their silence as evidence of the unutterable injustice they suffer.

If children experience emotional and physical destruction, then young women attempting to define and express themselves face an equally impossible situation in Pacheco's world. Pacheco focuses on religious convention to deconstruct the image of virginal chastity imposed upon Hispanic women. In the light of three stories here considered—"Vestido de novia" (87-90), "Espejo roto" (91-94), and "Valle de pecadoras" (145-48)—the reduction of women's total being to this one dimension of their behavior comes to be seen as fragmentation of their personhood and a socially sanctioned source of their abuse. Images of enclosure and suffocation complement the theme of spiritual and emotional incarceration. Conforming to the norms of the veiled narrator, Pacheco is able to lay bare the dynamics of oppression through her characters' growing consciousness of their victimization. As Elizabeth Lowe has observed: "Before communication, self-understanding is placed as the first challenge to achieving freedom" (82).

The iconography of chastity is suggested in the first title, "Vestido de novia." Pacheco contradicts the conventionally joyful images associated with weddings in her delineation of the tragic irony of Lucila's life. She carefully establishes Lucila as an unheroic character who does not initially command the reader's sympathy. Lucila is a seamstress in a bridal shop who drags her feet, chews her nails, and eats too much candy. Her ordinary and entirely forgettable presence is counterpoint to the curiously perverse destiny she suffers. Her mundane job assumes tragic overtones with the revelation that Lucila's husband had been murdered on the day of their wedding, the victim of random street crime.

At a time when Lucila had most needed compassion, she was coldly condemned and rejected by her father, who discovered that she was pregnant on her wedding day. His words of "consolation" are: "(el vestido) no vale nada, está sucio como tú" (89). Like the discarded dress which remains in its box, Lucila's life is enclosed in the drudgery of supporting her child without the assistance of a husband. On a daily basis she must confront the compounded sorrow of having lost her husband and her father, while working on the costumes that signify celebration for others. The white that traditionally symbolizes the hope and purity of innocence is converted into a metaphor of sterile and suffocating isolation, indeed, of living death.

The symbolic title of "Espejo roto" represents the lost identity and existence of Simona, an illiterate fourteen-year-old who out of poverty and ignorance leaves her family to live with Marcial. As in "Historia de primera planta," the emotional content of the story works against the objective simplicity of a newspaper ad. After months of being forbidden to leave the house by her increasingly possessive and sadistic partner, Simona yearns to return to her family. Marcial reads her the ads that her family has placed in the newspaper, initially to find her and then to offer a mass in observation of her assumed death. Threatening to abandon her there, Marcial takes Simona to the church where she discovers that none of the men in the family have attended the requiem; even her mother and sisters refuse to recognize her. She understands that for them she is better dead than dishonored or "manchada": "Simona se puso de pie y se preguntó: ¿No será que de veras esté muerta?" (94). Simona is caught between the power of her father and her mate to define her; alone she does not exist. Seeing no alternative, she returns to Marcial: "Despacio, en silencio, como una sombra, entró en la casa, regresó a su tumba" (94).

"Valle de pecadoras" has a similar theme with a different resolution. Here Pacheco portrays the moral education of a group of young women in the first-person reflections of a member of the group. The focus of her narration is Elena, the exemplary and resented figure held up to them as "una mujer hermosa para Dios" (146). She is chosen to represent La Virgen María for Semana Santa and, unlike her friends who welcome the end of the repressive week, Elena continues to observe the pious code of "fe, resignación, santidad y dolor" under the tutelage of the village priest. Pacheco ironically criticizes this lofty norm in the denouement that finds Elena fleeing from the town and the confines of her saintly standards. Elena departs bestowing upon her friends her characteristic "sonrisa de beatitud." This smile, which had been the symbol of her conformity, is transformed into a symbol of her rebellion as the reader and character discover that Elena had gone to Mexico City to become a prostitute. There is a physical sense of relief that is experienced by the reader and the narrator over the removal of the stifling and unnatural standard. It is mitigated by the fact that in order to escape, the character is forced to exile herself from her community and live as a social outcast in a disreputable profession. She does, however, exhibit a spirit of successful resistance that is an anomaly in the collection.

Pacheco expands her deconstruction of the cultural image of woman as the saintly and virginal martyr in "La venganza de Santa Lucía" (95-8). Using an older woman as protagonist, she explores what might have become of Elena had she remained true to the indoctrination of her society. Appropriately named, Justina is a middle-class "señorita" who has meticulously patterned her life after her patron saint, Lucía. She lives in a tiny apartment embroidering religious vestments for a living. The narrator describes her cloistered life as one of "trabajo y frustraciones" (96).

Justina's only diversion is a voyeuristic observation of life in the street below her window, the vitality of which both repels and fascinates her. She becomes most obsessed with the comings and goings of a prostitute who is Justina's antithesis. The visible articles of the girl's clothing symbolize for Justina the life she has denied herself. Everything about the girl suggests freedom and sensuality: "vestía de pantalones ajustados y camiseta blanca que dejaba al descubierto su cuello y sus brazos. El sol daba a su piel un tinte seductor que inquietó a los hombres e iluminó la calle" (96). Again assuming the perspective of the character, Pacheco's third-person narration describes Justina's growing fascination with the girl's skirts, "que volaban con el viento," and the adornments in her hair, which were "especiales, inesperados." But what most attracts Justina's interest is the white patent leather purse, which Justina imagines to be filled with the exotic accoutrements of the girl's illicit profession: "joyas de fantasía, perfumes diabólicos, ropas exóticas" (97).

As time passes, fascination grows into obsession. When the prostitute is finally arrested, Justina risks the "dangers" she perceives on the street to retrieve the white purse. After years of dreaming about its contents, she feels totally defrauded to discover in it only a hair comb, a few pesos, keys, and some unfinished knitting. She believes her deception to be a punishment from the saint for her wayward imagination, and responds by turning away from the window, denying herself her only contact with life. It is a conclusion that deromanticizes the life of the prostitute, while demonstrating the internalized structures of domination in women that penetrate their consciousness to condemn even private acts of fantasy as sinful. Like Simona in "Espejo roto," Justina is entrapped in a closed room that is like a tomb, with only the stone image of a saint for companionship.

The religious model of faith, resignation, piety and pain is further deconstructed in the lives of mature women attempting to fulfill their roles as wives and mothers. Pacheco exposes the intimate details of family encounters to reveal a dysfunctional social unit. The conventional distribution of labor in the family, which assigns caregiving and nurturing to the wife and economic support to the male, breaks down in the failing economy. As a result of the frustration and humiliation of not being able to provide for their families, husbands and fathers become predators who abuse or neglect their families. The burden of responsibility then falls on women whose lives reveal not the pattern of the saintly martyr, but rather the scapegoat victim who struggles futilely against the worsening conditions of poverty. As is true in much testimonial literature, the theme is embedded in the plot structure. Each narrative presents an initial domestic scene of mother and children alone and in the grips of economic crisis. The brief return of the patriarchal figure causes a violent disturbance that robs the family of hope and then leaves them alone again in a worse situation. At this stage of maturity and maternal responsibilities, women articulate a clear understanding of the forces that oppress them, but respond with varying degrees of success.

In "Tiempo de ladrones" (103-6), Pacheco sets the context of a struggling working-class family anticipating the arrival of Severo with plans of how they will spend his long awaited and much needed bonus. Since there will not be enough money to go around, their mother, Edelmira, combats their frivolous desires for sweets and a clock radio with more practical suggestions such as warm clothes, fuel, and medicine for the baby, who is seriously ill. The vehicle of the story is the lively and realistic dialogue of the children juxtaposed with the thoughts of the harried mother. Their mood of excited anticipation turns to bitter disappointment when Severo returns with the news that he has been beaten and robbed of his pay and bonus. After venting his anger on Edelmira, Severo takes their little remaining money to buy beer, leaving her alone to deal with the sick infant and the other disappointed children. The forces that oppress Edelmira come not only from the patriarchy of her home and the violence of her neighborhood, but also from the commercial promotion of consumerism that is intended to stimulate the failing economy. As the story ends, Edelmira hears a television ad admonishing her children to ask their parents for an expensive doll. She responds with an angry protest: "Apaguen esa porquería, apáguenla, ¿quieren volverme loca?" (106)

A context of more extreme economic need frames "Los pies de la niña" (63-66). The protagonist, Taide, struggles to provide for her daughter, Irene, in the absence of Irene's father, Darío. The central incident is Darío's unexpected return after a two-month absence. True to the title, the conflict focuses on Irene and her worn shoes. Taide boldly defends herself in the face of Darío's questions about why Irene is not in school: "—Porque no tiene zapatos y me dio pena mandarla con sus tarecuas... ¿Y sabes por qué no tiene zapatos? Porque el señor, o seas tú, no nos ha traído un centavo desde hace dos meses" (65). Darío has not worked since the earthquake destroyed his factory. When he had been living with them, he had weakened their economic status by insisting that Taide give up her job as a waitress. When Darío discovers that Taide has resorted to selling his tools to obtain money for Irene's shoes, he assaults her, steals the money, and again leaves them penniless. To compound Taide's fury, Darío condescendingly counsels her to take better care of their daughter as he departs. In spite of Taide's understanding, articulation and physical resistance to the unjust situation, she is overcome by her husband's physical strength. The end of the story finds her crumpled on the floor choked by tears of rage and sorrow for her daughter.

In "Señales de humo" (55-58), Leonor responds to the dismay of her children over the sale of their television. Leonor's surprise turns to fury when she learns that her husband, Julio, has sold the set, which belonged to her, for a fraction of its worth. When she voices her disapproval a violent dispute ensues. Julio attempts to defend his actions: "—Caray, a todos ustedes lo único que les importa es la maldita televisión ... pero a que no se ponen a pensar para que traguen ¿oyeron?" (57). Julio beats Leonor and leaves the house. Rather than becoming despondent, Leonor decides to use the remaining sale money to sell "sopes" in the street. Her words express a clear consciousness of her plight and her heroic resistance; they also communicate her sense of solidarity with other women in similar circumstances: "Sépanse que no soy la primera ni la última mujer que hace lucha" (58). A visceral optimism causes her to find satisfaction with the dampness of the charcoal that will produce smoke to hide her bruises from her customers. The "señales de humo" come to represent both her oppression and her rebellion.

In "Oficio de mujer" (47-50), the factor of racism is added to the compounding influence of sexism and poverty in women's experience. An indigenous woman is forced to sell her body as a prostitute in order to keep her husband and children alive. The story is related from the initially distanced view of her middle-class client, Alejandro, who is sufficiently removed by race and class so as not to respond to the condition of the woman. Along with the reader, he experiences an unexpected shift in perspective that removes the dehumanizing barriers. He is chagrined to discover that her husband and children are waiting outside the door of her room. He is also struck with her refusal to feel humiliation over what she perceives to be an act of sacrifice committed for the survival of her loved ones. The innocence of the woman contrasts sharply with the plight she describes: "Ya se nos acabó el dinero, no tenemos ni para volver al pueblo. Yo no sé trabajar, nunca he sido más que mujer" (49). Her words reveal a profound irony; the gender system that has left her ill–equipped for employment has also provided her with the capacity to sustain her family as her husband could not. By the end of story, Pacheco has deftly shifted blame from the women onto Alejandro: "Alejandro siente miserable ante la explicación. Lo avergüenza la proximidad de quien fue su compañera de lecho y de pronto se ha convertido en su víctima" (49). Alejandro's defenses are further eroded when he observes her husband's tear-stained face as he departs. Pacheco turns a cultural image on end with this prostitute who most authentically exemplifies the virtue of the saint.

The payment for a lifetime of self-sacrifice varies from insensitivity to neglect to sadistic abuse in the experiences of older women who have outlived their usefulness and are viewed as burdens by their families. Contradicting the myth of privilege and respect granted to the aged in Hispanic culture, Pacheco reveals old age to be an additional source of women's oppression. In these stories, she removes the element of economic necessity to demonstrate the egotism of the socially mobile professional classes. Pacheco also criticizes the medical institutions that join social and cultural structures to victimize women in their old age. Death closes the cycle of women's lives where it had begun.

Opening the collection with its deconstructed image of motherhood is "Madre" (9-11), the story of a woman dying of cancer. It is narrated by one of her daughters. Roles are reversed as the mother is now helpless and the children are the caretakers. As the dying mother herself comments, "Ahora Uds. son las mamás y yo la niña" (9). Early mention is made of her "catolicismo" and her "espíritu de sacrificio" (9). A life of self-sacrifice for others has made her unconscious of her own needs. In spite of her misery, her primary concern is for others--the inconvenience of regular hospital visits, her husband's inability to live alone, the family's pain of seeing her suffer. She has interiorized the spirit of sacrifice to the point of begging that they abandon her: "Me apena que vengan a cuidarme, que dejen a sus familiares. Si quieren, ya no vuelvan; no les sirvo de nada, no puedo darles nada. Olvídense de mí" (10).

When the suffering woman feels she can take no more, she makes one request on her own behalf—her only request—to the narrator. She begs her daughter to help her to die and thus end the agony of her hopeless illness and painful treatment. It is an act of heroism that the daughter is incapable of performing. The narrator remembers her mother's final and desperate plea, demanding the same kind of selfless loyalty that she had committed to her family: "Enfurecida, temblorosa, gimiendo, me gritó: "No te vayas. Acuérdate de que yo te di la vida; ¿no es justo que ahora tú me des la muerte que tanto necesito?" (11)

As in the case of many of Pacheco's stories, "Noche de paz" (51-4) has as its title a cultural cliché whose meaning is inverted through the content of the story. The first-person narration follows the thoughts of the elderly doña Elena on the night of her death. It is Christmas Eve. While she waits alone for her son to pick her up to spend the holiday with his family, she recollects the incidents of recent years. Overheard bits of conversations from those events pass through her mind: their laughter at her monotonous repetitions, her daughter-in-law's epithet for her of "vieja tonta," her son's argument with his wife over the necessity of returning his mother to the asylum. Thinking of her dead husband, Julio, doña Elena clearly summarizes her status in a world that no longer needs her: "Yo también estoy contenta de que hayas muerto, porque así, al menos no tendrás que soportar la nochebuena y oír como desean tu muerte" (54). By the time her son comes for her, she is too weak to answer the door; she dies alone to the rhythmic blinking of the Christmas lights.

An even more bitter indictment comes in "La educación sentimental" (71-74), a morbid tale of Rodolfo who is starving his aged and invalid mother. There is contradictory evidence given in the story to explain his abusive behavior. At first it appears that Rodolfo is seeking revenge for his mother's excessive discipline and punishment when he was a child. He states: "Tú con tu eterna sonrisa bondadosa y yo ocultando con mis trajecitos blancos los moretones, las heridas" (72). On the other hand, there are the justifications that his mother had used while he was growing up to explain the difficulty of raising him without the assistance of his father, who had abandoned them: "Imagínese en la oficina trabajo ocho horas y hago uno de regreso a la casa. Llego muerta y con todo y eso levanto la ropa, lavo, cocino, hago el baño" (72). In spite of many obstacles, she had managed to purchase a nice home for them and to obtain a decent education for Rodolfo. But her obsession with raising a son who would not repeat the sins of the father had created a monster, in whose care she now remains. The story illuminates the plight of the single mother, left alone with the responsibility of raising her child, and also to suffer the consequences of the father's abandonment on the psyche of the child.

A focus on women's lives from the cradle to the grave reveals Pacheco's vigorous feminist protest over the concentric circles of oppression that converge on women of all ages. The multiplicity of her protagonists creates the collectivized experience of testimonial literature, transforming the "I" to the "we" of a sociological and historical phenomenon (Manzor-Coats 158-59). Through a process of enlargement, she reveals the intimate details of domestic scenes, elevating the personal to create a metaphor of profound social imbalance. She reveals the tragic nature of a commonplace reality—an accepted and ubiquitous state of affairs—that condemns the lives of many with routine regularity. She gives women's pain a specificity that makes public tolerance impossible.

Through a series of ironic titles and inverted cultural images, Pacheco demonstrates the manner in which an obsolete gender ideology aggravates the problems caused by political and economic failure. Young women are subjected to the physical and emotional violence of machismo and impeded from securing an education or a profession that might grant them self-sufficiency. Religious institutions entrap women in masochistic roles of chastity and self-denial. The sociology of the patriarchal family grants unwarranted and misusued power to the male head who does not sustain, but rather undermines the efforts of families to survive. Medical structures submit older women to painful treatment or institutional neglect; the myth of the extended family fails to repay the aged with the net of love and security that was traditionally rewarded to the matriarch. The young are too weak, the old too sick and exhausted to resist, but the mature women who head families have the strength to rebel, as is exemplified in the heroic challenge of Leonor in "Señales de humo": "Sépanse que no soy la primera ni la última mujer que hace lucha" (58). Pacheco communicates these insights without elaboration or moralizing; the stark reality of the incident and the clear and matter-of-fact voice of the character are sufficient in and of themselves.

Although Pacheco's emphasis in La última noche del "Tigre" is definitely on the victimization of women, she expresses hope in providing the "golpe a las consciencias" described by René Jara as the necessary catalyst for social change (3). She also expresses hope for the future by adding the voice of these internal exiles of Mexico City to her nation's history and literature. As Jara has observed: "La visión de los vencidos y de los sin voz, más que el testimonio de una derrota y de una acción de heroísmo, traza, desde el dolor y el ruido de la batalla, un proyecto de futuro" (2). Pacheco joins other Latin American and Third World women who are writing fiction that includes but goes beyond aesthetic exercise to address issues of human justice (Lowe 81). In the concluding words of R.H. Stacy, "Defamiliarization, then, can be used for many purposes and it does many things: it amuses, saddens, angers, astonishes, ridicules, enchants, puzzles, and in some cases heralds discoveries that change our lives and alter history" (178).

WORKS CITED

Barnet, Miguel. "La novela testimonio: socio-literatura." Jara and Vidal 280-301.

Carr, E.H. *What is History?* New York: Random House, 1961.

Cunningham, Lucía Guerra, ed. *Splintering Darkness: Latin American Women Writers in Search of Themselves.* Pittsburgh: Latin American Literary Review Press, 1990.

De Valdés, María Elena. "Feminist Testimonial Literature: Cristina Pacheco, Witness to Women." *Monographic Review/ Revista Monográfica* 4 (1988): 150-62.

Harlow, Barbara. *Resistance Literature.* New York: Methuen, 1987.

Jara, René. "Prólogo: Testimonio y literatura." In *Testimonio y literatura.* Eds. René Jara and Hernán Vidal. Minneapolis: Prisma Books, 1988. 1-6.

Kanafani, Ghassan. *Literature of Resistance in Occupied Palestine: 1948-66.* (Cited by Barbara Harlow, 3.)

Lowe, Elizabeth. "Liberating the Rose: Clarice Lispector's *Agua viva* as a Political Statement." Cunningham 79-86.

Manzor-Coats,Lillian. "The Reconstructed Subject: Women's Testimonials as Voices of Resistance." Cunningham 157–71.

Mirsky, D.S. *A History of Russian Literature*. Chicago: U of Chicago P, 1961, 60.

Pacheco, Cristina. *La última noche del "Tigre."* México: Océano, 1987.

Prada Oropeza, Renato. "De lo testimonial al testimonio: Notas para un deslinde del discurso-testimonio." Jara and Vidal 7-21.

Shklovsky, Victor. *Russian Formalist Criticism*. Ed. Paul Olson. Trans. Lemon and Reis. Lincoln: U of Nebraska P, 1965.

Spivak, Gayatri Chakravorty. *The Post-colonial Critic, Interviews, Strategies, Dialogues*. New York: Routledge, 1990.

Stacy, R.H. *Defamiliarization in Language and Literature*. Syracuse: Syracuse UP, 1977.

La búsqueda del "interlocutor soñado" en tres novelas de Carmen Martín Gaite

Elena Sánchez-Mora
St. John's University

La búsqueda de un interlocutor ideal ha sido un tema constante en la obra de Carmen Martín Gaite. En este trabajo, intento explorar esa búsqueda en tres de sus novelas más sobresalientes, basándome en los planteamientos de la propia autora en sus ensayos "La búsqueda de interlocutor" de *La búsqueda de interlocutor y otras búsquedas* (1973), y "El interlocutor soñado" y "La Cenicienta" de *El cuento de nunca acabar* (1983).

Para Martín Gaite, la diferencia fundamental entre la narración oral y la escrita es que, mientras en la primera la búsqueda de un interlocutor, es decir, "la búsqueda de un destinatario para nuestras narraciones," es "una condición ineludible;" en la narración escrita el narrador "puede inventar ese interlocutor que no ha aparecido" (*La búsqueda* 19-21). Otra de las características del interlocutor es la de no ser una simple proyección de la necesidad de un receptor del mensaje narrativo, sino "partícipe de la narración que se le brinda" (*El cuento* 136). Esta característica está presente en las tres novelas que voy a considerar. Por otra parte, Martín Gaite habla de etapas en la evolución normal del narrador, que en cierto modo pueden apreciarse al examinar los personajes femeninos centrales de esas novelas en relación a sus interlocutores, que a la vez se constituyen en personajes.

La "etapa inicial de echar de menos a un oyente para sus historias" estaría representada por Natalia de *Entre visillos* (1958). Esta joven protagonista necesita de alguien que comprenda su conflicto como adolescente de sexo femenino enfrentada a las expectativas de una sociedad patriarcal; ese alguien es Pablo, el joven profesor de séptimo grado que le aconseja que continúe sus estudios a pesar de la oposición de su familia. Sin embargo, dada la relación desigual entre Natalia como adolescente inexperta dentro del marco de una sociedad conservadora, y Pablo como fuereño con una perspectiva más amplia que cualquiera de los otros personajes que la rodean, no se llega a establecer un verdadero intercambio entre ambos. A Natalia le queda sólo refugiarse en su diario, pues, a diferencia de Pablo, no puede escapar de su entorno.

En una etapa posterior "se pasa a imaginar cómo nos gustaría que nos escucharan, a dotar de atributos ideales a ese destinatario del mensaje, a inventarlo." En *Retahílas* (1974), la protagonista, Eulalia, mujer madura y poco convencional, encuentra al interlocutor ideal en su sobrino Germán, con quien entabla un intercambio de historias personales a raíz de su viaje a Galicia ante la inminente muerte de su abuela. El encuentro entre Eulalia y Germán posee mucho de lo que Martín Gaite observa en los cuentos infantiles, cuyos héroes "siempre acaban encontrando eco y audiencia en alguien que providencialmente surge en el momento más oportuno, dentro del relato mismo" (106).

La magia del encuentro con el interlocutor culmina en *El cuarto de atrás* (1978), en donde se llega al grado más avanzado del proceso de búsqueda. En esta novela, la protagonista es la propia escritora consciente de que es necesario inventar un interlocutor, el cual se convierte en una mera excusa para narrarse a sí misma su propia historia. Ese interlocutor se presenta en la forma de un misterioso hombre vestido de negro que llega a la casa de la escritora para hacerle una entrevista. En este caso se aplica certeramente la observación de Martín Gaite a propósito del cuento infantil, de que "cuanto más irreal sea la presencia del interlocutor, mayor carga poética y más prestigio adquiere esa retahíla narrativa que ha provocado en el héroe del cuento, prestigio del que se contagia el interlocutor mismo." Lo que importa "es que la historia se está contando y recogiendo porque tiene calidad de tal: porque emociona y es interesante." Como al niño que escucha un cuento, al lector de *El cuarto de atrás* "le parece natural que la historia misma haya convocado la aparición de un interlocutor" (107).

Del interlocutor de esta última novela se han ocupado muchos críticos, quienes lo han explicado como el diablo, el otro lacaniano, doble literario, animus jungiano, sicoanalista, lector ideal, héroe de novela rosa, "narrator's muse" (Castillo 819, 821; Palley 22). En realidad se puede decir que posee un poco de todo lo anterior. Pero lo que me interesa destacar, es que en las tres novelas ese interlocutor soñado que desencadena la narración al entablar un diálogo con los personajes femeninos centrales, cuya evolución como narradoras coincide con su desarrollo físico, es un personaje de sexo masculino que reúne ciertas características comunes en todas ellas. Creo además que la relación entre personaje femenino e interlocutor masculino revela aspectos fundamentales de la trayectoria de Carmen Martín Gaite como escritora. Por lo tanto, en las páginas que siguen, me propongo abordar, partiendo del esquema bosquejado arriba, la naturaleza de la relación que establecen los interlocutores con los personajes femeninos principales en cada novela, y lo que dicha relación refleja respecto a la interacción de estos últimos con otros personajes femeninos.

En *Entre visillos*, la relación entre Natalia y Pablo pasa por diferentes etapas. Durante su primera conversación, Natalia experimenta dificultades para comunicarse: "Me perseguía con una pregunta detrás de otra y a mí me daba rabia no saberle contestar bien, casi sólo con balbuceos y frases sin terminar;" mientras que el papel de Pablo es el de facilitador: "Me miraba atentamente y completaba algunas de mis frases, animándome a seguir" (187). Por su parte, Pablo, en su segundo encuentro con Natalia, nota que: "Empezaba a tener menos timidez para hablar, y me atreví a seguir haciéndole preguntas. Me gustaba oírla explicarse, las mejillas coloradas, los ojos en el techo, notar el gozo que iba experimentando en hacerme ver claras las cosas de su casa" (217, 218). Pero aunque Natalia siente deseos de saber lo que Pablo está pensando cuando adquiere ese "aire de estar en otro sitio" que le ha notado, no se atreve a preguntárselo, y por eso Pablo ha de buscar otros interlocutores, mientras que para Natalia Pablo llega a ser "la persona que tengo más cerca de todo el mundo, el mayor amigo" (231).

Como apunta Lynn Talbot en "Female Archetypes in Carmen Martín Gaite's *Entre visillos*," a pesar de estar contada valiéndose de diversos medios como un narrador omnisciente, las confidencias del diario de una adolescente, y la narración en primera persona de su profesor, "a major portion of the novel centers on women" (80). En efecto, a excepción de su padre y su profesor, Natalia está rodeada de mujeres: sus hermanas, su tía, sus compañeras de escuela y amigas. Pero aunque Natalia aspira, en palabras de Gonzalo Sobejano "a la comunicación sincera, al diálogo reflexivo y veraz consigo misma . . . y con otros" (211), esas mujeres que la rodean se encuentran inmersas en el papel limitado al que las condena la sociedad patriarcal (Boring 328). La única excepción es Alicia, su compañera de escuela, en cuyo caso es su posición social lo que se interpone entre ella y Natalia. De esta manera, se descarta toda posibilidad de un diálogo como el que se había perfilado entre Natalia y Pablo, y que queda truncado al marcharse éste. El resultado es que, como concluye John Kronik en su trabajo sobre esta novela: "The search for an interlocutor that Martín Gaite has proclaimed as the pathway to identity and affirmation remains a search, a gaze into the distance, as long as it is undertaken from behind the protective and isolating arena of a curtained window" (59). Parece razonable suponer que, dada la diferencia de edad y sexo, aun cuando Pablo no se hubiera marchado, no se habría podido producir un verdadero diálogo entre Natalia y Pablo, y que de por sí, un intento de establecer una relación más cercana entre ambos hubiera despertado recelos; pero interesa puntualizar que Pablo aparece como el único interlocutor posible, y que aunque las mujeres se quedan, el diálogo entre ellas no se producirá abiertamente sino tan sólo a través de efímeras conexiones, como cuando Natalia se da cuenta de que Elvira, la pintora frustrada, también escribe un diario. Al respecto, resulta significativo que otra de esas conexiones entre ambas sea precisamente el mismo Pablo: "Hablando del profesor de alemán me parecía que éramos muy amigas, porque a nadie le hablo de él" (229). Irónicamente, si Natalia por su escasa edad no llega a establecer un diálogo con el único interlocutor posible, Elvira, que por su edad podría haber establecido una relación con Pablo, dada su situación como solterona en potencia, ve en él el reproche de sus aspiraciones truncadas sin ser capaz de valorar su visión objetiva desde afuera. Una de las razones por las que a Natalia no se le ocurre que Elvira pueda ser una interlocutora es precisamente la diferencia de edades, pero Lynn Talbot hace notar que Elvira cumple hasta cierto punto el papel de figura materna integradora de la cual Natalia carece (91).

Los críticos que se han ocupado de *Retahílas* coinciden en que se trata de un intercambio entre dos interlocutores (Ordóñez 238). En ese intercambio, como afirma Ricardo Gullón "cada personaje es emisor y receptor del mensaje del otro" (75); se trata, en síntesis, según Gonzalo Sobejano, de la historia de "dos personas de distinto sexo, edad, estado y mentalidad que buscaron con ansia su interlocutor." Aunque Ruth El Saffar considera que *Retahílas*: "fails to resolve the essential conflict because the two who speak to one another are nephew and aunt, and not lovers" (190), en opinión de Elizabeth Ordóñez: "The nature of the narrative exchange between Germán and Eulalia--one between a man and a woman rather than between two men--is a first step on the road to an androgynous or liberative sex role code" (Ordóñez 242). Si bien coincido con Ordóñez en cuanto a que el intercambio narrativo entre hombre y mujer constituye un avance con respecto a uno entre dos hombres, queda pendiente la pregunta: ¿y por qué no entre dos mujeres?

De igual modo que en *Entre visillos*, en *Retahílas* tampoco existe la posibilidad de un interlocutor femenino. En su juventud, Eulalia establece una relación íntima con Lucía, la madre de Germán, a pesar de, o quizá precisamente a causa de sus enormes diferencias. Esta relación es equitativa, ya que si en ella Eulalia siente que le "salían retahílas enteras," en otros momentos la pasión de Lucía "me dejó muda" (142, 153). Pero la relación se trunca al morir ésta, privando también a Germán niño de una figura materna que busca en vano en Eulalia. Resulta sumamente significativo que sea a través del hijo de Lucía como Eulalia restablece su vínculo con ella después de muerta. Por otra parte, es justamente el lado maternal de Lucía el que produce entre ellas las mayores discrepancias, y no es casual que exista un especial afecto de parte de la madre de Eulalia hacia Lucía (149).

En contraste con *Entre visillos*, donde la figura materna está ausente, ya que Natalia es huérfana de madre, en *Retahílas* Eulalia encuentra una conexión con su madre a través de su atracción por la luna: "A mamá fue la única que traté de explicárselo y noté que entendía en que no me pidió más puntualizaciones" (36). Pero esa relación se va diluyendo a medida que pasa de la infancia a la adolescencia. Eulalia le cuenta a Germán, por ejemplo, que cuando siendo niña acompañaba a su madre al monte a llevar ropa y comida a "unos rojos del pueblo que andaban escondidos por política," "una novela es lo que me parecía tener aquel secreto a medias con mamá y escaparnos las dos al monte en plena tarde y coger cosas de la despensa a espaldas de la abuela" (25). Sin embargo, cuando Eulalia como adolescente busca un modelo femenino, rechaza contundentemente la sumisión de su madre hacia su padre, mientras que justifica el abandono de ella y su madre por su padre, diciendo: "mamá es que de puro buena era tonta, parecía que había nacido para que abusaran de ella, yo desde luego a ella no me iba a parecer nunca en la vida" (201). Eulalia parece sufrir de "matrofobia," el término que Adrienne Rich ha definido como "the fear not of one's mother or of motherhood but of becoming one's mother" (235). A la Eulalia madura, en cambio, su postura de entonces le parece obsesiva, y se explica, compasiva, la conducta sumisa de su madre como "reacción contra la tiranía con que su propia madre trató al abuelo Ramón toda la vida" (206).

A diferencia de las otras dos novelas, en *El cuarto de atrás* el hombre de negro es más claramente un interlocutor que facilita la narración desempeñando el "supporting role" del entrevistador (Levine 162). Es decir, es el interlocutor ideal sin más, envuelto sólo con ropajes de novela de misterio y novela rosa (Sobejano 220). De él dice la escritora: "Parece como si realmente le interesara, no se le trasluce ánimo de fiscalizar sino de esclarecer, de aportar ayuda" (36). Aunque el interlocutor cuestiona a veces a la escritora, como afirma Emilie Bergmann: "The seductive male character who enters the 'cuarto de atrás' is not threatening to the protagonist's own subjectivity" (Bergmann 151). Por otra parte, a través de la llamada de Carola, surge la sospecha de que el interlocutor tiene una fase machista de su personalidad, lo cual lo hace aún más complejo. Y si Palley acierta en su observación de que Carola es "el lado instintivo de nuestro ser" (22), habría que reconocer que la escritora muestra mucho más respeto por el lado razonable, masculino, al decir "Este hombre no se merece respuestas tópicas" (70), dedicándole evidentemente mucha más atención, que por el instintivo femenino, con el cual, a pesar de existir una momentánea conexión, termina siendo desplazado.

Respecto al resto de los personajes femeninos de *El cuarto de atrás*, se puede decir algo similar. Las mujeres que pueblan esta novela, están implícitas, pero, como en las otras dos, nunca llegan a ser las que facilitan la narración o las que participan en ella; es decir, no son sujetos de ella. Destaca entre ellas la amiga de la infancia de la escritora, quien la inicia en el arte de fugarse mediante la escritura. Hay que hacer notar, que en esta novela, como lo ha notado Emilie Bergmann, la protagonista es ella misma una madre (153), pero también es preciso mencionar que aunque de su hija dijo Martín Gaite "es muy amiga mía, nos reímos mucho juntas y nos lo contamos todo" (Brown, "bosquejo" 204), en la narrativa, la hija de la escritora llega sólo al final cuando ya ha tenido lugar el proceso creativo (Bergmann 152), pero no participa de éste.

Sin embargo, hay una evolución importante en esta última novela, pues a diferencia de *Retahílas*, donde la figura materna es reconocida sólo al final, en *El cuarto de atrás* destaca como figura positiva con una posición relativamente central dentro del relato. Aunque se menciona que a la madre le preocupa que su hija, ya casada, se ponga en el pelo "los chifles" por la noche (67), lo que sobresale es la tertulia "sabrosa" que se establece entre las dos. A pesar de que a ella no se le ocurrió estudiar una carrera porque no era costumbre, su deseo de haberlo hecho la lleva a alentar a su hija en sus estudios y a no esperar que se casara o que aprendiera a coser o a guisar (92, 93). Por otro lado, el padre aparece esporádicamente y no de manera especialmente destacada.

Lo que tienen en común los tres interlocutores de las novelas de Martín Gaite tratadas aquí, es que son capaces de imbuir de un efecto liberador a los personajes femeninos protagonistas; en palabras de Phyllis Zatlin Boring: "Some of her most vocal champions of women's right to self identity are in fact male characters" (332). Evidentemente, no todos los personajes masculinos comparten estas características, pero los que actúan como interlocutores son figuras paternas en su aspecto positivo. Pablo es mayor que Natalia y hace de padre sustituto cuando el padre al mudarse con la familia a la ciudad y hacerse mujer su hija, se aleja de ella. Germán es menor que Eulalia, pero es como un sustituto del hermano alejado y quizá también del padre que la abandonó y del marido del que terminó por separarse. El hombre de negro ayuda a la escritora a salir del bache en que ha caído en su proceso creativo. Podríamos concluir también con Zatlin Boring: "Like the male-female relationship, the theme of the ties between parent and child is a repeated one in the author's works. More often than not, the parent in question is the father" (333).

El hecho de que "el interlocutor soñado" sea de sexo masculino y que en todas las novelas se trate fundamentalmente del diálogo entre un personaje masculino y uno femenino, se puede explicar en gran medida haciendo referencia al ambiente social en el que Martín Gaite se desarrolla como escritora. En el bosquejo autobiográfico que se incluye en *Secrets from the Back Room*, se puede ver cómo son figuras masculinas las que van a influir directamente en su formación literaria. Por ejemplo, afirma: "fue sobre todo mi padre quien nos aficionó personalmente al arte, a la historia y a la literatura" (194); de Rafael Lapesa y Salvador Fernández Ramírez, sus profesores del instituto femenino de Salamanca, dice: "Creo que a estos dos excelentes profesores les debo mi definitiva vocación por la literatura" (197). Y más tarde, de su antiguo compañero de estudios, Ignacio Aldecoa, dice: "él me puso en contacto con mucha gente que conocía y que empezó a ser mi grupo" (199). De Aldecoa y Rafael Sánchez Ferlosio agradece sus consejos, que "me habían servido para abandonar el tono lírico de mis primeras composiciones y para ser más rigurosa y exigente en mi prosa" (201). A nivel personal, Sánchez Ferlosio, quien se convirtió en su marido, "me enseñó a habitar la soledad y a no ser una señora" (Boring 329). En definitiva, el hecho de que, como se dice en el capítulo titulado "Background" del mismo libro, "Martín Gaite was the only woman writer to form part of this elite circle of friends--the Madrid contingent of the generation of mid-century" (18), influyó necesariamente en la posición de la escritora en su generación. Por ello, no es de extrañar el impacto que causó en ella el éxito de Carmen Laforet, "a woman in the world of letters" (16). Su propia excepcionalidad como escritoras, lleva a muchas escritoras de la posguerra a crear heroínas excepcionales "who defy the restrictions traditionally placed on young women" (Boring 328).

La propia Martín Gaite explica este fenómeno en el capítulo titulado "La chica rara," de su último libro de ensayos, Desde la ventana: "Algunas de estas mujeres de posguerra que escribieron sobre la 'chica rara' eran, a su vez, chicas a las que alguna vez los demás habían llamado raras, en general porque se juntaban con chicos raros" (108). Y sus personajes, son "un tipo de mujer ajeno a los esquemas convencionales de orden y desorden que presidían la educación femenina de la época" (99); "son chicas que tienen pocas amigas, que prefieren la amistad de los hombres" (100).

Por otra parte, en el mismo libro, Martín Gaite afirma: "A mí personalmente nunca me ha parecido un desdoro ni ser una mujer ni haber recibido la mayor parte de mi instrucción de los discursos y estudios elaborados por los hombres" (16). Este tema lo concretiza en "El hombre musa" al referirse a la obra de Rosalía de Castro como subversora del concepto romántico de musa. Al "hombre musa" lo describe como "hombre desconocido e inquietante como motor que espolea la imaginación femenina, disparándola hacia horizontes más amplios" (83). En la búsqueda del "hombre musa" se resume "un deseo fundamental y casi siempre insatisfecho que la mujer alberga en lo más recóndito de su ser: el de ser tenida en cuenta y apreciada no sólo como oponente amoroso, sino como interlocutor" (85)

En la búsqueda del "interlocutor soñado" emprendida a través de su obra literaria por Carmen Martín Gaite, se revela precisamente ese deseo de ser apreciada como interlocutora, más que como oponente amoroso. En las tres obras examinadas aquí, los interlocutores no son otra cosa que hombres musa que se proponen impulsar la imaginación de la protagonista, "chica rara" en diferentes etapas de desarrollo como mujer y como narradora, y siempre con la constante de que no existe entre ellos una relación amorosa. Pero en ese deseo de ser apreciada como interlocutora por un interlocutor masculino va implícito un lenguaje que se identifica con el padre, lo cual da por resultado que, como ya se ha podido comprobar, en términos generales, "The influence of the mother in her works is often much more subtle than that of the father" (Boring 335).

La búsqueda de las raíces matrilineales como tema central aparece en una generación de escritoras posterior a aquella a la que pertenece Martín Gaite. Afirma Elizabeth Ordóñez: "From the centers to the edges of new narrative texts by women, the desire for revitalized relationships between mother and daughter is articulated with increasing frequency and intensity" (Ordóñez, "Inscribing" 53). Sin embargo, en *Desde la ventana*, se puede vislumbrar un intento de recuperación de la figura materna (que ya se había iniciado de manera incipiente en *El cuarto de atrás*), ya no como el subtema implícito que ha sido hasta ahora en su narrativa, ni tampoco todavía con la posición central que ocupa en la nueva narrativa femenina, sino como búsqueda explícita de la madre como interlocutora en un texto marginal. Hacia el final de la introducción de su "Enfoque femenino de la literatura española" Martín Gaite anuncia que, como remate a su texto en homenaje a las "mujeres ventaneras" "se añade un texto inédito y de carácter muy personal que he encontrado por casualidad hace pocos días en uno de mis viejos cuadernos 'de todo,' y que puede contribuir a ilustrar las consideraciones que lo preceden." Se trata "de la interpretación de un sueño dentro del cual mi madre y yo nos comunicábamos a través de ventanas distantes, mediante un código secreto" (17). Y a continuación explica: "Mi madre había muerto dos años atrás y era rara la noche que no soñaba con ella. Pero aquella vez, la estela dejada por el sueño era tan fuerte que en cuanto me desperté a la mañana siguiente, me senté a escribir de corrido, para que no se me escaparan todas las cosas que acababa de entender. He copiado el texto a máquina sin corregir una coma, tal como salió" (18). La situación de marginalidad de este breve texto dentro del texto mayor, se hace evidente por el hecho de ser catalogado como "remate" de éste, de ser inédito y haber sido encontrado casualmente y en un cuaderno "de todo," ser de carácter personal, y de servir como mera ilustración del texto principal. Además, en él la comunicación con la madre es indirecta en más de un sentido, puesto que no sólo ya ha muerto, sino que se trata de un sueño en el que se comunican no sólo secretamente y por carta, sino también a base de señales, no de palabras; más aún, está escrito durante una de las estancias de la escritora en Nueva York, lo cual implica lejanía geográfica, y el encuentro tiene lugar desde dos ventanas distantes y con un río de por medio. La autora recalca aún más la marginalidad de este texto al otorgarle un apartado con el nombre de "apéndice arbitrario," y como tal relegarlo no sólo al final sino fuera del texto de *Desde la ventana*, pero sin la posibilidad de ser un texto independiente. Por ser "arbitrario" requiere además de una explicación que lo justifique:

> Y lo incluyo aquí, alentada por el comentario de un amigo a quien acabo de leérselo, porque tengo en mucho su opinión, y que me ha dicho, antes de nada: "¿Pero te das cuenta de que eso sólo podría haberlo escrito así una mujer?" No le he preguntado por qué decía eso, pero me ha parecido que venía a cuento y me ha gustado mucho que lo dijera. Sobre todo porque no había el menor rastro de ironía ni de menosprecio en su voz. (18)

El texto se llama "De su ventana a la mía," título que aparece en letras pequeñas sin centrar, y hacia la parte de abajo de la hoja. Está narrado en primera persona, sin tener forma de un verdadero diálogo, sino que la autora describe lo acontecido en el sueño. En él se dan detalles del código por medio del cual se comunica con su madre y que consiste en "mover los dedos con gestos muy precisos para que la luz incidiera de una forma determinada en un espejito como de juguete que tenía en la mano y cuyos reflejos ella recogía desde una ventana que había enfrente, al otro lado del río" (113). Esa ventana simboliza igualmente el lugar cerrado donde la madre, como tantas otras mujeres, se refugiaba a coser o leer, y la posibilidad de un punto de partida desde el cual emprender su fuga hacia mundos imaginarios.

A pesar de la marginalidad de "De su ventana a la mía" y la distancia prevaleciente entre madre e hija, insisto en que es posible ver en él un intento de acercamiento consciente a la figura materna. Sobre todo, me parece significativo que lo haya incluído como ilustración de un texto sobre mujeres escritoras, a manera de reconocimiento público del papel que su madre como "ventanera" tuvo en su formación como escritora. Por otra parte, es digno de mención el comentario del amigo que la anima a incluirlo diciéndole que es algo que sólo podía haber escrito una mujer. En efecto, la forma de comunicación onírica subconsciente, por medio de signos en vez de palabras coherentes, transmitido tal como salió en vez de elaborado conforme a un plan racional, secreto entre madre e hija, con un lenguaje del cuerpo cuajado de símbolos como el espejo y la ventana en que se reflejan la una en la otra, encuadra en el marco de "l'écriture fémenine" como "a mode of writing distinctively female and empowered to raise mother and daughter to the status of subjects in possession of their own discourse" (Ordóñez, "Inscribing" 46).

Aunque en la siguiente novela de Carmen Martín Gaite, *Nubosidad variable*, de 1992, la relación entre madres e hijas no pasa de las márgenes al centro del texto, el interlocutor soñado adquiere, finalmente, voz de mujer, ya que se centra en la conversación entre dos personajes femeninos. La búsqueda de un interlocutor soñado con voz de mujer en esta novela, es tema de otro trabajo, pero resulta significativo señalar la persistencia en ella de algunas de las características del interlocutor soñado presentes en las tres novelas estudiadas en este trabajo.

OBRAS CITADAS

Bergmann, Emilie. "Reshaping the Canon: Intertextuality in Spanish Novels of Female Development." *Anales de la Literatura Española Contemporánea* 12 (1987): 141-56.

Boring, Phyllis Zatlin. "Carmen Martín Gaite, Feminist Author." *Revista de Estudios Hispánicos* 11 (1977): 323-38.

Brown, Joan Lipman. *Secrets from the Back Room: The Fiction of Carmen Martín Gaite.* Newark: U of Delaware, 1987.

Castillo, Debra A. "Never Ending Story: Carmen Martín Gaite's The Back Room." *PMLA* 102 5 (Oct 1987): 814-28.

El Saffar, Ruth. "Liberation and the Labirynth: A Study of the Works of Carmen Martín Gaite." Servodidio and Welles 185-96.

Gullón, Ricardo. "Retahíla sobre Retahílas." Servodidio and Welles 73-91.

Kronik, John W. "A Splice of Life: Carmen Martín Gaite's *Entre visillos.*" Servodidio and Welles. 49-60.

Levine, Linda Gould. "Carmen Martín Gaite's El Cuarto de Atrás: A Portrait of the Artist as Woman." Servodidio and Welles 161-72.

Martín Gaite, Carmen, La búsqueda de Interlocutor y otras Búsquedas. Madrid: Nostromo, 1973.

---. *El cuarto de atrás.* Barcelona: Destino, 1982.

---. *El cuento de nunca acabar.* Barcelona: Destino, 1985.

---. *Desde la ventana. Enfoque femenino de la literatura española.* Madrid: Espasa Calpe, 1987.

--- *Entre visillos.* Barcelona: Destino, 1978.

---. *Retahílas.* Barcelona: Destino, 1981.

Ordóñez, Elizabeth. "The Decoding and Encoding of Sex Roles in Carmen Martín Gaite's *Retahílas*." *Kentucky Romance Quarterly* 27 (1980): 237-44.

---. "Inscribing Difference: 'L'Ecriture Feminine' and New Narrative by Women." *Anales de la Literatura Española Contemporánea* 12 (1987): 45-58.

Palley, Julián. "El interlocutor soñado de *El cuarto de atrás*." *Insula* 404-5 (1980): 22.

Rich, Adrienne. *Of Woman Born*. New York: Norton, 1976.

Servodidio, Mirella and Marcia L. Welles, eds. *From Fiction to Metafiction: Essays in Honor of Carmen Martín Gaite*. Lincoln: Soc. of Spanish and Spanish American Studies, 1983.

Sobejano, Gonzalo. "Enlaces y desenlaces en las novelas de Carmen Martín Gaite." Servodidio and Welles 209-23.

Talbot. Lynn K. "Female Archetypes in Carmen Martín Gaite's *Entre visillos*." *Anales de la Literatura Española Contemporánea* 12 (1987): 79-94.

The Portrayal of Feminine Consciousness in Two Plays by Concha Romero: *Juego de reinas* and *Un maldito beso*

Carolyn J. Harris
Western Michigan University

In her excellent study, *Dramaturgas españolas de hoy*, Patricia O'Connor enumerates the many cultural obstacles that women playwrights have traditionally faced in Spain and the historical causes for the absence of *dramaturgas* in the Spanish theatrical world. Beginning in the 1980s, however, social and political changes in Spain have brought about a resurgence of women writing for the theatre, although they still encounter many difficulties in seeing their plays staged commercially. O'Connor's essay traces the evolution of female dramatists in contemporary Spain from a phase of "accommodation" to the masculine perspective and discourse to the current moment of "re-vision" in plays written by women.[1] This latest phase represents, in O'Connor's view: "un nuevo orgullo en la identidad femenina reflejado en obras centradas otra vez en la mujer, pero rechazando las visiones y límites del pasado . . . " (40). The revisionist stage corresponds to the "female phase" described by Elaine Showalter in her article "Towards a Feminist Poetics," in which contemporary women writers reject imitation and protest, both forms of dependency, and turn to "female experience as the source of an autonomous art" (36). The works they produce seek the repressed messages of females in history, anthropology, and psychology, to locate the feminine not-said and re-read woman as a text (Showalter 39).

Two recent plays by Concha Romero are representative of this "revisionist" or "female" phase in that they propose to present on the Spanish stage the female experience and vision so often negated or silenced in the past. Although *Juego de reinas* and *Un maldito beso* are set in very different time periods and their female protagonists face dissimilar conflicts, both plays center on the feminine consciousness of the main characters. In order to portray the reality of women's lives, Romero focuses on the inner world of her protagonists, revealing through their thoughts and stories the feminine point of view and its rejection of masculine assumptions and values. The presentation of feminine consciousness in these plays becomes not only a central theme, but also a literary device and a method of characterization of females in dramatic works.

This paper will examine the way in which Romero's theatrical works, *Juego de reinas* and *Un maldito beso*, shed light on the true experience of women through the dramatization of the feminine consciousness of their protagonists. I use the term "feminine consciousness" here to refer not to the full range of a woman's inner world, but only to those aspects of it which contribute to her definition of self as a specifically feminine being. I apply Sydney Kaplan's definition, in which the term "feminine" includes psychological and cultural connotations, and refers to "a combination of physical traits and socially based attitudes about what constitutes femininity" (4). In the plays studied here, Romero portrays the feminine consciousness of her female characters not only by revealing their thoughts through dramatic dialogue and monologue, but also by unveiling their submerged feelings and inner conflicts. These hidden aspects of selfhood, at times unknown to the characters themselves, are shown implicitly by the way in which they order their perceptions and conceptualize reality.

Set in the Spanish court of 1502, *Juego de reinas*[2] dramatizes the plight of Juana, the daughter of Fernando and Isabel, who instead of ascending to the throne will be imprisoned and known to future generations as "Juana la Loca." Consisting of a series of dialogues between Juana and her mother, the play presents the conflict that results from their two very different ways of perceiving the world in which they live. Isabel is portrayed as a woman governed by reason who gives more importance to political maneuvers than to human sentiment, in contrast with Juana, who places more value on relationships. In this dialogue between *razones de estado* and *razones de amor*, Isabel represents the masculine or rational view, which is considered superior and holds the power to repress and deny her daughter's feminine consciousness. Centering on Juana's perspective and the tragedy that results from the negation of her perspective, Romero's play points to the necessity of recognizing and integrating the feminine vision and values.

Through Juana's conversations with her mother and her monologues when left by herself, Romero presents in *Juego de reinas* the perceiving and reflecting mind of Juana, analyzing her thought processes and her inner conflicts. From their first dialogue, the discrepancy between the two women's perceptions becomes clear. To Juana, people are all-important, and unlike her mother she cannot separate her feelings for loved ones from her political duties. As the play opens, Juana explains her dilemma upon finding her husband Felipe's political interests to conflict with those of her parents:

> Juana: Entre la espada y la pared me encontraba. A ti y a él, a los dos quería complacer. . . Me has educado en la obediencia. Dime, ¿a quién debo obedecer, a mi esposo o a mi madre?
> Isabel: A los dos y a ninguno siempre que hagas lo más conveniente para el país del que vas a ser reina. (6)

While Juana's love for her husband consumes her, Isabel has learned to repress her feminine sentiments in favor of a more practical view. She tells Juana, "El amor está bien siempre que no te domine ni te haga sufrir demasiado" (11). Although she admits to having suffered in the past when Fernando was unfaithful, she has chosen to become indifferent to a situation she cannot control. "Yo apagué el fuego para que no me abrasara," she explains to her daughter (28). Isabel has suffered the loss of two children and one grandchild, but she regrets above all the way that these deaths have been a detriment to her foreign policy. When Juana criticizes her expulsion of Jews and Moors from Spain, she defends this decision, telling her: "Esas medidas fueron necesarias para crear una patria grande. . . Por primera vez en nuestra historia hay paz, justicia y unidad" (38). But Juana can only consider the cost of this act to human beings, and exclaims, "¡Cuántas familias desunidas, cuántos corazones destrozados!" (38).

As the play progresses, Juana learns that her husband has returned to Borgonia, and she pleads with her mother to be allowed to join him. Isabel cannot permit her to leave while Spain is at war with France, and when Juana refuses to listen to reason the queen has her daughter locked in her room. Juana must learn to give more importance to matters of state, sacrificing her feminine perspective. "Tendrás que cambiar tu sistema de valores para llevar adelante la nave del estado que te será encomendada cuando yo muera," Isabel warns her (37). But Juana is unable to compromise her values or her consciousness. She explains:

> Mamá, siempre te he respetado y obedecido pero me pides algo que va contra mí misma, contra mis sentimientos más profundos. Y no puedo dártelo sin desgarrarme por dentro, sin que el

alma se me haga pedazos. . . No es posible que el Estado tenga razón, por mucha razón que tenga. Además, las del Estado y las tuyas se me confunden, me parecen las mismas. Razones poderosas, insensibles y duras. (37-38)

Juana realizes that Isabel will never understand her because the two speak different languages, and during her enclosure of nine months Juana shows the first signs of the madness which will be her only escape. Although the play ends with Juana's joyful departure upon hearing the news that she will be able to join her husband, its last words belong to Isabel, who warns her daughter to change her heart or she will surely be lost and go mad. Left alone on stage, Isabel uncharacteristically expresses her true feelings as she drops to a chair and murmurs, "¡Ay, Juana, Juana, mi última esperanza!" (45).

As the final curtain closes, the spectator knows that the historical Juana will see herself forced to retreat to an inner world, a state of madness, when her consciousness and perspective are silenced and ignored by the powerful *razones de estado*. Romero's play dramatizes the divided consciousness of women and the inner conflict which results from the gender-linked division between reason and sentiment. Isabel represents the woman who chooses to adopt the dominant, masculine perspective, and as a result suffers from a loss of authenticity, forced to submerge her feminine consciousness and her true feelings. Juana is the woman who has internalized to the point of exaggeration the cultural view of the feminine and therefore is treated as an adolescent and denied any position of power in society.

By focusing on Juana's feminine consciousness in *Juego de reinas*, Romero presents this historical figure's madness as her only possible course of action and an act of rebellion against the negation of her perspective. The psychologist Phyllis Chesler in her study, *Women and Madness*, points to a connection between madness and the suppression of women: "Madness and asylums generally function as mirror images of the female experience, as penalties for *being* 'female,' as well as for desiring or daring *not* to be" (16). For some French feminists madness has been the traditional label applied to female protest and revolution. Yet, as Romero's play so aptly demonstrates, madness is not a desirable form of rebellion but the desperate communication of the powerless. Shoshana Felman has noted that "quite the opposite of rebellion, madness is the impasse confronting those whom cultural conditioning has deprived of the very means of protest or self-affirmation" (2). In Romero's "re-visionist" view of history, Juana's madness is the tragic result of the impossibility of her perspective in a world dominated by masculine reason, unwilling to integrate the "otherness" of her feminine consciousness.

The protagonist of *Un maldito beso*, set in contemporary Spain, represents a very different generation of women from that of Juana. María is a successful actress who is married to one of Madrid's most important theatrical directors. After two failed marriages and several unsuccessful relationships, María had reached the conclusion that men were unfaithful "por naturaleza" (128), and had decided to live alone until Manolo convinced her that he was different. The two signed a fidelity contract when they married, twelve years before the play's action begins. María is a strong and independent woman who finds her work fulfilling. As *Un maldito beso* opens she is about to make her debut as Lady Macbeth, a role she has always wanted to play. Yet a chance occurrence will cause her, like Juana, to retreat to an inner world when her feminine consciousness is unable to accept the masculine set of values imposed upon her. Her anger against the prevailing rigidities of the patriarchal tradition will cause her to become temporarily mad until she finds a way to penetrate and undermine the masculine reality.

The afternoon of the first performance of *Macbeth*, María returns home from a funeral to find her husband kissing an attractive eighteen-year-old. The kiss is not what it seems, for the young woman has come to Manolo seeking employment as an actress. Having asked him to test her abilities, they are improvising a romantic scene. María faints upon seeing the kiss, and when she recovers consciousness she believes that she has just returned from her husband's funeral, and she can neither see nor hear Manolo. A psychiatrist friend, Jorge, explains that this state of "madness" is the result of María's refusal to accept what her senses tell her is reality. Along with her inability to see Manolo comes a complete lack of memory of her lines as Lady Macbeth.

As the play continues, Manolo is desperate to find a cure for her madness and avoid cancelling the performance. Following Jorge's advice, he reproduces exactly the scene that provoked her condition. With this second shock María recovers the knowledge that her husband is alive, but she is still unable to remember her lines. Jorge then suggests a "psychodrama" in which the couple improvises the roles of a husband

and his jealous wife. As they act out these parts, the two end up revealing the truth about their relationship and their feelings. María is furious when she learns that her husband, in spite of their contract, has been unfaithful to her during the last ten years of their marriage. "Haz un esfuerzo por comprenderme," he begs her. "No soy distinto a los demás hombres. No seas tan inflexible. A una mujer independiente y moderna no le van esas posturas tan irracionales" (120). When Manolo accuses her of forgetting her lines in order to seek a very "feminine" revenge, and chides her, "Entra en razón, cariño," (140), María decides that she will follow a "superior," masculine course of action.

> María: Si como dices mi olvido puede ser una venganza retorcida, de cobardía, de miedo y de huida, es probable que recupere la memoria con una venganza más valiente y más noble. Voy a devolverte bofetada por bofetada y diente por diente. Quiero besar a un hombre ahora mismo, antes de las seis porque en este momento el estreno es lo que más me importa. (140)

At this moment, Manolo cannot accept her new "masculine" perspective, and tries to treat her as a child, embracing her as she sobs, and saying, "Ea, ea, ea, mi niña pequeña. Tranquilízate. Ya pasó todo" (141). But left alone with Jorge, María carrys out her plan to kiss another man, although she explains to him: "No me apetece pero quiero besarte. Probar el sabor de la venganza. Sé que ya nada será como antes" (144). The play ends as after kissing Jorge she recovers her memory and recites Lady Macbeth's lines, which echo the play's beginning. The words of Shakespeare's character merge with her own feelings and call for the courage to confront the rigidity of traditional gender roles in society. She cries out, "Voluntad débil. Dame el puñal. Los durmientes y los muertos no son más que imágenes vanas, es el ojo de un niño que tiembla ante una estampa del diablo" (144).

By placing her protagonist's consciousness on center stage, Romero's play analyzes her submerged feelings and attempts to grasp the deepest conditions of her multiplicitous reality. The interior conflict of women today and the ambivalence they feel toward their role as women become clear by the way in which María's subconscious is still dominated by patriarchal attitudes about masculine and feminine roles in society. When her husband complains, "No sé si eres una antigua o una vanguardista," María responds, "Puede que las dos cosas. Como tú. Todos tenemos contradicciones. . ." (143).

As Kaplan has shown, contemporary women's writings demonstrate that older beliefs about femininity and feminine consciousness persist today, beliefs which are greatly at odds with the lives of the women who hold them (6). Montserrat Roig, in her study *¿Tiempo de mujer?*, writes: "El inconsciente humano, a pesar de los grandes avances políticos y sociales, ha cambiado mucho menos de lo que nos imaginamos" (51). Faced with the ambiguity of her own divided consciousness, which desires to be a "person" in control of her destiny and a woman at the same time, María finds madness to be her only escape and means of self-affirmation. Although, unlike Juana in *Juego de reinas*, María returns to the outer reality, her "solution" at the play's conclusion is not a good one. Like Isabel, she has adopted a masculine way of dealing with her situation, but this assumed perspective results in a lack of authenticity as it denies her true way of thinking and feeling.

The protagonists of *Juego de reinas* and *Un maldito beso* position on the Spanish stage the inner conflicts of women and the psychic tension that results from the distance between the ideal of sexual equality and the reality of the subordination of women's views and values. Romero portrays in these works the ambivalence felt by women who accept the dominant culture's definition of "feminine" at the same time that they rebel against the implications of such conceptions. Both Juana and María reject masculine authority in these works by asserting the value of the inner being, and both aim for autonomy and fight against being considered objects. The plays demonstrate the necessity of breaking down the traditional divisions between the masculine and feminine, integrating positive feminine values and avoiding the limitation of possibilities for both genders.

Centering on the feminine consciousness of her characters, Romero foregrounds their inner perspective and affirms their point of view. By focusing on the obstacles women encounter from without and within as they attempt to become subjects, she is able to deconstruct traditional systems of dramatic representation and perceptions of women.[3] By rereading woman as a text, her plays shed light on the female experience of the past and present, contributing to the recovery and cultivation of women's culture.

NOTES

[1] O'Connor refers to Adrienne Rich's definition of "re-vision" as the act of looking back and seeing with fresh eyes, as explained in her article "When We Dead Awaken: Writing as Re-Vision" in *On Lies, Secrets, and Silence* (New York: Norton, 1979: 33-50).

[2] *Juego de reinas*, written in 1989, was originally entitled "Razón de estado." With some minor revisions and the change of title, it was first staged in February, 1991, in Alcalá de Henares.

[3] In her attempt to posit her female protagonists in the position of subjects who represent a point of view, Romero's works are consistent with the "new poetics" for feminist drama outlined by Sue-Ellen Case in *Feminism and Theatre* (New York: Methuen, 1988), 112-32.

WORKS CITED

Chesler, Phyllis. *Women and Madness*. Garden City, N.Y.: Doubleday, 1972.

Felman, Shoshana. "Women and Madness: The Critical Phallacy." *Diacritics* 5.4 (1975): 2-10.

Kaplan, Sydney Janet. *Feminine Consciousness in the Modern British Novel*. Urbana, IL: U of Illinois P,   1975.

O'Connor, Patricia W. *Dramaturgas españolas de hoy: Una introducción*. Madrid: Fundamentos, 1988.

Roig, Montserrat. *¿Tiempo de mujer?* 3rd ed. Barcelona: Plaza y Janés, 1981.

Romero, Concha. *Juego de reinas*. Typed manuscript, 1989. Biblioteca Fundación Juan March, Madrid.

—. *Un maldito beso*. *Gestos* 4.8 (1989): 109-44.

Showalter, Elaine. "Towards a Feminist Poetics." *Women Writing and Writing about* *Women*. Ed. Mary Jacobus. New York: Harper, 1979. 22-41.

Rosa Montero's *Amado amo,*
Anomaly or Inversion?

Mary C. Harges
Southwest Missouri State University

Amado amo (1988), Rosa Montero's fourth novel, appears initially to be quite different from her previous ones, most notably because the entire work centers around the psychological development of a male protagonist. However, a closer examination reveals that, although the perspective is different, there are many stylistic and thematic similarities to her earlier novels.

Montero's purpose in this novel is to consider the effects of social, psychological, and cultural expectations on gender role development and to examine how these factors function to produce a gendered subject and "maintain the social order or to promote its change" (Davis 90). As in her previous works of fiction, Montero uses the metafictional mode in *Amado amo* as a subversive device. Through a variety of experimental strategies she exposes the influences and damaging effects of patriarchal ideology on the values and behaviors of both men and women, who see themselves as somehow different or marginal to the dominant system of which they are supposed to be contributing members.

The protagonist, César Miranda, is an insecure forty-five-year-old commercial artist who works for the "Golden Line" Company, a North American-owned advertising agency in Madrid during the 1980s. As the novel opens, César is experiencing a mid-life crisis that affects both his personal and professional lives. By assigning César traditional feminine characteristics such as passivity, irrationality, and instability, Montero attempts to subvert sexual difference and expose the "advantages and dangers of sexual role reversal" (Gilbert 166). Although he was once highly regarded professionally, he is presently plagued by an ever-increasing paranoia which gradually overtakes his creative abilities. César reflects on his prior achievements in the artistic world: "El, César, en cambio, era una figura en "Golden Line". Uno de sus cuadros estaba colgado en el Museo de Arte Contemporáneo. Su nombre aparecía en el libro *Veinte años de publicidad*. El, César Miranda, era una estrella" (16).

63

The use of the past tense here clearly indicates the protagonist's recognition of his successful past and suggests, by contrast, the dilemma he currently faces, his unproductive present.

César's thoughts reveal his sense of frustration resulting from his waning creativity and his feelings of insecurity stemming from his declining position within the company: "Quizá declinante, pero estrella.... Quizá medio apagada, pero estrella. . . . Quizás agonizante, pero estrella" (16-17). While he clings to the image of himself as a star, he is forced to acknowledge all the implications the metaphor suggests: falling, burning out, dying. Having thus labeled himself a "has-been," he imagines and orchestrates his own downfall, one ultimately caused by his inability to reconcile the differences between society's expectations of him and his search for an individual identity in the world.

The narrative consists largely of Miranda's present tense thoughts and feelings about his inadequacies with frequent flashbacks to events that have led up to his confusion and depressed state of mind. As the novel progresses, César becomes increasingly obsessed with his inability to perform up to the standards of his superiors and the male-dominated world. He is further threatened by the level of competition determined by "la nueva generación de tiburones" (139), those members of the younger generation not hampered by remnants of the tyranny and censorship of the Franco regime.

Although disillusioned and disgusted by what he perceives to be the egotistical behavior of his co-workers and the business world in general, César tries desperately albeit unsuccessfully to force himself into the "proper" role. His attendance at a party given to celebrate his colleague and most hated enemy, Nacho's, winning the "Globo de Oro" award is an example of "reflexive perception" (Kolodny 79). Obliged to attend, Miranda arrives fashionably late and dressed in the finest clothing. In an effort to comply with societal conventions, he immediately hides behind a drink of whiskey and sinks comfortably into his cowardice in a corner of the room.

Recalling a conversation with Paula, an aggressive co-worker with whom he has an on-going personal relationship, he trivializes her commitment to feminism and questions his manhood:

No confundas las cosas: eso no es falta de hombría sino de dignidad, le decía Paula en ocasiones. Entonces, ¿qué crees tú que es la hombría?, contestaba él. Oh, un invento, una mentira, una convención que vosotros mismos habéis creado. A veces Paula le sacaba de quicio con su feminismo tan latoso. (47-48)

In this passage the author is commenting not only on the traditional definition of manhood but also on the literary conventions which have created and sustained that definition. Juxtaposed to the success/failure paradox in the masculine realm is the issue of equal opportunity for women in the workplace of the post- Industrial world. While César struggles with questions surrounding his masculinity, Paula is repeatedly confronted with lack of recognition for her abilities and accomplishments.

Peter Schwenger suggests that, "within the masculine mode, to think about masculinity is to become less masculine oneself" (Schwenger 110). Since a dominant principle of masculinity is action rather than contemplation, César's self-reflexive nature distances him from more powerful members of the company hierarchy. His failure to act according to traditional social and cultural codes, coupled with his inability to adapt to political change, lead him into a sort of no man's land. He can neither identify with his male, nor sympathize with his female counterparts. The anguish he feels as a result of his passivity and lack of productivity forces him into a self-imposed exile.

Phyllis Zatlin has discussed the patterns of inner exile of non-conformist female protagonists in postwar Spanish novels written by women. She delineates two types of protagonists: 1) the rebellious, adolescent heroine; and 2) the passive, immobile woman who often withdraws into madness (Zatlin 4). César is a figure who demonstrates elements of both. At once a non-conformist and an inactive, unproductive observer of a masculine culture from which he feels alienated, he is virtually incapacitated by his confusion about and failure to meet societal expectations.

Zatlin concludes that beneath the surface of these two types is a message of political protest (Zatlin 4). César, having grown up during the oppression of the Franco era, is paralyzed and trapped within its boundaries. When the former owner of "Rumbo", el Señor Zarraluque, sells the advertising agency to the "Golden Line" in the late sixties, César is caught between one form of oppression and another, "pasando así del más rancio feudalismo al capitalismo más avanzado.... A César, particularmente, le hubiera gustado vivir la Ilustración" (150). An anachronism among his colleagues, César wages a futile struggle to adapt to post-Franco capitalist Spain which leads to both his professional and moral decline.

The suicide of his colleague, Matías, acts as a catalyst for César's reassessment of his position. He speculates that Matías's act was one of self-castigation while he imagines his own death resulting from "inactividad letal" (139). Zatlin states that "while geographical exile or banishment has an historical basis as a form of punishment for men, inner exile, as defined by enclosure within one's own house, repeats a traditional form of punishment for women" (Zatlin 6). Acutely aware of his recent lack of inspiration, César becomes increasingly paranoid, voluntarily withdrawing into his apartment. At the office, he finds his cubicle shrinking and envisions himself being relegated to the "cementerio de elefantes" (138). By inverting the pattern of voluntary isolation generally attributed to female protagonists, Montero underscores the torment of the political and social reality of postwar Spain.

Summoned to his boss's office, César senses his manipulation by Morton's contrived concern for Matías's family. As he begins to understand the seductive power inherent to positions of authority, César remembers the explanation offered by his former friend, Miguel Quesada: ". . . para triunfar, él necesitaba pagar su ascenso en carne y sangre; y que sólo unos cuantos afortunados podían llegar al éxito sin abonar el habitual peaje de vilezas. Sin vender su alma al diablo. Sin dominar ni ser dominado" (146).

Locating "dominar" in the dictionary, César realizes he has experienced the full range of its definitions: terror, suffocation, intimidation, humiliation, oppression, and defeat. Patricia Waugh suggests that recurring lists of seemingly meaningless items are a favorite strategy used by metafictional writers to reflect a character's thoughts on the nature of memory, fiction, and creativity (Waugh 144). César's reading of the synonyms of "dominar" reveals his confusion between reality and fantasy. This internal disorder severely undermines his creative energies.

The hierarchy of dominance is depicted throughout the novel as a spider web whose geometrical shapes are spun by those in corresponding authoritative positions. Carol Gilligan explains that the differences in male and female modes of reasoning are often represented by the images of hierarchy and web (Gilligan 32). César concludes that a man must either take an active part in the construction of or become snared in the web: "Y no cabían opciones, sólo se podía ser hilo de telaraña o mosca atrapada y pataleante" (147). Montero, then, pits the masculine linear mode of thinking against a feminine cyclical structure thereby deconstructing patriarchal narrative.

At the center of this cycle of deceit is Miranda's inability to be authentic in his one relationship with potential, that between Paula and himself. A connection devoid of communication, César's commitment to Paula extends only to the point that it serves his selfish purposes. He is neither willing nor able to comprehend her needs and is unsympathetic to her "feminist" concerns. When she vents her anger about never having been promoted because she is a woman, César thinks to himself: "En el caso de una mujer todo eso no era tan importante. . . . Porque el que Paula no fuera ascendida a fin de cuentas no era una injusticia tan enorme. Las mujeres carecían de ambición" (68). The irony, of course, is that César rationalizes his subordination by convincing himself that he is the victim of injustice. In reality he simply lacks sufficient courage to ascend within the power structure.

In contrast to his relationship with Paula is César's pursuit of the ideal sexual partner. He and Clara, a woman with whom he lives for three years, have little in common outside the bedroom except their boredom with life and their need to create memories together. As he watches "Clara Bella Durmiente" (102) sleep, he feels compelled to protect her. However, Clara is restless and emotionally unsatisfied and the two never seem to connect. Elizabeth J. Ordóñez points out that when "the bodies of women and men merge without communication; metaphorically speaking different languages, there is no alternative but eventual rupture of all intimacy between them" (Ordóñez 204).

In yet another encounter, César finds himself in bed with a young journalism student twenty-five years his junior. The embodiment of the popular literature César often reads, she brings him, he fantasizes, the desired envy of other men, bolstering his deflated self-esteem. Predictably, although he is sexually satisfied, he is annoyed by her immaturity and bored by her easy surrender: "y desde luego la chica lo bebió todo como una niña dócil; como Caperucita cayendo en la rampa del Lobo Feroz; como Blancanieves mordiendo la manzana emponzoñada que le ofreciera la pérfida madrastra" (116). The references to popular fairy tales inserted throughout the text emphasize the irony of César's predicament. Though he likens himself to the ferocious wolf and the valiant prince, ironically it is César who will eventually be devoured by the system.

César is envious of what he perceives to be the ideal relationships of his superiors and their robot-like, perfect wives. Although his perception of these couples is clearly inaccurate, César views their apparently harmonious existences as additional evidence of his own failure to achieve the level of commitment society dictates in either the public or the private sphere.

Miranda's struggle with himself and societal demands is finally resolved when he is persuaded by his superiors, Morton and Quesada, to betray Paula. She has threatened to charge the company with sexual discrimination, charges she has arranged to make public in *Noticias Hoy*, a popular weekly. When company executives request that César sign a statement guaranteeing his testimony against her, he is confronted with a crucial decision. His awareness of Paula's plans to challenge the company's discriminatory practices places him in a renewed position of power for he now holds the cards that will enable him to gain favor within the hierarchy.

César's knowledge becomes a liability for his alternatives are bleak, "saber es poder y no saber era el destierro" (93). Forced to choose between supporting Paula in her quest for justice or insuring his own future with the company by betraying her, César's cowardly decision is readily foreseeable. Acquiescing to Morton's bribe, a blue envelope containing an invitation to the company's esteemed annual convention, he accepts the Mont Blanc. This powerful scene links the weak and the strong as accomplices in a corrupt solidarity. Montero uses the Mont Blanc, an obvious phallic symbol, to deconstruct the notion of male authority to create. As he signs the paper, César re-writes a phallocentric narrative which historically has severely limited the possibilities for women in the public sphere. With that action he joins the ranks of his predecessors who have sold their souls. Inevitably he must face the horrible truth that the cost of public position is the high price of personal integrity, "el éxito esclaviza" (14).

In *Amado amo* Montero examines the ways in which society pressures both sexes into specific gender roles and reveals her perspective on the consequences of an individual's acceptance or rejection of these "universal" values. Ultimately, César opts to follow the patriarchal paradigm. Doing so, he has forsaken Paula and destroyed what most approximated a sincere relationship. Though it is Paula who is deserving, it is César who salvages a place, however dubious, in society. Perhaps worse, he has relinquished his search for self-determination, to be forever entangled in the corporate web.

Montero subverts the traditional notion of male superiority by exposing the psychological weaknesses and moral inferiority of those who would desert their consciences and conform to the power arrangements of a phallocentric world in order to survive. Using a variety of metafictional techniques consistent with her previous novels, she masterfully deconstructs the myth of male dominance. Having lost his creative abilities, César resorts to the ultimate betrayal in order to succeed in patriarchal society. His position in the company, though now secure, will be henceforth marred by his dutiful submission to the power of Morton's Mont Blanc.

WORKS CITED

Davis, Natalie Z. "Women's History in Transition: The European Case." *Feminist Studies* 3 (1976): 83-103.

Gilbert, Elliot. "The Female King: Tennyson's Arthurian Apocalypse." In *Speaking of Gender*. Eds. Elaine Showalter et al. New York: Routledge, 1989. 163-86.

Gilligan, Carol. *In a Different Voice: Psychological Theory and Women's Development*. Cambridge, Mass.: Harvard UP, 1982.

Kolodny, Annette. "Some notes on defining a 'feminist literary criticism'." *Critical Inquiry* 2.I (1975): 75-92.

Montero, Rosa. *Amado amo*. Madrid: Editorial Debate, 1988.

Ordóñez, Elizabeth J. *Voices of Their Own: Contemporary Spanish Narrative by Women*. London: Bucknell UP, 1991.

Schwenger, Peter. "The Masculine Mode." In *Speaking of Gender*. Eds. Elaine Showalter et al. New York: Routledge, 1989. 101-12.

Waugh, Patricia. *Metafiction: The Theory and Practice of Self-Conscious Fiction*. New York: Routledge, 1984.

Zatlin, Phyllis. "Passivity and Immobility: Patterns of Inner Exile in Postwar Spanish Novels Written by Women." *Letras Femeninas* 14.1-2 (1988): 3-9.

El placer del (inter)texto: *Cinco* de Teresa Garbí

Giulia Colaizzi
University of Minnesota

Este trabajo busca analizar el dispositivo de escritura que articula el ícono-texto *Cinco*. *Sobre el Doncel de Sigüenza* de Teresa Garbí (Zaragoza, 1950), una de las más brillantes narradoras jóvenes surgida en la España del post-franquismo, autora de *Grisalla* (1981), *Espacios* (1985) y *Alas* (1987).

Mi interés en el tipo de obras que podemos definir como "ícono-textos"— basados en la articulación de soportes multidiscursivos—se basa en el hecho que desde el punto de vista estructural y composicional cuestionan la validez misma del concepto tradicional de "texto": la desplazan a favor de la noción de "inter-texto" y proponen así la noción de lectura como "escritura," en sentido derrideano.

Estos textos parecen ofrecerse al posible lector de una forma muy seductora, y lo provocan con la aparente facilidad y libertad de acceso que presentan. De ese modo, quizá, lo convencen para que hojee distraídamente sus páginas, mire las imágenes, lea unas palabras, mire otra vez, lea otra vez tres o cuatro imágenes más adelante, hasta que se encuentra completamente seducido e implicado en un juego mucho más complejo de lo que podría haber imaginado.

El lector de obras como *Cinco*, hecho de palabras y fotografías que cuentan un viaje a Sigüenza y su Doncel, no puede en realidad ser sólo un mero lector. Este se encuentra sometido a una especie de bombardeo de estímulos que interrumpen la linealidad y el ritmo de la lectura, fragmentándolos, y descomponiendo el movimiento constante hacia un final que la simple lectura de un texto normalmente suele implicar. Por esto son textos no teleológicos, sino textos que crean pausas y fracturas; textos que obligan no sólo a leer, sino también a mirar, a volver atrás, a ir adelante; en una palabra, fuerzan a pensar, porque no proponen simplemente una historia para que el lector padezca, palpite o goce con o en ella, sino que le fuerzan a crear una historia desde fragmentos aparentemente incoherentes por cuanto no conectados entre sí de forma explícita. En el intento de dar coherencia a los fragmentos y sentido a las fracturas, el lector se encuentra a sí mismo no sólo como lector, sino también como espectador, observador y, finalmente, narrador él mismo, es decir, elemento activo del constituirse de la "historia."

Creo que es precisamente aquí donde reside la fascinante seducción de un texto como el que comentamos. En los huecos que presenta en el entrecruzarse y interferir de los lenguajes, lo visual y lo estrictamente literario, *Cinco* es como una pregunta abierta, página tras página, hacia el mundo. Lo es porque, al proponer un universo fragmentado, desde el principio se niega a explicarlo, a constituir un sentido; al contrario, se presenta como posibilidad de sentidos, como articulación de elementos y procesos a los que sólo este lector-narrador que el texto mismo ha creado puede otorgar sentido.

La relación texto-lector queda aquí desdoblada en la triada palabras-imágenes-lector, en la cual ni las imágenes son simplemente el soporte visual de las palabras, ni las palabras son la explicación inmediatamente referencial de las fotografías. El texto como tal se presenta, en realidad, como una provocación para que el lector busque y encuentre su propio placer, en sentido barthesiano, en cuanto constituye una reflexión sobre el proceso mismo de significación y de concreción de lo que llamamos "experiencia."

La lucidez con la cual Teresa Garbí se enfrenta con esta problemática es evidente a partir de la elección misma del titulo: *Cinco*. Nada más aparentemente arbitrario, nada más evidentemente provocador y artificioso que un número para titular un texto que va a presentar y hablar, como el subtítulo precisa, de una obra de carácter histórico-artístico como el Doncel de Sigüenza.[1]

Una primera explicación parcial del por qué de un número como título parece venirnos de las partes primera y segunda del libro, una especie de prólogo centrado sobre los cuatro elementos fundamentales que, según los textos de astrología y alquimia, constituyen todo el universo: el agua, el aire, la tierra y el fuego. Entonces, si lo que subyace a este texto es la escritura y la inscripción de una voluntad totalizadora, ¿por qué "cinco"? ¿Cuál es el quinto elemento en la cadena? y ¿qué lógica lo justificaría?

En la cultura occidental hay números "importantes," cuyo significado va mucho más allá de los principios matemáticos que sustentan; números que poseen un significado de carácter simbólico, filosófico, religioso. "Tres," por ejemplo, es, en la tradición judeocristiana, el número sagrado, el número de la Santísima Trinidad, la del Padre, el Hijo y el Espíritu Santo, para entendernos, y de la Sagrada Familia, así como el "uno" contiene el misterio de la unidad consubstancial de las partes.

"Cinco" es, por el contrario, un número mágico, un número que tiene una historia muy poco ortodoxa, antigua y profana: es un número de los tarots, de las cartas que se "leen," con las cuales se "adivina," es decir, "se lee," el pasado, el presente y el futuro, cartas que trastornan la dimension del tiempo en cuanto entidad lineal, racionalmente pensada y organizada. Esto nos lleva, otra vez, a un mundo de alquimistas y de astrólogos, un mundo de brujas.

Creo por ello que Teresa Garbí nos propone una lectura "profana," es decir, un acercamiento al texto, una noción de "lectura" de texto que, casi como un acto de brujería, de magia, constituye una "profanación" de los sentidos pre-establecidos, de la racionalidad y de la ideología hegemónica en el sentido de lo que Derrida llamó el "logocentrismo" de la "metafísica occidental."

Este texto es "cinco," es decir que, en el ser un texto, no quiere ser uno, sino cinco, una multiplicidad de momentos, que siendo cada uno una historia, nunca constituyen —ni quieren hacerlo— una historia compacta y lineal. "Entre lo uno y lo diverso," diría Claudio Guillén. El problema aquí es que lo uno nunca se plantea como tal, nunca es verdaderamente "uno," sino un fragmento sin unidad y coherencia, y que sólo consigue ambas características en cuanto relacionado con los otros fragmentos, los otros elementos del conjunto. Y esto es así tanto en lo que se refiere a las fotografías, consideradas global o individualmente, como en lo referente al texto narrativo, considerando éste último, a su vez, o en la sucesión de las partes, o en cada uno de los cinco fragmentos que lo constituyen. Es suficiente mirar a los ojos tan enigmáticos del Doncel en las páginas 8-9, o a una de las fotografías tan igualmente enigmáticas en las páginas 14, 18 o 43, o leer las palabras aparentemente enigmáticas de la autora en cualquier de los fragmentos, para entender que la mirada que nos está proponiendo es una mirada de análisis y desencanto sobre el mundo y sobre lo que llamamos realidad, y sobre lo que es la experiencia de la realidad.

Si los elementos fundamentales de cualquier experiencia son las coordenadas del tiempo y el espacio, las que constituyen el cronotopo bajtiniano (Bakhtin, 1981) y las que nos permiten empezar a dar sentido a los acontecimientos, éstos, escribe Teresa Garbí, al igual que los elementos citados — agua, aire, fuego y tierra— no son lo importante. Aunque fundamentales, no importan por sí mismos, porque tampoco existen en tanto tales elementos en forma abstracta e individualizada sino en su relación con los demás:

> Sólo su sombra permanece, la perspectiva de su rumor, esa descarnada interpretación que subyace a la materia. Se pueden destruir los elementos, pero no su arquitectura, la insomne peregrinación de geometría, esos huecos con perfil que desprenden las cosas, las voces y los pensamientos. (12)

Términos como "interpretación," "geometría," y "arquitectura" tan recurrentes en el texto, no son sino síntomas de una consciencia clara de lo que se ha llamado la "materialidad" de lo existente. Esto quiere decir que lo que importa en cualquier experiencia, como en cualquier objeto, no son los materiales, los elementos básicos y fundamentales como el agua, el aire, la tierra, el fuego, o el tiempo y el espacio, sino el proceso mismo de creación, la manera en la cual estos elementos se combinan según un proyecto, una geometría, una arquitectura. Como en el sentido del termino marxiano de "trabajo," esta arquitectura, como proyecto y como resultado, no es otra cosa que un estudio de fuerzas y proporciones, la posición recíproca que los elementos han asumido en la ejecución y realización de un proyecto preciso. La contrapartida visual de esta declaración teórica y de principios es la figura arquitectónicamente imponente que aparece en la cubierta del libro como imagen de la catedral de Sigüenza.

Es ahí, en el sentido de la realidad como construcción continua, como combinación de elementos cuyas identidades individuales se pierden en una práctica concreta, en el hacerse mismo de la obra, donde propongo individualizar la lógica constitutiva de este texto. Este es el quinto elemento, ésta la lógica que en el título mismo subraya la imposibilidad de una síntesis conciliadora de los elementos, y no propone, sino que rechaza de manera radical, una visión totalizadora de la realidad.

Habíamos salido fuera de nosotros y éramos otro cuerpo, un solo cuerpo. Tuvimos, desde entonces, una sola voz, la suya. Voz llamada silencio ... una evidencia que respira nuestra emanación: Tú que eres todo desorden, todo mezcla, todo infinito, espíritu en el que el tiempo revierte en eternidad. (22)

Es en esta germinación continua no de sustancia, sino de formas, donde se puede entender la tensión constante existente en el texto entre vida y muerte, "silencio" y "palabras," "historia" y "tiempo." La interacción dialógica, en sentido bajtiniano, de los elementos llega a ser una relación erótica, en la cual los elementos se convierten en "otro cuerpo, un solo cuerpo," y "en una sola voz ... una voz llamada silencio."

En Barthes la característica esencial de la relación erótica, y de aquella específica relación erótica que constituye el "placer del texto," es dada precisamente por una sensación de fusión entre sujeto y objeto, así que el objeto desaparece en cuanto tal y es posible llegar al momento que él llama de "goce." El "goce" es una re-definición epistemológica del proceso de lectura de un texto y de su visión de mundo; consiste precisamente en una perdida de los "bordes," de los confines y límites entre cuerpos y objetos tal y como se han venido determinando en la racionalización del pensamiento occidental. El goce determina una suspensión de significado y es, al mismo tiempo, hecho posible por ella y por la multiplicidad, la heterogeneidad irreductible de cuerpos y elementos. Es esta suspensión del significado lo que yo leo en lo que Teresa Garbí llama "la sed infinita" del viajero en su camino hacia el Doncel, su "camino hacia nada, la búsqueda del maravilloso sortilegio, el viaje eterno" (46); es ése el sentido que, creo, tienen los varios silencios que encontramos en el texto, silencios que no poseen un significado, pero sí un sentido y nos hablan, porque, como he citado antes, son "una voz."

Del mismo modo, Teresa Garbí habla varias veces de música, de un ritmo interior de las cosas, en Sigüenza como en el paisaje, de una música "debajo de la materia" (29). Esta música no es otra cosa que una manera de hablar de arquitectura, de un proceso, de una lógica interna de interacción y construcción. Esa lógica, aparentemente abstracta, no es por eso menos exacta o matemática, y se concreta en obras que nos pueden aplastar con el peso de su imponente perfección. Nadie puede decir qué cosa es la arquitectura, pero todos podemos indicar obras que no serían pensables sin la rigurosa aplicación de principios arquitectónicos. Y ¿quién puede decir cuál es el sentido de una pieza musical?; ¿qué quiere decir, la música? Pero, al mismo tiempo, ¿quién puede decir que esta música, esta pieza musical, no tiene sentido? ¿O que no esté exacta o rigurosamente construida? Así que Teresa Garbí escribe: "La palabra se sustituy[e] por una música llena de sentido, por otra palabra que no existe" y habla de "una música que no podremos comprender nunca." Es así como la música, entendida a la manera de lo que expresa lo que no es Logos, sentido ya dado y establecido, sino lo "Otro," lo que no se puede com/prender y lo que no se puede reducir, englobar como unidad, se inscribe allí donde se afirma que las palabras no son omnipotentes, que no pueden agotar la suma de los significados posibles.

Si entonces por un lado este texto nos pone frente a aquella crisis epistemológica que Derrida definió como sintomatizada por la "inflación del signo 'lenguaje'" (Derrida 6) por el otro el mismo texto nos propone una salida en la forma de una manera diferente de entender la llamada realidad y el proceso mismo de semiosis.

Es en efecto la suspensión de sentido con la cual el texto nos enfrenta, y el acceso al "otro" que esta suspensión hace posible, lo que permite el deshacerse de la realidad, de los que llamamos "cuerpos," y al mismo tiempo es este deshacerse lo que puede permitir su re-hacerse, su hacerse de manera diferente. Es la suspensión del significado, una vida hecha de muerte, lo que hace posible la proliferación de sentido, de sentidos nuevos o simplemente "diferentes," así como es la vida quien culmina en la muerte y la muerte quien permite y perpetúa la vida.

No es, entonces, una voluntad aniquiladora o totalizadora, casi metafísica, la que obra y se manifiesta en el texto, sino el intento de crear una historia paradójica a partir de la conciencia de la historia como construcción, como "arquitectura" y continuo interactuar de "Otros." Teresa Garbí lo dice claramente: "los hombres se aferran a ese friso decorativo que han inventado y al que llaman historia" (45). Es decir, la historia, sea las historias que contamos (en el sentido del inglés *stories*), sea la que nos habla de los Visigodos o de los Rusos, como la historia de la literatura mundial (la que corresponde al inglés *history*), es una invención; está hecha de materiales y elementos diversos y heterogéneos y es un constructo, como una casa, o una catedral, o una pieza de música, en las cuales lo que cuenta es su dibujo, su geometría, el pentagrama, otra vez, su arquitectura, la tensión y el equilibrio de las fuerzas y, sobre todo, a quién sirve, quién la oye, y por qué.

En estos términos se puede entender perfectamente la importancia del viaje cognoscitivo a que nos conducen los últimos tres fragmentos de *Cinco*. A través de las múltiples sensaciones olfativas, auditivas, visuales y más generalmente corporales, el viajero que se acerca al Doncel ha leído y escrito su historia en el cielo y el campo de Sigüenza, con su aire viejo y cansado; en la Alameda, el barrio de San Roque, el Convento de S. Maria de los Huertos, la Plaza Mayor, el Castillo, en alto, la Catedral, en frente, mira y respira los marcos que un tiempo y una historia han dejado, e inscribe en ellos su deseo, el deseo del "olvido y [de] la muerte" (34). Hasta que llega el momento epifánico—o que debería ser tal—, el momento del encuentro con el Doncel, meta final del viaje, un encuentro que turba y al que los varios acercamientos geográficos nos han ido preparando. Y todavía en este momento nada pasa, nada que pueda constituir un acontecimiento, y justificar la necesidad de tan cuidadosos acercamientos, sino sólo un cambio de miradas, el oír de una música lejana, la visión de una claridad difusa en la Catedral:

> La vida se torna leve y sin historia. Todo se adormece y nos hacemos ingenuos y el curso del tiempo se detiene sobre nosotros. . . ¿Quién eres tú, caballero de la luz de fuego? ¿Cual es tu vóz? . . . . ¿Cómo contar lo que tú eres? (62-65)

El momento epifánico del encuentro que en el texto se ha sido constituyendo como clímax de la narración no es otra cosa que el reconocimiento de un "tú," de aquel "tú" que desde el principio ha jugado con un yo desplazado y nunca establecido con precisión. El clímax de este texto es entonces el establecimiento de un "tú" en tanto pregunta, como concreción de sentido, producto de la lógica más profunda del itinerario que, como historia, el texto describe.

Como el niño en la fase del espejo del psicoanálisis lacaniano, que encuentra en la propia imagen en el espejo, en este "Otro" exteriorizado, el sentido del propio yo como "yo", que es al mismo tiempo la medida de la propia alienación (Lacan), el sujeto de la enunciación de este texto busca y encuentra en el rostro y la mirada de piedra del Doncel la "emoción pura" de poder llamarse a sí mismo "yo," y "yo" en tanto imagen, objeto y producto de la mirada. Como dice Benveniste, el yo existe porque existe un tú, un "otro," y viceversa, es decir "yo" y "tú" son entidades dialógicas, relacionales, que existen en el discurso, en un sistema significante que pre-existe al individuo y lo individual y los determina en cuanto tales (Benveniste).

En este sentido, la mirada entre el viajero y aquellos ojos de piedra que le miran como un doble y que nos miran a nosotros también, es una mirada que produce y tacha al mismo tiempo, es decir, una mirada que permite al sujeto (de la enunciación, de la *story*, de la *history*, el sujeto-lector) existir en cuanto tal y, al mismo tiempo, marcar los límites históricos de su existencia, de una existencia; es decir, que, en tanto construcción, puede ser tal sólo *sous rature*. Es una mirada que sanciona "the death of the book" y el comienzo del "texto" (Derrida), y que es al mismo tiempo *lectura* y *escritura*, porque no acepta, sino presupone la pluralidad y la *brisure*. Como escribió Derrida en *Of Grammatology*:

> The reflection, the image, the double, splits what it doubles. The origin of the speculation becomes a difference. What can look at itself is not one; and the law of the addition of the origin to its representation, of the thing to its image, is that one plus one makes at least three. The historical usurpation and theoretical oddity that install the image within the rights of reality are determined as the *forgetting* of a simple origin. (36-37)

Esto es, en última instancia, el sentido del cinco (número cardinal), y de *Cinco* (título del libro que comentamos); el sentido de lo que Teresa Garbí ha llamado "arquitectura" e identificado en el "tú" del Doncel de Sigüenza, en su belleza y "eternidad": la incesante y poderosa operación del lenguaje en tanto escritura, su magia y su implacable ausencia de referencias externas, su rechazo de un "simple origin," su proceso de ilimitada semiosis frente a un todo que, al final, no es nada más que un recuerdo: "Porque nada existe. Esa verdad tan sólo. Y suena como si ya hubiéramos muerto todos y todo fuese un recuerdo" (Garbí 71).

NOTA

[1] Sigüenza es una pequeña ciudad, de origen celta, próxima a Guadalajara. Es la localidad española que mejor conserva su casco urbano medieval. Los musulmanes dominaron el territorio hasta que en 1124 Bernardo de Agén, monje y guerrero, se apoderó de la ciudad y, luego, impulsó la construcción de la catedral, que se abrió al culto en

1169. En ella se encuentra, entre otras obras importantes, un cuadro de El Greco, y la estatua funeraria de Don Martín Vazquez de Arce, el Doncel de Sigüenza, de autor desconocido. Se sabe que Don Martín fue un noble que murió en temprana edad —veinticinco años— en 1486, en la vega de Granada luchando contra los moros. La estatua, que representa el Doncel sobre su tumba, en vez de adoptar la acostumbrada y rígida postura yacente, está reclinada, y sostiene un libro en las manos.

OBRAS CITADAS

Bakhtin, M. M. *Dialogic Imagination: Four Essays.* Trans. Caryl Emerson. Austin: U of Texas P, 1981.

Barthes, Roland. *The Pleasure of the Text.* Trans. Richard Miller. New York: Hill and Wang, 1975.

Benveniste, Emile. "Subjectivity in Language." In *Problems in General Linguistics.* Trans. Mary Elizabeth Meek. Coral Gables, Fl.: U of Miami P, 1971. 223-30.

Derrida, Jacques. *Of Grammatology.* Trad. G. C. Spivak. Baltimore: The Johns Hopkins U P, 1976.

Garbí, Teresa. *Grisalla.* Valencia: Prometeo, 1981.

—. *Espacios.* Valencia: Prometeo, 1985.

—. *Alas.* Valencia: Víctor Orenga, 1987.

—. *Cinco. Sobre el Doncel de Sigüenza.* Madrid: Hiperión, 1988.

Guillén, Claudio. *Entre lo uno y lo diverso.* Barcelona: Crítica, 1985.

Lacan, Jacques. "The mirror stage as formative of the function of the I as revealed in psychoanalytic experience." In *Ecrits: A Selection.* Trans. Alan Sheridan. New York and London: Norton, 1982. 1-7.

Gilka Machado and Adélia Prado:
The Feminist Search For Female Poetic Voices

Joyce Carlson-Leavitt
Latin American Institute, The University of New Mexico

In recent years more and more women throughout the world have been portraying their experiences from their own point of view, rather than from one determined by patriarchal biases. In response to this upsurge of authentic female writing, feminist literary criticism has undertaken the task of determining whether there are unique female manners of expression. As part of this process, they examine women's writings from a feminist perspective, sensitive to nuances of theme and imagery which are uniquely female. In short, these critics are searching for female literary voices, wondering if most women—when they write freely—have distinctly female forms of expression. This search is especially relevant to feminist poetic criticism, and many feminist critics such as Suzanne Juhasz, Alicia Ostriker, Deborah Pope, Susan Gubar, Sandra Gilbert, Jan Montefiore, and Joanne Feit Diehl have insightfully discussed this issue concerning English-speaking women poets. Less work has been done concerning "Third World" women poets. If critics are to speak in generalities about "women's poetic voices," voices from outside the English-speaking world must become part of this discussion.

Both Gilka Machado, writing as a social and literary outcast during the early twentieth century in Rio de Janeiro, and Adélia Prado, writing in a small town in the interior of Brazil during the waning years of the same century, have created a striking, strongly female poetry. Although both women were well-read and educated, neither had access to contemporary feminist criticism, nor had they read descriptions of the "female voice" in art.[1] Still, detailed analysis of these two innovative poets' works reveals that intuitively they both wrote poetry which bears remarkable resemblance to some of the poetry described in Anglo-- American feminist poetic criticism.[2] The striking similarities of the works of these very dissimilar women to those of English-speaking women poets reinforce the tentative definitions feminist critics have formulated and substantiate the opinion that indeed there are unique forms of female poetic experience. Thus, exploration of these similarities moves critics one step further in their search for female poetic voices.

Gilka Machado, who wrote symbolist poetry when vanguard poetry was in vogue, and who wrote openly about female sensuality when female modesty was required, was a literary anomaly.[3] Worse still, her insistence on writing in an out-of-date style and her use of modern and daring sexual imagery in her depictions of female sensuality caused her work to be marginalized and her personal life to be severely criticized.[4]

Fifty years later, Adélia Prado, another innovator in the creation of overtly female poetry, fortunately fared better than Machado.[5] Her poetry has been admired by readers worldwide and been a source of inspiration for younger poets. Until Prado-- except for Machado's lone, disparaged efforts--Brazilian women poets did not write specifically about the female experience. In the 1970s Prado, a middle-aged housewife, mother, and teacher from Divinópolis, Minas Gerais, surprised the literary establishment with her unique poetization of Brazilian rural life. She wrote with a naturalness and frankness totally unknown in Brazilian letters. Especially notable were her poetic depictions of the lives of "ordinary" women.

In spite of their dissimilar styles, themes, and emphases, Prado and Machado resemble each other as poets and are also similar to many contemporary English-speaking women poets in the following ways:
1) They are conscious of themselves as female creators of poetry with a poetic mission. Although they often see the muse as female, theirs is not the traditional diaphanous, passive muse (DeShazer, Diehl 1978), but rather an active, female inspirer of art. They frequently emphasize process over the completed task (Cixous 1981, Ecker, Juhasz 1977, Irigaray, Lenk, Sandoff); they deal with societally-imposed conflicts in relation to artistic creation through split self images (Ostriker 1986: 59-90), and the poet is closely identified with her speaker (Burke, Farwell, Juhasz 1977, Ostriker 1986: 14-90). Furthermore, for them, female eroticism is an integral part of poetic creation. They draw spiritual and creative nourishment from connections recently associated with female spirituality, either from identification with nature (Machado) or association with a community of women (Prado).[6]
2) They combine the spiritual with the mundane and the erotic. As each woman does this she openly enjoys her own body and its sensuality.

3) They rework traditional myths into positive, empowering images for women. They reconstruct new myths through raising traditional female domestic (Prado) and physical images to an artistic plane. This enhances their significance and gives them mythic dimensions.

Although they differ in their manner of expression, both women are conscious of themselves as female poets with a special poetic mission of spiritual and creative nourishment. As with many women poets, the distinction between the poet and her speaker is minimized. Machado's depiction of her mission takes two forms: 1) the symbolist protest against the limitations imposed on women which prevent their flying into the blue of eternal beauty and aesthetic mystery; and 2) the connection of female eroticism with the process of poetic creation shown by the erotic association of the female speaker with her (usually ungendered) lover/muse. As is frequent in women's art, Machado's speaker draws much of her inspiration from a female eroticized nature. This is a dynamic interaction with process being more important than finished product. This concern with process has later resonances in Prado's portrayal of woman--and her art--as unfolding rather than complete.

In Machado's poetry the association of female eroticism and poetic creativity is enhanced by the speaker's erotic association with a female muse. This is most common in the poems where the muse is not directly connected with the lover/poetic inspiration and in the early poems which call on a female muse or which portray the muse as an erotic female dancer. In none of these portrayals is the muse the traditional passive abstract inspirer of art (DeShazer, Diehl 1978), but rather, is an active seductive participant. Prado goes even further in transforming the traditional male image when she shows the violent force of the poetic impulse through her creation of a female muse rapist who violates the female speaker.

In the poems where Machado describes the poet as a woman, she often uses the split self image common in women's poetry. Sometimes it takes the common symbolist form of the spiritual soul separating itself from the worn-out, polluted, and imprisoned body which shames her. Machado's emphasis on the oppression the woman's body suffers reveals her feminist divergences from symbolism. At times, the speaker's split self overtly helps in the process of creation, either by enabling her soul to fly away to join her distant lover or by harboring the phantom stranger who is the speaker's own poetic talent. Machado presents multiple beings within her speaker who either represent her own former selves or the ideal sensual women within her. The first group inspires her revolt or revulsion by its reminders of her oppression as a woman. The individual females of the second group springing from within her are each ready to give full pleasure to the lover/muse.

Prado diverges from Machado in that the image of the split self plays a much less significant role in her poetry than it does in Machado's. It is merely suggested on a few occasions, such as when the speaker feels separate from the stereotypical image of herself as a "great lady" who writes books. The lyric voice's feelings of division within her self is further shown by her exclamation that her soul (not her body!) wants to copulate. Moreover, the conflict between the external pain the speaker sees and the internal joy she feels hints at a nascent split. In spite of these references, basically Prado's speaker, like the poet, radiates internal harmony.

Prado is more overt than Machado in her expression of her mission as a woman poet. She opens each book of poetry with a clear definition of her mission as the poet of the experiences of voiceless people, of the "ordinary" rural people of her town, and, most importantly, of her mute female ancestors. Her female community—the women at the laundry tubs, her relatives, and her village "comadres"—and her faith in God provide her spiritual nourishment. Like many contemporary woman poets, she empowers women and gives significance to their lives by naming and transforming into art the details of their existence. This portrayal includes all of life, from the most crude and prosaic to the most sublime, since all is imbued with a God-given transcendence.

A second common feature of these poets is their association of the spiritual with the mundane and the erotic. In Machado's association of the lover with poetic inspiration and of female eroticism with artistic creativity, she joins the spiritual and earthly in a manner both ancient and contemporary. Her poetry suggests ancient traditions when she uses the Semitic mystics' juxtaposition of the sexual and the spiritual, but is remarkably contemporary in its spiritual/mundane connection, frequent in modern women's poetry. When women poets eliminate traditional dichotomies, they make permeable the barriers between the spiritual and the material. They see all aspects of life as part of a harmonious whole.[7] With the exception of the traditional poems expressing stereotypical body shame and tension between her natural sensuality and societally-imposed inhibitions, Machado uses female sensual body images with such ease, exuberance, and pervasiveness that they become an intrinsic part of her art and the process of poetic creation; she extols female sensuality in the same breath that she celebrates artistic creativity. The pleasure she expresses in her female sensuality foreshadows modern feminists' celebration of their own bodies (Carruthers, Jones, Marks and de Courtivron, Moi 102-149, Ostriker 1986: 91-121, Lorde).

The basis for Prado's comfortable mixture of the spiritual with the erotic and the mundane differs from Machado's but the result is the same: the naming and celebration of female sensuality as an integral part of life. Rather than overtly associating eroticism with artistic creation, Prado joins these apparent opposites (in the traditional Western view) under the all-pervasive immanence of the sacred. All life, from the most spiritual to the most earthy, from the most ordinary to the most erotic, is sacred because it is part of God's creation.

Thus, Machado and Prado perform the modern feminist process of blending opposites and making barriers permeable for reasons more related to personal philosophy and style than to feminist ideology. Machado, both as a symbolist who seeks the spiritual essence outside of life and as a woman who enjoys her femaleness, cannot help but blend these apparent dichotomies. Prado, as a spontaneous pantheistic Catholic, will not perpetuate unnatural separations; in this refusal, she breathes new life into the Catholic experience—even if iconoclastically. However, both women emerge from a long Hispanic Semitic tradition of mysticism which encourages these connections (Castro 202-16, 322-40).

Another striking similarity between Machado and Prado is their intuitive feminist mythmaking. Although mythmaking is common in contemporary poetry as poets reach for the core of meaning in life, women artists, in their own feminist fashion, carry on this poetic task by consciously re-visioning and re-constructing the myths which have dominated Western traditions. They feel that the most prevalent myths—whether they appear in fairy tales, Greek tragedies, or Jungian psychoanalysis—spring from a patriarchal vision of life which has oppressed women, distorted female images, muted the female voice, and suppressed the old matriarchal myths. These artists search for new sources of female spirituality as together they seek to create new female myths which empower rather than debilitate them. Since myths spring from a collective consciousness, these feminists will be successful to the extent that they tap basic truths of female experience to which women of different cultures and religions can relate (Culpepper and Erwin, Gubar, Hirst, Lauter, Sandoff, Sautman, Walker, Weigle).

Gilka Machado and Adélia Prado both engage in two kinds of overtly feminist mythmaking: they deconstruct traditional myths and they reconstruct new ones based on their own—and countless others'—female experience. Machado and Prado both deconstruct the myths of the passive, unattainable, asexual woman.[8] Machado stresses sensual pleasure, female sexual assertiveness, and freedom to soar in artistic pursuits, and sensual pleasure. She occasionally protests against the myths of blessed motherhood and blissful domesticity. Prado portrays women's entrapment in more specific terms than Machado, using images such as that of three sisters imprisoned by irate Catholicism and misguided love.

Although both poets praise female sensuality in an empowering feminist manner, their forms of expressions differ. Machado's eroticism is more pervasive as she eroticizes nature, and as she associates it with poetic creativity. Prado's eroticism is a down-to-earth description which stresses a natural acceptance of sexuality in women of all ages: it is as much a part of life created by God as beauty, joy, illness, ugliness, and death. Prado especially deconstructs the myth of asexuality in young girls and old women with her depictions of women of all ages comfortable with their sexuality. With this natural acceptance Prado indirectly deconstructs also the myth of the sexually powerful and dangerous predatory female which is the other side of the Iberian virgin/prostitute dichotomy. The only image of threatening, violent female sexuality is that of the female Muse rapist, and Prado uses this image for purposes other than the presentation of female sexuality.

Machado, as a symbolist, is more systematic and intentional in her reversal of mythic traditions underlying her poetry, while Prado is more limited and, perhaps, more purely intuitive in her mythic reversals. Machado consciously turns around images such as the submissive female earth patiently awaiting the male seed, the passive woman lamenting the loss of her lover, and the female hair and body being used as sensual objects of male desire and voyeurism. She changes traditional passive objects into active female subjects: women energetically search for lovers, determine the course of growth and creativity, control and enjoy their own sensuality, and become their own subjects and voyeurs in their own right.[9] In Machado's eroticized world, hair and other female body parts arouse total female orgasmic responses (instead of just male ones). Typical female images of domesticity and creativity, such as the spider and its web, are eroticized elements in the creative process. Machado strengthens and alters the traditional association of the moon and the snake with female eroticism by emphasizing female sensuality and creativity. As Machado eroticizes nature with female sexual images, she creates new myths of the positive power of female sensuality as does the modern feminists' celebration of their bodies.

Prado's revision of existing myths takes another turn. Besides deconstructing the myth of female asexuality with her natural acceptance of sexuality, she constructs new myths through her use of images of female domesticity. Women's lives and their possessions—their houses, food, clothes, and gardens—are no longer mere domestic accoutrements lacking significance beyond their usefulness. Along with many other contemporary feminists who imbue these objects with special significance and artistic worth,[10] Prado gives them added value through their constant depiction, especially in her nostalgia poems. They become icons representing the sacred dimension of human life, especially of women. For example, clothes represent stages of growth and the persistence of memory. Food and its preparation represent human love and caring. For Prado, then, these domestic items symbolize universal human activities. Prado and other feminists seek a communal expression which retrieves and recreates female myths essential for women's empowerment.

Because of their thematic connections with each other and with the poetry of English-speaking women, both Gilka Machado and Adélia Prado's poetry contribute to definitions of the female poetic voice. Intuitively, far away in a "Third World" country, they too join the chorus of women worldwide who are finding and celebrating their female poetic voices, voices muted for too many centuries, voices now refusing to be silenced.

NOTES

[1] Machado is now dead, and wrote long before feminist investigations along this line were begun. Prado's interviews and writings give no indications of familiarity with this material, which only recently has reached Brazil in translation.

[2] Some general works are: Carruthers; Gilbert and Gubar; Juhasz, "The Critic as Feminist," *Naked and Fiery Forms*, and "Transformations in Feminist Poetry"; Montefiore; Ostriker; Pope. See the Bibliography for further references.

[3] Machado was born in 1893 into a poor, artistic Rio de Janeiro family. She was self-educated within an artistic environment which included maternal ancestors who were poets, actresses, and musicians. Her education continued with her marriage to the symbolist poet and journalist, Rodolfo Machado. His premature death in 1923 left her a young widow with two children and no financial resources. A final tragedy in her life was the death of her son two years before she wrote her autobiographical notes. The negative, disillusioned tone of these notes reflects the effect of this death, thereby magnifying her previous estrangement from the literary world. Gilka Machado is known primarily for her love poetry which developed from initial tentative efforts to the full-blown sensuality, audacity, and inventiveness of her later works. Her principal works of poetry are those written between 1915 and 1928: *Cristais Partidos* (Broken Crystals, 1915), *Estados de Alma* (States of Soul, 1917), *Mulher Nua* (Naked woman, 1922), and *Meu Pecado Glorioso* (My Glorious Sin, 1928).

[4] Excerpts from Machado's autobiographical comments which introduce her complete works reveal the hurt and disillusionment she felt, even fifty years after the publication of _Meu Pecado Glorioso: "I came out in letters winning a literary competition in a magazine. . . . Later a famous critic wrote that those poems must have been written by an immoral matron. Almost a child, communicative, indiscrete and talkative, coming out of myself, telling my pleasures and sadnesses, exposing my defects and [good] qualities, I thought only of giving new expressions to poetry. That first criticism (Why deny it!) surprised me, crushed me and darkened my destiny. In compensation, I immunized myself against the malice of adjectives. My being contained an irrepressible torrent: the verbs flowed, the stanzas cascaded and I continued giving rhythm to my truth. then with more vehemence. . . . I never killed, never robbed, nor

88

harmed anyone. I never drank, gambled, never smoked, nor participated in orgies. I loved my children, my mother, my family. I loved God, men, nature, goodness, beauty, and Brazil. I loved too much. I loved everyone and everything so much that no love was left over for myself. I dreamed of being useful to humanity. I didn't succeed, but I wrote verses. I am convinced that poetry is as indispensable to life as water, air, light, belief, bread, and love" (My trans. ix-xi). ("Dados Autobiográficos de Gilka Machado." Gilka Machado. *Poesias Completas*. Rio de Janeiro: Livraria Editora Cátedra, 1978.)

5 Born in 1935, Adélia Prado has spent her whole life in the interior of the state of Minas Gerais: teaching, promoting cultural affairs, caring for a home and husband, rearing five children. She has published five books of poetry: *Bagagem* (Baggage, 1976), *O Coração Disparado* (The Bursting, Bold Heart, 1977), *Terra de Santa Cruz* (Land of the Holy Cross, 1981), *O Pelícano* (The Pelican, 1987), and *A Faca no Peito* (Knife in the Breast, 1988). In 1991 her *Poesia Reunida* was published in São Paulo. She has published three poetic prose works: *Solte os Cachorros* (Let Loose the Dogs, 1979), *Cacos para um Vitral* (Pieces for a Stained-Glass Window, 1980), and *Os Componentes da Banda* (The Members of the Band, 1984). Ellen Watson poetry translations are available in *The Headlong Heart* (1988) and *Alphabet in the Park* (1991). This paper treats only the poetry from Prado's first three volumes.

6 Carol P. Christ notes that women find their spiritual nurturance either in intimate connections with nature or with communities of women ("Toward Wholeness"). Other feminist works concerned with new female spirituality are: Christ and Plaskow, Goldenberg. Some feminists turn to ancient goddesses for spiritual nourishment.

7 Ruether discusses the effects of dualities on the modern world view and of the feminists' vision of a new humanity coming out of the reconciliation of spirit and body. Also see Spelman and Lenk.

8 This is one side of the myth of female sexuality, the side of the good woman, the virgin, who is usually juxtaposed with the castrating, threatening, and raging highly sexual female who traps men or merely serves as the passive object of their sexual passions.

9 See Lenk for a discussion of this feminist shift from object to subject.

[10] See Ecker for a comparison of past arts/crafts distinctions, former prescriptive views on women's writing, and the feminists' modern artistic goals. Ostriker speaks of the validation of the experiences of "ordinary" women as poetic material when women seek to express all sides of their lives:

> Turning from style to substance, it is immediately apparent that women who seek themselves will include the material of their daily lives and feelings in their poems. The roles of daughter, wife, mother, the routines of domesticity, the classroom, the job market—these become subjects to redeem from soap opera, situation comedy, and Harlequin romance. For women of color, working-class women, lesbian women, it becomes possible to release imprisoned strata experience into the daylight of language. The legitimization as literary of what has been excluded from literature is one result of all literary movements. . . The blankness of woman has made her the perfect field for creative male fantasy. . . We need to trace the complications encountered when women poets begin to draw their own maps of the female body, the female passions, the female mind and spirit, demystifying these mysteries. (1986: 89-90)

Other feminist discussions of this topic are: Bovenschen, Weigle ("Appreciating the Mundane," 285-97), Ostriker ("Note," *Ordinary Women/Mujeres Comunes.* Miles, et al. eds. 257-58).

BIBLIOGRAPHY

Bovenschen, Silvia. "Is There a Feminine Aesthetic?" Trans. Beth Weckmueller. *Feminist Aesthetics.* Ed. Gisela Ecker. Boston: Beacon, 1985. 23-49.

Burke, Carolyn. "Supposed Persons: Modernist Poetry and the Female Subject." *Feminist Studies* 11 (Spring 1985): 131-47.

Carruthers, Mary. "Imaging Women: Notes Toward a Feminist Poetic." *The Massachusetts Review* 20 (Summer 1979): 281-307.

Castro, Americo. *La realidad histórica de España.* Mexico, D. F.: Porrua, 1954.

Christ, Carol. *Diving Deep and Surfacing: Women Writers on Spiritual Quest.* Boston: Beacon, 1980.

— and Judith Plaskow, eds. "Introduction: Womanspirit Rising." *Womanspirit Rising: A Feminist Reader in Religion.* Eds. Carol Christ and Judith Plaskow. San Francisco: Harper, 1979. 1-17.

Cixous, Hélène. "Castration or Decapitation." Trans. Annette Kuhn. *New French Feminisms: An Anthology.* Eds. Elaine Marks and Isabelle de Courtivron. NY: Schocken Books, 1981. 245-63.

Culpepper, J.E., and Emily Erwin. "Ancient Gorgons: A Face for Contemporary Women's Rage." *Woman of Power* 3 (Winter/Spring 1986): 22-25.

DeShazer, Mary K. *Inspiring Women: Reimaging the Muse.* New York: Pergamon, 1986.

Diehl, Joanne Feit. "'Cartographies of Silence': Rich's *Common Language* and the Woman Poet." *Feminist Studies* 6 (Fall 1980): 530-46.

—. "'Come Slowly—Eden': An Exploration of Women Poets and Their Muse." *Signs* 3 (Spring 1978): 572-87.

Ecker, Gisela. "Introduction." *Feminist Aesthetics.* Ed. Gisela Ecker. Boston: Beacon, 1985. 15-22.

Farwell, Marilyn R. "Feminist Criticism and the Concept of the Poetic Persona." Garvin 139-56.

Garvin, Harry R., ed. *Women, Literature, and Criticism.* Lewisburg: Bucknell UP, 1978.

Gilbert, Sandra M. and Susan Gubar, eds. *Shakespeare's Sisters: Feminist Essays on Women Poets.* Bloomington: Indiana UP, 1979.

—. "Where My Own Nature Would be Leading": The Triumph of the Woman Poet. *Women's Studies* (London) 7 (1980): 1-4.

Goldenberg, Naomi. *Changing of the Gods: Feminism and the End of Traditional Religions.* Boston: Beacon, 1974.

Gubar, Susan. "Mother, Maiden and the Marriage of Death: Women Writers and an Ancient Myth." *Women's Studies* 6 (1979): 301-15.

Hirst, Désirée. "The Catholic Concept of the Feminine." Garvin 60-71.

Irigarary, Luce. Interviewed by Lucienne Serrano and Elaine Hoffman Baruch. *Women Writers Talking.* New York: Holmesand Meier, 1984. 231-45.

Jones, Rosalind Ann. "Writing the Body: Toward an Understanding of 'L'Ecriture Feminine'." *Feminist Studies* 7 (Summer1981): 247-63.

Juhasz, Suzanne. "The Critic as Feminist: Reflections on Women's Poetry, Feminism, and the Art of Criticism." *Women's Studies* 5 (1977): 113-27.

—. *Naked and Fiery Forms: Modern American Poetry by Women: A New Tradition.* New York: Harper, 1976.

—. "Transformations in Feminist Poetry." *Frontiers* 4 (Spring 1979): 23-30.

Lauter, Estella. *Women as Mythmakers: Poetry and Visual Art by Twentieth-Century Women.* Bloomington: Indiana UP, 1984.

Lenk, Elizabeth. "The Self-reflecting Woman." Trans. Harriet Anderson. *Feminist Aesthetics.* Ed. Gisela Ecker. Boston: Beacon, 1985. 51-57.

Lorde, Audre. *Uses of the Erotic: The Erotic as Power.* Brooklyn, New York: Out & Out Books, 1982.

Machado, Gilka. Poesías *Completas.* Rio de Janeiro: Cátedra, 1978.

Machado, Gilka. *Poesías Completas.* Rio de Janeiro: Leo Christiano, 1992.

Marks, Elaine. "Women and Literature in France." *Signs* 3 (Summer 1978): 832-42.

— and Isabelle de Courtivron, eds. *New French Feminisms: An Anthology*. New York: Schocken Books, 1981.

Miles, Sarah, Patricia Jones, Sandra María Esteves, and Fay Chang, eds. *Ordinary Women/ Mujeres Comunes: An Anthology of Poetry by New York City Women*. New York: Ordinary Women Books, 1978.

Moi, Toril. *Sexual/Textual Politics: Feminist Literary Theory*. London: Routledge, 1988.

Montefiore, Jan. *Feminism and Poetry: Language, Experience, Identity in Women's Writing*. London: Pandora, 1987.

Ostriker, Alicia Suskin. *Stealing the Language: The Emergence of Women's Poetry in America*. Boston: Beacon, 1986.

—. *Writing Like a Woman*. Ann Arbor: U of Michigan P, 1983.

Pope, Deborah. *A Separate Vision: Isolation in Contemporary Women's Poetry*. Baton Rouge: Louisiana State UP, 1984.

Prado, Adélia. *Alphabet in the Park*. Trans. Ellen Watson. Wesleyan UP, 1991.

—. *Bagagem*. Rio de Janeiro: Imago, 1979.

—. *O Coração Disparado*. Rio de Janeiro: Nova Fronteira, 1977.

—. *Cacos para um Vitral*. Rio de Janeiro: Nova Fronteira, 1980.

—. *Os Componentes da Banda*. Rio de Janeiro: Nova Fronteira, 1984.

—. *A Faca no Peito*. Rio de Janeiro: Rocco, 1988.

—. *The Headlong Heart*. Trans. Ellen Watson. Livingston Ky.: Livingston UP, 1988.

—. *O Pelícano*. Rio de Janeiro: Guanabara, 1987.

—. *Poesia Reunida*. São Paulo: Siciliano, 1991.

—. *Solte os Cacharros*. Rio de Janeiro: Nova Fronteira, 1979.

—. *Terra de Santa Cruz*. Rio de Janeiro: Nova Fronteira, 1981.

Pratt, Annis V. "Spinning Among Fields: Jung, Frye, Lévi-Strauss and Feminist Archetypal Theory." *Feminist Archetypal Theory*. Eds. Lauter and Rapprecht. Knoxville: U of Tennessee P, 1955. 94-136.

Rebolledo, Tey Diana. "Abuelitas: Mythology and Integration in Chicana Literature." *Woman of Her Word: Hispanic Women Write*. Ed. Evangelina Vigil. 1983. Houston: Arte Público, 1987. 148-68.

—. "Interiors: Mirror Images in the Poetry of Latin American Women Writers." Unpublished ms.

Robinson, Paul. "Post-Feminist Fantasies." *Harper's* Mar. 1983: 71-73.

Ruether, Rosemary Radford. "Motherearth and the Mega-machine: A Theology of Liberation in a Feminine, Somatic and Ecological Perspective." *Womanspirit Rising: A Feminist Reader in Religion*. Eds. Carol Christ and Judith Plaskow. San Francisco: Harper, 1979. 43-52.

Sandoff, Diane. "Mythopoeia, The Moon, and Contemporary Women's Poetry." *The Massachusetts Review* 29 (Spring 1978): 93-110.

Sautman, Francesca. "Woman as Birth-and-Death-Giver in Folk Tradition: a Cross-Cultural Perspective." *Women's Studies* 12 (1986): 213-39.

Spelman, Elizabeth. "Woman as Body: Ancient and Contemporary View." *Feminist Studies* 8 (Spring 1982): 109-29.

Walker, Barbara G. *The Woman's Encyclopedia of Myths and Secrets*. San Francisco: Harper, 1983.

Weigle, Marta. *Spiders and Spinsters: Women and Mythology*. Albuquerque: U of New Mexico P, 1982.

Comic Mirrors and Sociological Implications in Louise von François's Narratives

Tiiu V. Laane
Texas A&M University

Even as a young girl, the nineteenth-century German novelist Louise von François (1817–1893) had the keen and wry point of view of a satirist. François's cousin Clotilde von Schwartzkoppen reminisces how Louise was early on an astute observer of foolish social rituals and misguided values. Unimpressed by pretensions at parties, the young Louise "betrachtete alle diese Dinge mit einem gewissen kritischen Humor, der über ihre Jahre hinaus lag" (Schwartzkoppen 195). François's ironic stance toward the foibles of society persisted throughout her lifetime. In a letter written late in life to the Swiss author Conrad Ferdinand Meyer, François describes with irreverent humor how she attended an "aesthetic tea" given by Amalie Bölte:

> Ich hatte sie [Bölte] gekannt, als ich 18 Jahre alt war! Bei ihr habe ich denn auch ein bis dahin unerlebtes Fest mitgefeiert: einen ästhetischen Thee! Ein Kreis meistens betagter und blaustrümpflicher Damen und ein einziger schöngeistiger junger Dichterling darunter—sein Name war mir gleich dem der meisten Zuhörerinnen gänzlich neu—, der vor dem lauschenden Chorus das Wort führte und zum Schluß eine lange, in Verse ausathmende Huldigung d u r c h e i n S p r a c h r o h r an die taube Festgeberin hielt. Die erste Huldigung ihres vielgeschmähten Lebens! – – – – – – – – – – (*Briefwechsel* 260–61)

François ends her comments to Meyer with an exclamation point and ten dashes which spread out as broadly on the page as a smile on her lips. "To tell the truth while laughing," Horace had defined, was the mark of a satirist (Highet 234). François's ability to observe the social and political tensions of her society and to translate them into scenes of biting mirth link her narratives to a long–standing tradition of authors who favor distorting reality along a ribald line of stress in order to hold up an instructive, but comic mirror to society.

François's recognition of humor as a significant technique in writing is reflected in her laudatory comments about authors with satiric bent. She praised Dickens and Byron,[1] and noted the "charmante Humore-ske" of Mark Twain (*Briefwechsel* 53). Her "Lieblingsautor" was the ironist George Eliot (Bettelheim 112) and she saw Fritz Reuter's popularity rooted in his ability to produce heartfelt laughter.[2] Although François disapproved of the "geschmacklosen Schnörkel" and "überflüssigen Beirath" of Jean Paul (Bettelheim 110), she valued his humor and suggested to her friend Maria von Ebner–Eschenbach that the Austrian help preserve Jean Paul and his wit for future generations (Bettelheim 113). The melange of vinegar and pepper which one finds blended with social criticism in François's work thus comes as no surprise, for she valued the "satiric spirit" in others and found it echoed in herself. Satire offered her an efficacious means to underscore her ethical and social principles, rooted firmly in her own background. Born in Herzberg in 1817, François was the daughter of a military nobleman of French origins and of a wealthy bourgeois mother. She was thus the offspring of a socially "mixed" marriage and intimately acquainted with both aristocratic and bourgeois mores. She saw both classes come under increasing stress in a century undergoing profound social changes. The Stein–Hardenberg reforms (1807–11) with their abolition of serfdom had brought about a fundamental reorganization of society. It was a time, as François was to later state in one of her stories, "turned on its head" *(Erzählungen* 1: 279). Aristocrats, often impoverished by land reforms but still puffed up by arrogance, clung desperately and foolishly to old values. The newly rising bourgeoisie suffered from acute pangs of social malaise as they shifted uneasily between pride and insecurity.[3]

François herself began life in relative financial ease, only to be struck by disaster. When her unscrupulous guardian squandered away her inheritance, she was reduced to abject poverty. Abandoned by a weak-willed fiancé, she began a life of severe hardship, taking care of sick and dying relatives. François turned to writing in secret in her little attic room in Weißenfels to support her family. "In einer Mansarde wie der meinigen wird man naturgemäß Demokrat," François was later to write to Meyer (*Briefwechsel* 91). Born of her own plight, her narratives—three long novels, some twenty short stories and numerous essays—develop themes with social and ethical content, probing themes of class prejudice, religious intolerance, hypocrisy and the repression of the weak, especially women.[4] Yet, warm humor, optimism and a tenacious idealism, which was unwilling to surrender to the pervasive pessimism of her era, shimmer through her stories. Passages of hilarious satire bathe her works with a glow which bespeaks her belief in the innate goodness and perfectibility of mankind. François's satire is not acid like that of Juvenal or Swift. Like Horace, François was a healer, not an executioner. Even the most foolish of her characters is never utterly laughable or contemptible.[5] Rather, François's satire, which harks back to the two–pronged moral satire of the eighteenth century,[6] pulls the foibles of characters, blinded by hypocrisy, pretentiousness and misguided values, into exaggerated and hilarious shapes which she contrasts to her vision of ideal behavior. "The true end of satire is the amendment of vices by correction," Dryden stated (Highet 241). François's satire espouses the middle–class values of the bourgeois writers—Keller, Raabe, Storm, Spielhagen, Lewald and Freytag. Her works laud diligent labor, honesty and responsibility as virtues for both men and women. Her satire underlines the sociological content of her fiction and must be interpreted within the broader thematic context of her stories.

Technically François's satire reveals superb control of language and razor sharp psychology. At times, she concentrates her satire into a one sentence review, an unexpected remark, which throws light on a particular vice or folly. In the story "Der Erbe von Saldeck" (1856), François thus piques the glittery young nobleman "Oberlandesgerichtsreferendarius, Freiherr Thassilo von Bodeninnen" by pointing out his finely clad aristocratic legs as a sign of his arrogance (*Erzählungen* 1: 102–03). Elsewhere, deftly drawn satiric vignettes allow greater detail. François's employment of satire eminently suits her antithetical mode of thinking. Typically her stories depict opposing constellations of characters who represent conflicting values systems.[7] François submits the weaknesses of subordinate characters frequently to the probing light of satire. The minor characters serve as contrasts to the principal characters who exhibit desired behavior.

Scenes repeat themselves in François, first written from a realistic viewpoint and then tinged with satire. In "Der Erbe von Saldeck," one of François's most forceful statements on class prejudice, she uses a symbolic object first to form the core of a scene written from a serious perspective, then in a variation with satirical innuendo. Here a gilded vehicle serves as the visible sign of the folly of the nobility who are determined to perpetuate their once grand lifestyles in a new bourgeois era. At the beginning of the story, François first depicts a nobleman and his daughter riding in a gilded coach to their new home, a simple cottage on the nobleman's former property. Having lost his wealth, the nobleman has been forced to sell his lands to his previous servant, a man of peasant origins. The coach is the last vestige of the nobleman's former luxurious lifestyle. As the father and daughter approach, they are shoved aside by a processional of crude carts driven by peasants who assert their right of way to the castle. With sadness, the nobleman recognizes the symbolism of the scene and acknowledges the onset of a new social order (*Erzählungen* 1: 6–15).

Not all aristocrats in the story are as perceptive. With pointed satire François later reuses the motif of the golden vehicle to underscore the foolishness of an aristocratic woman who persists in demanding opulent comforts, even though her financial means have become limited. Making use of overblown hyperboles and a breathless narrative style, François introduces the aristocratic and "ehrwürdige Frau Landesstallmeister von Weichentheil" *(Erzählungen* 1: 104) who finds walking on foot to be beneath her dignity. Puffed up with snobbery, she scarcely deigns to talk to her bourgeois neighbors such as Frau Justizrath Rindfleisch. François makes use of satiric names in the classical tradition[8] to succinctly typify characters as members of their respective social classes. We soon learn that Frau von Weichentheil has a problem. Because she is unable to afford a luxurious carriage as is suitable to her social status, she must resort to the use of her golden litter, even though many a "plebeian" has derided it as a mode of transportation to the hospital (*Erzählungen* 1: 122). In addition to having to cope with insults, Frau von Weichentheil is faced with a serious logistical dilemma. Since she only has one servant, where is she to find a second porter? After much difficulty, she latches onto a night watchman who agrees to take up transporting her as a part time job. Unfortunately, on their first excursion out, calamity strikes. Having played cards with her friends far into the night, Frau von Weichentheil leaves too late for her journey home. Just as she is being carried home, a whistle calls the night watchman back to his regular job. He drops the litter brusquely in the middle of the road, leaving her to wait for his return. François's satire peaks in the depiction of Frau von Weichentheil's boundless humiliation: ". . . welche Feder beschreibt die Qualen der edlen Dame in dieser endlosen . . . Stunde" (*Erzählungen* 1: 123). With the road covered in mud, which no shoe made of silk dare touch, and a full moon to illuminate the predicament of the fine lady, she sits in her sedan chair, gawked at by the lowly folk returning home from beer pubs. Her ears resound with the cries of "alte Schachtel" (*Erzählungen* 1: 123). Needless to say, Frau von Weichentheil vows to give up her gilded vehicle.

As here, François most frequently directs her satire against the nobility. Frivolous, arrogant, often morally bankrupt, the aristocrats are anachronisms in a time which demands productive activity.[9] François dots her narratives with listless aristocrats. Vain and flighty noblewomen paint and coif themselves and stifle yawns of boredom. Aristocratic males strut like finely feathered peacocks.[10] Although the nobles are often impoverished by land reforms or by their own excesses, they persist in flaunting their aristocratic heritage. While François's satire of male aristocrats is pointed, it also probes the foolish caste–ideology of impoverished noblewomen, portrayed in leitmotif fashion throughout her stories. Widowed or often without an inheritance, these women lead lives of desperation since they are dependent financially on the mercy of male relatives. Typically, François's satiric vignettes of women blend sympathy with irony. Not only are the women entrapped in social codes which turn them into paupers, but they are also misguided in their own value systems. Having once led lives of frivolity and vanity as rich daughters or wives, they are not able to come to terms with their poverty and often persist in their obsession for rich externals. In the novel *Frau Erdmuthens Zwillingssöhne* (1872), in a scene colored by some of François's darkest humor, François draws the satirical portrait of a destitute Polish countess who is obsessed with putting on a grand appearance. Reminiscent of Jean Paul's "gepuderte Leiche," the Countess lies on her deathbed, awaiting her last visitor on earth. Stretched out on dirty bed sheets in a squalid room, she primps and preens even though she has but a few hours to live. She throws a richly embroidered dressing gown over her "zweifelhaftes Untergewand" and ties a colorful Turkish scarf like a turban over her dirty hair. Scenic detail reinforces her ludicrous vanity. A basin stands at her bedside in which she has washed herself before her guest's arrival. Its contents bear witness, François points out with irony, that "die Prozedur nicht von Überfluß gewesen [war]" (240). The Countess is unable to see the incongruity between her miserable circumstances and her grandiose caste–ideology.[11] While the caricature is biting, it is important to note that François's satire is not anti–woman. The novel makes it clear that while the Countess's behavior is foolish and misguided, it is also malapropos because the Countess has internalized accepted social codes of behavior and is trapped in a social system which encourages women to locate their sense of self–worth in external trappings. François's satire is decidedly pedagogical in intent. She encourages women to recognize their follies and weaknesses, and to resist stereotypical thinking.[12]

While focusing in her stories on aristocratic misbehavior, François does not allow the bourgeoisie to escape unscathed by her satire. The figure of the *parvenu*,[13] rich and puffed up with self–satisfaction, recurs in her work. Suffering from cultural inferiority complexes, François's middle class characters make valiant and ludicrous attempts to leap into the elegant world of the aristocrats. In her last novel *Die Stufenjahre eines Glücklichen* (1877) François offers us her variant of the classical satirical scene, found in Horace's *Nasidienus* and in Petronius's *Banquet of Trimalchio*, which might be entitled the "Painful Dinner" or the "Horrible Party." François prepares for the satirical episode step by step as she introduces the social climber Johannes Mehlborn, a wealthy landowner of peasant origins whose chief goal is to establish his own "aristocratic" lineage. A man of boundless energy, Mehlborn first buys himself a title, a "tickling of the ear," as François points out with irony (*Werke* 3: 121). And because the little letters "von" still elude him, he buys an impoverished, but aristocratic husband for his daughter to assure "irreproachable" credentials for his family. As the satire begins, Mehlborn learns that he is to receive a visit from a distinguished aristocrat (81). How is he to make the correct impression? How, as T. S. Elliot queried, "to put on a face to please a face" (Feinberg 28)? Although it is early afternoon, Mehlborn stuffs himself into an old-fashioned tuxedo which he has outgrown by several sizes. He briskly orders his wife to set out the best linen. The table is then carted from room to room so as to find the most elegant setting. The best chair must be fluffed up, the wife given last minute instructions in proper behavior. The best delicacies, and lots of them, must await on the table. Mehlborn's social unease exudes from every delightfully painful detail. The sustained mockery builds at Mehlborn's excessive reaction to the visit. Finally the guest arrives and Mehlborn's incongruous bubble bursts. The nobleman chooses to stand in the kitchen, refuses all morsels, and requests—only a glass of water!

François's satire rests here on the skillful use of anti–climax and is reinforced by the presence of a third party, Mehlborn's wife, who serves as a fictive audience throughout the episode and as a foil to her husband's foolishness (Brummack 53). She reacts with natural instincts. The reader associates with her in what becomes a triangular interplay between the object being satirized, the witness and the reader. Although her overexcited husband commands her to don her best finery, Mehlborn's wife puts on a clean apron and merely straightens her hair. Her simple speech patterns contrast sharply with the overblown language of her husband. The constellation of François's satire is frequently triangular. Simple people, the country school teacher or minister modeled after Pestalozzi's virtuous protagonists,[14] people with honest instincts and good hearts, figure prominently as role models in François, much as in Immermann, Auerbach and Gotthelf. Their sober–minded behavior unmasks the hypocrites. François's intent in satire is here again decidedly pedagogical.

François's emphasis on practical humanism, honesty and the work ethic is given memorable satiric shape in her story "Phosphorus Hollunder" (1857), which depicts the transformation of a dilettante, a type much abhorred by bourgeois thinkers, into a personification of civic virtue. Although Phosphorus Hollunder is a man of innate goodness, he is untempered by chastening hard work and is inclined to flights of unfocused thinking. In a word, Phosphorus Hollunder is a fool. He must learn to become a productive member of society. François presents her anti–hero in classical satiric tradition, depicting his fool's cloaks and his florid and pompous speech patterns. As the story opens, Phosphorus paces back and forth in his chambers, dressed in his "palmendurchwirkten Kaftan" and purple fez *(Werke* 4: 391). He is memorizing a speech to be delivered at a women's meeting at the "Feurigen Kugel" where he intends to leave no eye dry and wishes especially to impress a young aristocratic lady named Blanka.   As sentimental pictures of female virtue and beauty swim before his eyes, Phosphorus breaks forth in "peripatetischen Ergüssen," sighing the praises of the object of his "Minne" (*Werke* 4: 390–91). "Da steht sie, die Hehre, die Cäcilia aller seiner zarten—leider nie veröffentlichen Lieder. (Den Zeitgenossen Hollunders brauchen wir kaum zu sagen," François interrupts dryly, "daß 'Urania' und 'Die bezauberte Rose' seine Vorbilder und Lieblingsdichtungen waren; das jüngere Geschlecht wird sich derselben aus der Literaturgeschichte erinnern.)" (*Werke* 4: 390). Phosphorus's mock heroic language builds to culminate in a burst of rhetorical questions: "Verschmähst du mich, Blanka? Weisest mich von dir? O Mädchen, halte ein! Besinne dich, bedenke, ich bin ein

101

gebildeter Mann, ein wohlangesehener Mann, – nicht auch ein wohlanzusehender Mann?" (*Werke* 4: 391).

François's stance toward her own satire, here a peppery self–irony, establishes an intimate relationship with the reader who observes her ironic game with her character, thus strengthening its satiric impact. Her caricature also derives its force and variety from her astounding felicity with language. With seeming ease, François grasps the tool of literary satire, making use of thematic and linguistic patterns, to parody ephemeral and fuzzy thinking.[15] Pietists and the Romantics find little favor in François, nor does Werther, who struts across many pages. François's literary satire peaks in her novel *Frau Erdmuthens Zwillingssöhne.* Here a vapid rosy cloud envelops Gottfried Bleibtreu who succumbs in his student days to the graces of a "schöne Seele." She is a professor's wife who blows his way on a "fragrant wind, pregnant with flowers" (64). Going by the name of Pythia, she introduces him to her inner sanctum of sentimentality:

> Täglich wandelte sie mit flatterndem Gelock und einem Strauß am Busentuch, in ein Buch vertieft, die bewaldeten Pfade des Knabenberges auf und ab; ein weißes Lämmchen, geleitet an rosenrotem Bande, hüpfte blökend hinterdrein. Sehnsüchtig folgten die Blicke des Jüngers vom Spielplatze aus dem rührenden Bilde. . . . [S]ie senkte sich nieder auf das weiche Moos, das Sinnbild der Unschuld zu ihren Füßen; der Jünger, auch ein Unschuldsbild, ihr gegenüber, an den Stamm eines ehrwürdigen Waldriesen gelehnt; mit entzücktem Ohr lauschte er dem Duett des lämmlichen Geblöks und des wohligen Redeflusses seiner Pythia. (65)

Ecstasy takes over. Softened by sentimentality, Bleibtreu succumbs to Werther who arrives one day in a book soaked with tears and wrapped in ribbons as pink as the ribbons around the neck of the lambkin (68). Only a somber letter from Bleibtreu's practically minded father brings the young man down safely, as if on a parachute, from his "Luftschiffchen" (71). Satire and message once again blend to stress François's ethical and social thinking.

Louise von François's vision of society was probing and far–reaching. Writing from the solitude of her attic room, she observed the horizon of her time, as Maria von Ebner–Eschenbach aptly described it, like "a lonely shepherd or hunter who learns to understand the course of the clouds and the stars" (Bettelheim 104–05). By dramatizing and exaggerating objectionable qualities in men and women, and in society, François emphasizes the sociological content of her narratives. Through the playfully critical distortion of human frailties and foibles, she prods her readers to an awareness of timeless values.

NOTES

[1] See François, *Briefwechsel* 133–34; Bettelheim 112.

[2] "Warum ist Fritz Reuter so populär geworden? Nicht bloß, weil er uns herzhaft lachen macht, sondern weil er Menschen schafft, ernsthafte und komische, die wir mit Thränen in den Augen lieben können" (Bettelheim 112).

[3] François's examination of the relationship between the waning aristocracy and the rising bourgeoisie becomes the dominant theme in many narratives. See "Der Erbe von Saldeck" (1856), "Phosphorus Hollunder" (1857), *Die letzte Reckenburgerin* (1870), *Die Stufenjahre eines Glücklichen* (1877), "Der Katzenjunker" (1879). For a discussion of François's themes linked to social class, see Worley 157–66. Bramsted offers informative discussion about the social tensions of this historical period (15–44).

[4] Even though François was never counted among the feminist authors of her time, her letters and works reflect her keen awareness of feminist issues and sociopolitical concerns. See *Briefwechsel* 20, 27, 78, 91, 92, 185, 188, 196.

[5] For a discussion of divergent satiric attitudes, see Highet 235–37.

[6] See Brummack 43–44.

[7] In a letter of September 12, 1881, François emphasizes her preference for strong contrasts in characters (*Briefwechsel* 18). See also Enz 111–15.

[8] See Feinberg 235.

[9] While François's narratives, like those of Immermann, strive to present a balanced perspective of society, they reflect an anti–aristocratic tendency as do almost all works of the middle–class writers. Detailed historical background on the "aristocratic type" can be found in Bramsted 25–34, 150–54, 228–56.

[10] For examples of aristocratic male figures, see Assur in "Phosphorus Hollunder," the Prince in *Die letzte Reckenburgerin*, Hilmar von Hartenstein in *Die Stufenjahre eines Glücklichen*. Arrogant noblewomen include the aristocratic widow in "Der Katzenjunker" and Blanka in "Phosphorus Hollunder."

[11] "Die Frau wußte, daß sie den Tag nicht überleben werde . . . . Das hatte sie aber nicht abgehalten, für die letzte Szene und den letzten Besucher hienieden sich so stattlich als möglich aufzuputzen. Über ein zweifelhaftes Untergewand war ein reichgestickter Peignoir geworfen; um das üppige, aber ungekämmte schwarze Haar ein türkisch bunter Schal als Turban gewunden, ein ähnlicher Schal lag als Hülle über den blauwürfligen, groben Bettbezug gebreitet. Noch stand auf dem Nachttisch das Becken, in welchem sie sich vor unserem Eintritt die Hände gewaschen hatte, und sein Inhalt bezeugte, daß die Prozedur nicht von Überfluß gewesen. . . . Arme, sterbende Fremde!" (*Zwillingssöhne* 240).

[12] François's feminist message is frequently given expression through satire. She caricatures the stereotypical nineteenth-century image of women as helpless, mindless and frivolous beings and thereby suggests that women are capable of more mature behavior. Her satirical treatment of the aristocratic widow in "Der Katzenjunker" is especially probing (*Werke* 5: 53, 88). See also *Werke* 3: 118; *Erzählungen* 1: 217–18.

[13] See Bramsted 161–64.

[14] The social theories of the Swiss pedagogue Johann Heinrich Pestalozzi (1746–1827), with their emphasis on humanitarian

Enlightenment and the probity of simple country people, serve as an important foundation for François's sociopolitical thinking. François makes direct reference to Pestalozzi and his Gertrud in *Die Stufenjahre eines Glücklichen* (*Werke* 3: 30, 36, 175). See also *Werke* 3: 367; *Werke* 5: 60, 102.

15 François's ability to satirize different literary styles and to play with genres is all the more impressive if one considers that she was almost entirely self–taught. Her formal education was rudimentary at best. She sought to correct this deficiency by reading voraciously throughout her life.

SELECTED BIBLIOGRAPHY

Adler, Hans. *Soziale Romane im Vormärz: Literatursemiotische Studie.* München: Fink, 1980.

Bettelheim, Anton. "Marie von Ebner-Eschenbach und Louise von François." *Deutsche Rundschau* 27.1 (Oct. 1900): 104-19.

Bramsted, Ernst K. *Aristocracy and the Middle–Classes in German Literature: Social Types in German Literature 1830–1900.* Chicago: Chicago UP, 1964.

Brummack, Jürgen. *Satirische Dichtung.* Theorie und Geschichte der Literatur und der schönen Künste 53. München: Fink, 1979.

Carels, Peter E. *The Satiric Treatise in Eighteenth–Century Germany.* German Studies in America 24. Bern: Lang, 1976.

Cocalis, Susan L., and Kay Goodman, eds. *Beyond the Eternal Feminine: Critical Essays on Women and German Literature.* Stuttgarter Arbeiten zur Germanistik 98. Stuttgart: Heinz, 1982.

Drewitz, Ingeborg, ed. *Die deutsche Frauenbewegung: Die soziale Rolle der Frau im 19. Jahrhundert und die Emanzipationsbewegung in Deutschland.* Bonn: Hohwacht, 1983.

Ebner-Eschenbach, Marie von. "Louise von François." *Neue Freie Presse* 23 Feb. 1894: 1-3.

—. "Louise von François. Erinnerungsblätter." *Velhagen und Klasings Monatshefte* 8 (March 1894): 18-30.

Enz, Hans. *Louise von François*. Diss. U of Zürich. Zürich: Rascher, 1918.

Feinberg, Leonard. *Introduction to Satire*. Ames: Iowa State UP, 1967.

Fout, John C., ed. *German Women in the Nineteenth Century: A Social History*. New York: Holmes & Meier, 1984.

Fox, Thomas. "Louise von François: Between *Frauenzimmer* and *A Room of One's Own*." Diss. Yale U, 1983.

François, Louise von. *Erzählungen*. 2 vols. Braunschweig: Westermann, 1871.

—. *Frau Erdmuthens Zwillingssöhne*. Zürich: Manesse, n.d.

—. *Gesammelte Werke*. 5 vols. Leipzig: Insel, 1918.

—. "Das Leben der George Sand." *Deutsches Museum* 6 (1856): 600-93.

—. *Louise von François und Conrad Ferdinand Meyer: Ein Briefwechsel*. Ed. Anton Bettelheim. Berlin: Reimar, 1905.

—. "Schauen und Hörensagen. Aus meinen Kindertagen." Ed. Adolf Thimme. *Deutsche Revue* Jan. 1920: 55–79.

Frederiksen, Elke, ed. *Die Frauenfrage in Deutschland. 1865-1915. Texte und Dokumente*. Stuttgart: Reclam, 1981.

Hartwig, Otto. "Zur Erinnerung an Louise von François." *Deutsche Rundschau* 20 (1893): 456–61.

Highet, Gilbert. *The Anatomy of Satire*. Princeton: Princeton UP, 1962.

Hillman, Roger. *Zeitroman: The Novel and Society in Germany 1830–1900*. Australian and New Zealand Studies in German Language and Literature 12. Eds. Gerhard Schulz and John A. Asher. Bern: Lang, 1983.

Joeres, Ruth–Ellen Boetscher. "1848 from a Distance: German Women Writers on the Revolution." *Modern Language Notes* 97 (1982): 590–614.

Lazarowicz, Klaus. *Verkehrte Welt: Vorstudien zu einer Geschichte der deutschen Satire*. Hermaea Germanistische Forschungen Neue Folge 15. Tübingen: Niemeyer, 1963.

Martini, Fritz. *Deutsche Literatur im bürgerlichen Realismus. 1848–1898.* 3rd ed. Stuttgart: Metzler, 1974.

Reichle, Walter. "Studien zu den Erzählungen der Louise von François." Diss. U of Freiburg, 1952.

Schwartzkoppen, Clotilde von. "Louise von François: Ein Lebensbild." *Vom Fels zum Meer* 10 (1894): 193-98.

Thomas, Lionel. "Luise von François: 'Dichterin von Gottes Gnaden.'" *Proceedings of the Leeds Philosophical Society* 11 (1964): 7–27.

Urech, Till. *Louise von François: Versuch einer künstlerischen Würdigung.* Diss. U of Zürich, 1955. Zürich: Juris, 1955.

Worley, Linda Kraus. "Louise von François: A Re–Interpretation of Her Life and Her 'Odd' Woman Fiction." Diss. U of Cincinnati, 1985.

Les rapports entre chevalerie et amour dans les *Angoysses douloureuses* d'Hélisenne de Crenne

Jean-Philippe Beaulieu
Université de Montréal

Lorsque dans les deuxième et troisième parties de son roman intitulé *Les Angoysses douloureuses qui procedent d'amours* (1538), Hélisenne de Crenne—nom de plume de Marguerite Briet (Vercruysse 77)—fait appel au genre éminemment masculin du roman chevaleresque, il est intéressant de se demander ce qu'elle peut bien retenir des conventions qui constituent les données de ce genre, a priori si éloigné de l'expérience féminine. On sait que l'amour, d'une part, et les aventures chevaleresques, de l'autre, constituent les deux dimensions centrales du roman courtois traditionnel (Kibedi-Varga 9). Il y a donc lieu de se demander quel équilibre Marguerite Briet établit entre le deuxième aspect, qui renvoie à des activités essentiellement masculines, et le premier, où—dans la littérature de l'époque, du moins—les femmes occupent une place de choix. Afin de donner une réponse à cette interrogation, on peut procéder à un examen en deux volets: tout d'abord, il s'agit de déterminer quelle est la nature du contrat de lecture proposé par l'auteur au début de l'ouvrage, puisque ce contrat constitue une prise de position quant aux données du genre. Par la suite, il convient de se demander si le récit lui-même respecte le contrat initial par la façon dont il réalise la fusion proposée entre amour et chevalerie. Nous verrons ainsi que le rapport entre ce qui est annoncé et ce qui est présenté se place sous le signe du dérapage, pour ne pas dire de la disjonction. L'effort syncrétique que l'on retrouve généralement dans les romans courtois médiévaux se voit ainsi nié par le texte de Marguerite Briet. Dans la mesure où cette négation reflète certains des enjeux de "l'écriture au féminin" de l'époque, surtout ce qui touche le rapport aux genres traditionnels, l'examen de la dimension chevaleresque des *Angoysses* semble essentiel, ne serait-ce que pour donner une idée de la problématique de la prise de parole chez la première romancière française (Mercier 31).

Commençons par signaler que les deuxième et troisième parties des *Angoysses douloureuses* s'ouvrent sur un énoncé liminaire de l'auteur, qui annonce—en les justifiant—les changements narratifs et thématiques caractérisant ces nouvelles portions du roman. La première partie des *Angoysses*, dont la parenté avec la *Fiammetta* de Boccace est évidente (Wood 74), appartient ainsi à la tradition du roman sentimental, dans le cadre duquel la narratrice, Hélisenne, relate les difficultés que l'expérience de l'amour adultère a suscitées dans sa vie.[1] La désapprobation du milieu, l'isolement qui en résulte, les mauvais traitements infligés par le mari et les trahisons de l'amant sont quelques-unes de ces difficultés qui mènent à la séquestration de la jeune femme, à la fin de cette section du roman. Les parties II et III, par contre, relatent les aventures chevaleresques que l'amant d'Hélisenne, Guénélic, a connues pour retrouver son "amye," objet de désir fantasmatique et obsédant. Combats, tournois, navigations sont autant d'activités masculines qui alimentent les épisodes de ce récit raconté par Guénélic lui-même. On se rend ainsi compte que, par rapport au début du roman, non seulement le regard narratif se modifie-t-il, mais l'univers avec lequel ce regard est en contact fait l'objet d'une transformation importante. Pour bien faire sentir que même si elle cède la narration directe à une autre personne, elle reste quand même la véritable instigatrice du récit, Hélisenne fait appel à un commentaire initial qui constitue une auto-justification et un contrat de lecture. Dans ce commentaire qui occupe les quatre premières pages du récit, Hélisenne semble considérer les aventures comme une série d'épreuves susceptibles de modifier considérablement l'amant, en lui faisant acquérir certaines qualités courtoises. Elle cherche de cette façon à parer la réaction des lecteurs(trices) qui trouveraient curieux que Guénélic, amant plutôt opportuniste et lâche dans la première partie des *Angoysses*, "[s'adonne] ainsi à l'art militaire" (147) dans le but de retrouver une femme pour laquelle il s'était donné bien peu de mal auparavant. Il est clair ici que la naissance modeste et l'absence de qualités courtoises peuvent être compensées par un accroissement ou une «exaltation» des vertus grâce aux «oeuvres chevaleresques». Un tel point de vue se rattache donc à la tradition du roman chevaleresque qui tente de concilier dans l'action masculine les intérêts guerriers et amoureux, à première vue divergents (Meletinski 8). La quête chevaleresque, même si elle est soumise au hasard des circonstances, devrait donc posséder une valeur salvatrice qui a une certaine teinte néoplatonicienne ou du moins néo-courtoise, dans le cadre idéologique de la production littéraire des années 1530. On a déjà amplement signalé que, dans les ouvrages de philosophie amoureuse de l'époque, les conceptions ficiniennes donnent l'occasion à l'homme de se dépasser grâce aux sentiments qu'il éprouve pour une femme, inaccessible et généralement étrangère au monde chevaleresque (Guillerm

127).[2] Longtemps considérée comme valorisante, une telle fonction ins-
trumentale de la femme—objet esthétique permettant à l'homme
d'épurer ses passions et de dépasser les déterminismes terrestres—est
maintenant perçue comme un autre exemple d'aliénation, dans la mesure où la structure idéologique néo-courtoise se sert de la femme sans
accorder la moindre attention aux intérêts de celle-ci (Marchello-Nizia
979).

Pour revenir aux *Angoysses*, il semble donc que l'auteur cherche à
trouver une issue à l'impasse amoureuse décrite du point de vue féminin par la narratrice de la première partie, impasse qui souligne les
restrictions et les limites de l'expérience féminine au XVIe siècle (Conley
331). Cette solution est de déplacer la problématique amoureuse vers
un univers masculin de type chevaleresque, avec l'espoir que les possibilités du nouveau genre utilisé (plus ouvert à la fantaisie que le roman
sentimental) puissent en arriver à contourner les difficultés sociales qui
rendent souvent incompatibles les sentiments de l'individu et les attentes du milieu. Il s'agit là d'un projet qui se bute, dans sa réalisation, à
un certain nombre de difficultés menant ultimement à l'échec. La relation entre amour et chevalerie, censée être harmonieuse et
complémentaire, ne réussit pas à l'être. Au contraire, comme nous le
montrerons dans les lignes qui suivent, c'est la disjonction des deux
dimensions qui est constamment soulignée par le texte de Marguerite
Briet.

Comme on l'a affirmé plus haut, dans la perspective néo-courtoise évo-
quée dans l'énoncé liminaire qui ouvre la partie chevaleresque du
roman, les épreuves de la quête doivent forcément accroître le mérite
amoureux de l'amant chevalier auprès de sa dame. L'idée centrale est
celle d'une transformation positive, que cette transformation soit décrite
en termes vraisemblables de nature psychologique, ou relève d'une opé-
ration symbolique quasiment magique, comme c'est le cas du roman
courtois médiéval (Ribard 421). Or, dans les *Angoysses* II et III, en dépit
de ce à quoi on s'attendrait, les événements se produisent d'une manière tout à fait aléatoire et n'entraînent aucun changement important
chez les personnages principaux, qui apparaissent ainsi figés dans des
structures comportementales prévisibles, tant sur le plan actantiel que
sur le plan discursif.

Il convient, en premier lieu, de signaler l'arbitraire assez évident qui
préside, sur le plan structurel, au choix et à l'agencement des

aventures. La fonction pédagogique de ces dernières échappe tout à fait au lecteur ou à la lectrice qui est frappé(e) par le caractère décousu de l'ensemble du récit. La longue série d'épisodes que le roman présente, l'absence de logique des séquences événementielles, le caractère gratuit des déplacements géographiques et des actions donnent plus une impression de mouvement à vide, inlassablement répétitif, que de réelle transformation. Parmi les nombreux enchaînements narratifs dont la vraisemblance est problématique, on peut signaler l'adoubement de Guénélic et de son compagnon, Quézinstra. Cet adoubement, qui fait des jeunes hommes deux chevaliers, devrait constituer, selon la tradition courtoise, le point culminant, l'aboutissement d'une série d'épreuves. Dans les *Angoysses*, cependant, cette situation ne résulte d'aucun fait d'armes justifiant un tel honneur, mais curieusement de l'intervention non motivée du prince Zélandin. L'amitié qui lie ce dernier aux deux compagnons semble être la principale justification de l'adoubement, dont la valeur de récompense chevaleresque est ainsi remise en question.

On sait que les données du genre permettent une grande liberté quant aux explications que l'on peut donner aux événements apparemment arbitraires, les conséquences des situations n'ayant parfois qu'un lien symbolique assez ténu avec ce qui semble en être la cause (Ribard 421). Dans le cas des *Angoysses*, il est fort difficile de percevoir quelque intention symbolique: on doit généralement s'en remettre au hasard comme facteur explicatif des événements. A vrai dire, le nombre et l'ordre des épreuves que subit le personnage principal soulignent surtout le manque de cohérence contextuelle du récit. Par exemple, les aventures qui précèdent la découverte d'Hélisenne, à la fin du roman, soit le séjour à Bouvacques et la rencontre avec un religieux, ne préparent d'aucune façon la rencontre des deux amants qui survient d'une manière inopinée après une longue errance. Un gentilhomme ayant révélé par hasard qu'une dame nommée Hélisenne était détenue dans un château des environs, Guénélic est si stupéfait qu'il se sent comme "une creature de quelque peril marin eschappée, qui par grand timeur reste sans respirer & congnoissance de soymesmes" (343).

Pour les deux compagnons, la surprise est totale mais de courte durée, puisqu'ils se mettent rapidement à réfléchir aux "moyens les plus convenables pour scavoir liberer Helisenne de ceste captivité" (344). Si ce développement narratif ne semble pas trop inattendu du point de vue des deux jeunes hommes, il l'est beaucoup plus pour les lecteurs(trices), qui se sentent soudainement poussé(e)s vers la case arrivée, alors que rien ne laissait supposer qu'on s'en approchait.

Sur le plan structurel, les *Angoysses* exploitent donc les possibilités centrifuges d'un genre qui se caractérise à la Renaissance par une certaine fragmentation de la narration en une série d'épisodes dont la motivation n'est pas toujours évidente (Zink 295). Dans le roman d'Hélisenne, ces tendances deviennent presque caricaturales, au point de lasser le lecteur ou la lectrice moderne, peu habitué(e) aux procédés d'amplification romanesques de la fin du Moyen Age. Lorsque les possibilités d'interprétation symbolique deviennent aussi minces, il est loisible de se demander si la fonction pédagogique de la quête chevaleresque n'est pas remise en question. En fait, elle est même niée par la fixité des personnages principaux, qui résistent constamment au changement. Guénélic, par exemple, censé s'être engagé dans ces aventures pour acquérir des qualités de gloire et de vertu, fait preuve de très peu de courage et d'initiative (Baker 40). Par exemple, lorsqu'il est capturé par les soldats ennemis, "pour l'apprehension de la mort» «en terre [il] tom[e] evanoui" (274). Voilà un comportement fort peu chevaleresque qui se situe à un moment du déroulement de l'histoire où Guénélic devrait déjà posséder du moins une partie des qualités de courage à acquérir. Mais tel n'est pas le cas. Il est d'ailleurs difficile, pour ne pas dire impossible, de trouver des passages de nature chevaleresque où Guénélic apparaît au centre de la situation; la plupart du temps, il est ballotté par les événements, entraîné dans l'action par son compagnon, Quézinstra, lequel semble être, sur le plan chevaleresque, le véritable héros du récit. En recherchant et en s'engageant dans l'action, celui-ci acquiert en effet une réputation de bravoure qui relègue Guénélic dans l'ombre (Baker 41). La dimension aventureuse de la quête semble ainsi convenir et profiter à un personnage qui recherche la reconnaissance sociale,[3] mais n'a en fait aucune qualité personnelle à acquérir. On sait dès les premières pages des *Angoysses* II, que Quézinstra, «extraict de noble & tresantique generosité» (155), est à l'état latent un parangon des vertus chevaleresques en attente d'occasions propices à leur déploiement.

Guénélic, quant à lui, apparaît avant tout comme un être hyper-émotif, obsédé par l'amour et soumis à des pulsions qui inhibent l'action. Il n'agit que lorsqu'il y est obligé. Notons par ailleurs, que s'il n'est pas très actif sur le plan militaire, Guénélic parle énormément, de l'amour principalement. On peut en effet compter un bon nombre de monologues ou dialogues relatifs à l'amour au cours desquels Guénélic, soupire, se lamente, se dit la victime de ses propres sentiments. Voici un passage typique où après une bataille, au lieu de se réjouir d'un dénouement plutôt favorable, Guénélic se plaint d'être mobilisé par ses sentiments amoureux:

> Las j'estoye en telle extremité que la cruciée vie aultre espece de salut ne retenoit, sinon la piteuse memoire & recordation de ma dame dont l'absence m'estoit si griefve que ne povoye contenir sans me plaindre et me lamenter. (170)

Hanté par l'absence de son objet de désir, incapable de se concentrer sur les activités susceptibles de le rapprocher de sa dame, Guénélic apparaît comme un être pathétique, presque une loque humaine parfois, déchiré entre deux types de préoccupations dont il illustre la disjonction dans son être. Autant le personnage d'Hélisenne, dans les *Angoysses* I, illustrait l'impossibilité de s'affirmer en tant que femme dans le réseau d'attentes qui régissent les rapports sociaux, autant Guénélic, dont les possibilités— symbolisées par l'ouverture sur le monde du voyage—semblent nettement plus considérables, est de toutes facons incapable de combiner les activités amoureuses (de l'ordre du ressenti et du dire) et guerrières (dont la nature actantielle renvoie au faire).

L'hypothèse d'une transformation courtoise des personnages masculins semble en fin de compte difficile à soutenir dans le cadre de ce paradoxal piétinement moral qu'est la quête. Guénélic est imperméable aux idéaux chevaleresques, tandis que Quézinstra les a intégrés dès le départ, sans possibilités d'amélioration ou de changement. La réalisation narrative de ce long récit se situe en disjonction par rapport au contrat de lecture initial. Sous cet éclairage, amour et chevalerie, loin de se servir mutuellement, se caractérisent par un antagonisme illustré par les nombreuses discussions de Guénélic et de Quézinstra, le premier défendant la force du sentiment amoureux, et le second la valeur des activités guerrières. Cet antagonisme, placé sous le signe de la fraternité masculine, est cependant beaucoup moins sérieux que celui qui opposait, dans les *Angoysses* I, Hélisenne— isolée et sans soutien—à l'hostilité de son environnement. Il est clair ici que l'homme, même s'il est très peu méritoire, fait l'objet d'une condamnation sociale moins grave que la femme, lorsque celle-ci se permet de transgresser—ne serait-ce qu'en pensée—les normes de conduite de la femme mariée. Le caractère ludique des discussions entre les deux compagnons est souligné par l'abondance de formules de politesse et d'atténuation qui n'ont rien à voir avec l'âpreté des échanges entre Hélisenne et son mari dans le premier tiers du roman.

Le rêve courtois, censé être récupérateur, se réalise sur le mode du conflit, du déchirement et aboutit finalement à un échec. Cet échec est d'ailleurs symbolisé par la mort des amants qui prend place à la fin du roman, peu après leur réunion. Le couple n'a pas pu trouver de solution viable à la transgression que représente l'amour adultère, dans le contexte des normes morales de la Renaissance, beaucoup moins permissives que celles du Moyen-Age (Zemon-Davis 126). L'échec de la quête est d'ailleurs illustré, dans cet épisode, par le fait que c'est Hélisenne qui fournit aux deux hommes le stratagème permettant de la libérer. "[L]'invention par Helisenne excogitée" (365) est acceptée d'emblée par les deux hommes, qui se mettent au travail en suivant scrupuleusement le plan proposé. N'est-ce pas le comble de l'ironie que les héros aient besoin de la personne incarcérée pour effectuer leur sauvetage, comme s'ils n'étaient pas assez compétents pour mener à bien eux-mêmes cette entreprise? Comment ne pas y voir un aveu de l'échec de la quête chevaleresque?

En fin de compte, il reste difficile de préciser le statut à attribuer à ce long roman chevaleresque marqué par la disjonction résultant du dérapage de la narration par rapport à ses prémisses argumentatives. Peut-être s'agit-il là d'une forme de subversion—partielle du moins—du genre utilisé qui devient ainsi presque parodique, une caricature en quelque sorte du projet courtois et du rêve masculin médiéval qui vise à réunir l'expérience des sentiments intimes et l'activité extérieure à caractère social.

D'une certaine manière, l'univers féminin des *Angoysses* I et l'univers masculin des deuxième et troisième parties se trouvent dans une situation de parallélisme. En effet, si dans les *Angoysses* I, la femme ne peut réconcilier les attentes sociales et ses propres sentiments (ce qui mène à l'impasse symbolisée par l'emprisonnement), l'auteur semble refuser au personnage masculin, héros des aventures chevaleresques, l'intégration, l'unité qui devrait résulter de la quête. L'ensemble du roman se place donc sous le signe de la fragmentation. Dès le début de ce siècle, Reynier a d'ailleurs perçu les problèmes structurels de l'ensemble de l'ouvrage, mais les a mis sur le compte de la maladresse (Reynier 122).

Il semble maintenant difficile de soutenir un tel point de vue esthétique, la difficulté à intégrer les différentes dimensions du texte semblant plutôt renvoyer à la difficulté de l'écriture au féminin à inscrire une expérience et un point de vue différents dans les cadres narratifs traditionnels. Il en résulte une forme d'éclatement, de déconstruction avant la lettre, phénomène intéressant qui, de manière indirecte, constitue une forme de revendication.

NOTES

[1] Il faut signaler que, dans ce texte, la notion d'adultère renvoie uniquement aux intentions amoureuses, puisque Guénélic et Hélisenne n'ont pas l'occasion d'avoir des rapports sexuels.

[2] Peu de figures féminines de l'époque avaient accès à l'univers guerrier des hommes. L'une des plus connues est certainement Clorinde, dont la destinée tragique constitue une punition de la transgression qu'elle incarne.

[3] On sait en effet qu'il a été victime d'une injustice familiale. Sa belle-mère l'ayant accusé d'avoir voulu «son honneste pudicité violer» (156), il a été chassé de la «maison paternelle».

OEUVRES CITÉES

Baker, M. J. «France's First Sentimental Novel and Novels of Chivalry.» *Bibliothèque d'Humanisme et Renaissance* 26 (1974): 33-45.

Conley, Tom. «Feminism, Ecriture, and the Closed Room: The *Angoysses douloureuses qui procèdent d'amours.*» *Symposium* 27 (1973): 322-332.

Crenne, Hélisenne de. *Les Angoysses douloureuses qui procedent d'amours.* Ed. critique de H. R. Secor. Diss. Yale University, 1957.

Kibedi-Varga, Aron. «Le Roman est un anti-roman.» *Littérature* 48 (1982): 3-20.

Marchello-Nizia, Christiane. «Amour courtois, société masculine et figures du pouvoir.» *Annales* 6 (1981): 969-82.

Meletinsky, Elizar M. «Typologie du roman médiéval en Occident et en Orient.» *Diogène* 127 (1984): 3-25.

Mercier, Michel. *Le Roman féminin.* Paris: PUF, 1976.

Reynier, Gustave. *Le Roman sentimental avant «L'Astrée».* Paris: Armand Colin, 1908.

Ribard, Jacques. «L'*Aventure* dans la *Queste del Saint Graal.*» *Mélanges [...] offerts à A. Planche.* Paris: Les Belles Lettres, 1984. 415-23.

Vercruysse, Jérôme. «Hélisenne de Crenne : notes biographiques.» *Studi francesi* 31 (1967): 77-81.

Wood, Diane Sylvia. *Literary Devices and Rhetorical Techniques in the Works of Helisenne de Crenne.* Diss. University of Wisconsin, 1975.

Zemon-Davis, Natalie. *Society and Culture in Early Modern France.* Stanford: Stanford University Press, 1975.

Zink, Michel. «Le Roman de transition.» In *Précis de littérature française du Moyen Age.* Ed. D. Poirion. Paris: PUF, 1983: 293-305.

Louise Labé et le néo-platonisme dans le *Débat de Folie et d'Amour*

Brigitte Roussel
Wichita State University

Le *Débat de Folie et d'Amour* parut en 1555 avec les autres oeuvres de Louise Labé, Lyonnaise talentueuse et extrêmement cultivée. Ce seul écrit en prose fut son dernier à être achevé, mais il est fort possible qu'elle y ait travaillé en même temps qu'aux poésies, constituées de vingt-quatre sonnets et de trois élégies.[1]

Dans l'argument qui sert d'introduction au *Débat*, un festin organisé par Jupiter est annoncé à tous les dieux. Les lecteurs sont ainsi mis d'emblée dans le contexte du *Banquet* de Platon. Puis, l'incident qui provoque la dispute entre les dieux "Folie" et "Amour" est évoqué: voyant qu'ils arrivent tous les deux en même temps à la porte du palais, Folie bouscule Amour qui se rebiffe. La dispute tourne à l'aigre, Amour tente de décocher une flèche à Folie qui se rend invisible et retire les yeux au jeune dieu. Plus tard, apercevant son fils coiffé d'un bandeau qu'il ne peut ôter, "Vénus" jure de le venger et intente un procès à Folie. Les dieux "Apolon" et "Mercure" sont appelés à représenter respectivement l'accusation et la défense. "Jupiter", le juge suprême, finira par rendre sa sentence à l'issue des deux discours.

Ce "conte mythologique en prose dialoguée" (Rigolot, *Oeuvres* 29) qui intègre le discours juridique médiéval fondé sur la rhétorique classique permet à Labé, par le biais philosophique du néo-platonisme en vogue à son époque, de dresser un procès verbal contre la vision idéaliste de l'amour qui prédominait au seizième siècle, et qui, dans de nombreux textes masculins, renforçait la position tributaire de la femme-objet. Pour Labé, non seulement la femme en tant que sujet fictif, mais aussi la femme en tant que sujet écrivain doit s'affirmer publiquement devant tous afin d'être reconnue. Comme elle le dit dans l'*Epître dédicatoire* à Clémence de Bourges, les femmes doivent s'adonner à la recherche de la gloire par l'étude et l'écriture.[2]

C'est non seulement le contenu du *Débat*, mais aussi sa forme qui donne aux lecteurs et aux lectrices un texte à la fois didactique et divertissant: en effet, l'aspect "conte" fournit des éléments récréatifs par le truchement d'événements surnaturels comme lorsque Folie se rend invisible et retire les yeux à Amour, puis finit par lui poser un bandeau impossible à ôter, le dotant aussi d'ailes sur le dos pour qu'il puisse se déplacer. Le détour non réaliste permet à Labé de servir la cause de Folie.

L'aspect "mythologique",[3] en plaçant le récit dans l'Olympe des dieux grecs, fait de tous les personnages du *Débat* des êtres hors temps, légendaires plutôt que contemporains, beaucoup plus proches des convives du *Banquet* que des écrivains de la Renaissance. Dans le texte de Labé, on se prépare donc pour une joute oratoire digne des répliques dialoguées de Platon.

Ceci explique également la dimension du récit en "prose dialoguée", que Labé présente comme une pièce de théâtre en cinq "Discours" où la liste des personnages est dressée en tête du texte. Chacun aura droit à la parole à tour de rôle, comme dans le *Banquet* y ont eu droit Phèdre, Pausanias, Eryximaque, Aristophane, Agathon, Socrate et Alcibiade.

Le désaccord entre Folie et Amour porte sur "leurs puissances, dinitez et préseances" (Rigolot 47). Amour argumente que Folie n'est qu'une femme inconnue, et qu'elle devrait reconnaître sa préséance et son titre à lui: "ta jeunesse, ton sexe, ta façon de faire te démentent assez; mais plus ton ignorance, qui ne te permet connoitre le grand degré que je tiens" (Rigolot 50). Cependant, Folie se voit à égalité avec lui, et argumente même que sans elle, les traits d'Amour n'auraient aucun effet. Elle affirme la valeur analogue des capacités entre elle et lui: "je te feray connoitre en peu d'heure ton arc, et tes flesches, ou tant tu te glorifies, estre plus molz que paste, si je n'ay bandé l'arc, et trempé le fer de tes flesches" (Rigolot 51).

Certes, Amour est puissant dans le monde puisqu'il change les dispositions et les coeurs de tous ceux et toutes celles qui tombent sous son envoûtement. Mais Folie a effectivement autant de pouvoirs que lui, car elle aussi influe sur la destinée des gens: si les Parques, déesses du *Fatum*, lui ont procuré le bandeau qu'Amour est condamné à porter pour toujours (Rigolot 55), c'est que Folie a un rapport privilégié avec ces puissances obscures des origines, des changements et des mises à terme de la vie.

Ce qui se profile ici est un véritable dialogue où deux protagonistes échangent leurs points de vue divergents. Il est très important de voir cet aspect "dialogique"[4] du texte de Labé, car la forme même du *Débat* reflète la nature de l'objectif de l'auteur qui veut, dans un but de clarification des valeurs de l'amour pour les femmes, s'adonner à une argumentation philosophique convaincante. Labé doit donc se livrer à une double démarche: d'une part reconnaître l'existence de ces divergences pour caractériser la tension qui existe entre Folie et Amour, sans fausser le débat, donc en donnant à chacun la possibilité d'exprimer ses griefs; d'autre part, parce qu'elle désire dépasser les oppositions dualistes qui font rebondir les mérites de chacun sans avancer la cause de qui que ce soit, elle doit articuler cette tension pour la transformer en situation de coexistence sociale possible sans hégémonie de l'un sur l'autre, en l'occurrence d'Amour sur Folie.[5]

D'ailleurs, pour bien montrer qu'Amour n'a pas au fond son soutien, Labé le campe dans une posture élitiste qui ne peut lui octroyer la sympathie générale. Au Discours II, Amour se morfond de la perte de ses yeux dans un bref monologue où il déplore d'avoir, dorénavant, à frapper aveuglément: "je laissois la vieillesse en paix: Maintenant, pensant fraper un jeune, j'asseneray sus un vieillart: au lieu de quelque beau galand, quelque petit laideron à la bouche torse" (Rigolot 56). D'où vient cette idée que les vieux et les laids n'ont pas droit à l'amour? Du discours d'Agathon dans le *Banquet,* où ce jeune éphèbe mondain qui parle juste avant Socrate définit les attributs d'Eros: il est physiquement le dieu le plus beau, le plus jeune, le plus délicat, le plus souple de forme, et il ne s'attache pas à la laideur (Robin 195a-197b). De plus, conclut fièrement Agathon, ses qualités morales correspondent à ses attributs physiques parfaits. C'est ainsi qu'il brosse un portrait naïvement harmonieux dont Socrate se moque immédiatement. En effet, le vieux sage lucide connaît trop bien la réalité du désordre amoureux, qui indique une présence de la folie au coeur même de la naissance de l'amour, comme il l'évoquera dans le *Phèdre* quelques années après avoir écrit le *Banquet*. Labé, en ayant fait dire à Folie dans le Discours I qu'elle était aussi responsable du déclenchement de l'amour que le jeune Cupidon, utilise à présent le moyen du monologue pour faire ressortir l'idéalisme à la fois naïf et élitiste de ce dernier, qui ne prend pas en considération toutes les données réelles dont est faite la psyché humaine amoureuse.

Dans un autre passage, Labé met en scène Amour dans une tentative manquée de persuader Jupiter du bien spirituel que représente un rapport amoureux compris dans sa dimension d'abnégation afin d'affirmer l'union. Au Discours IV, dans une brève entrevue alors qu'Amour vient saluer Jupiter avant l'ouverture du procès, le jeune dieu explique que la grandeur du sentiment amoureux réside dans le fait de continuer à aimer l'autre même si l'on est maltraité par cette personne, car l'homme est capable de s'élever à la spiritualité: "Il n'y ha animant courtois et gracieus que l'homme, lequel puisse se rendre suget aus complexions d'autrui, augmenter sa beauté et bonne grace par mile nouveaus artifices" (Rigolot 63). Pour Cupidon, "la vraye et entiere Amour . . . ne cherche pas son proufit, mais celui de la persone, qu'il ayme" (63). Ce thème biblique de l'acte désintéressé, réactualisé par les prédicateurs de la Réforme, est aussi trouvé dans le _Banquet_ par l'intermédiaire des paroles de Diotime, la grande prêtresse qui initia Socrate aux secrets de l'amour. Pour Cupidon, la "lubricité et ardeur de reins n'a rien de commun, ou bien peu, avec Amour" (Rigolot 64). Reprenant les préceptes bibliques et socratiques, Cupidon trace pour Jupiter les jalons de l'humilité et de l'abnégation qui mènent à l'amour réciproque quand l'un, renonçant à tout pouvoir sur l'autre, finit par s'en faire véritablement aimé en retour. Aussi astreignante que la dialectique ascendante des dialogues platoniciens,[6] cette rhétorique basée sur l'acte de différer le plaisir immédiat apparaît à Jupiter à la fois admirable à contempler et impossible à atteindre: "Tu dis beaucoup de raisons: mais il y faut un long tems, une sugeccion grande, et beaucoup de passions" (Rigolot 64). Amour se retrouve seul avec son idéal, se vantant à nouveau, comme il l'avait fait auprès de Folie, d'avoir souvent du pouvoir auprès des grands seigneurs, tandis que Jupiter coupe court à la conversation et se dirige vers le consistoire.

Etant donné le résultat de l'altercation entre Amour et Folie à la fin du Discours I, il était devenu nécessaire de faire intervenir des partis plus objectifs et autrement efficaces pour la résolution de cette crise. Les dieux Apolon et Mercure, choisis pour prendre la relève, vont argumenter sur ce différend en faisant appel à la tradition philosophique et à des exemples historiques pour présenter leur cas à la cour des dieux et des déesses réunis sous l'égide de Jupiter.

Apolon, chargé d'accuser Folie, présente un portrait contrasté d'Amour et de la fille de Jeunesse: il dépeint Cupidon comme le dieu qui accorde l'harmonie dans les coeurs, tandis que Folie est vue comme la déesse qui provoque le désordre intérieur. Apolon résume ainsi la situation au Discours V, la partie centrale du *Débat*, dans laquelle Mercure parlera après lui: "Car ou Amour voudra faire cette harmonie entre les hautes et basses personnes, Folie se trouvera pres, qui l'empeschera. . . . Et plus les amitiez seront estroites, plus s'y trouvera il de desordre quand Folie s'y mettra" (Rigolot 77-78). Tandis qu'Amour représente l'ordre rationnel du monde par union complémentaire des opposés ou des compatibles, Folie représente le désir irrationnel qui bouscule l'équilibre en place. Apolon, remarquant les différences réelles entre les hommes, estime que c'est Amour qui les unit: "Estans ainsi en meurs, complexions, et forme dissemblables, sont neanmoins ensemble liez et assemblez par une benivolence, qui les fait vouloir bien l'un à l'autre" (Rigolot 68). Brossant le portrait d'Amour, Apolon le compare à Orphée tant son charme est irrésistible. Puis il retrace ses origines, évoquant plusieurs théories trouvées dans le *Banquet,* notamment celle de l'androgyne, qu'Apolon associe aussitôt au mariage hétérosexuel chrétien:

> Celui qui voit que l'homme . . . languit en sa maison, sans l'amiable compagnie d'une femme, qui fidelement lui dispense son bien, lui augmente son plaisir, . . . lui ote les facheries, . . . l'appaise, l'adoucit, le traite sain et malade, le fait avoir deus corps, quatre bras, deus ames,[7] et plus parfait que les premiers hommes du banquet de Platon, ne confessera il que l'amour conjugale est dine de recommandacion? (Rigolot 70)

Aussitôt après, Apolon contraste l'influence néfaste que Folie a sur Amour: "si Folie se mesle de ses afaires, il est à creindre, et quasi inevitable, qu'il ne soit cause d'autant de vilenie, incommodité, et desplaisir, comme il ha esté par le passé d'honneur, proufit, et volupté" (Rigolot 77). Selon Apolon, si l'on pouvait éloigner une fois pour toutes Folie des environs d'Amour, le monde trouverait une harmonie et une paix telles qu'elles s'expriment dans les mythes platoniciens de l'amour.

Octroyant aux deux avocats une liberté d'expression totale, Labé passe simplement d'un discours à l'autre, et laisse parler Mercure lui aussi sans interruption. A l'accusation univoque d'Apolon selon laquelle Folie aurait créé un désordre chaotique destructeur d'harmonie et de paix,

Mercure répond d'abord par un refus de considérer l'opposition entre les deux dieux comme une donnée définitive, voire naturelle: "Cette question est entre deus amis, qui ne sont pas si outrez l'un envers l'autre, que quelque matin ne se puissent reconcilier, et prendre plaisir l'un de l'autre, comme au paravant" (Rigolot 81). L'avocat de Folie explique qu'Amour commet une grande erreur en exigeant la séparation entre lui et Folie, car en fait, l'un engendre l'autre: "Les plus grandes et hazardeuses folies suivent toujours l'acroissement d'Amour" (Rigolot 96). D'ailleurs, les femmes qui tentent de résister à l'amour ne trouvent pas en la raison l'allié le plus sûr, car Folie accroît leur penchant à aimer et finit par vaincre la raison: "Plus elles ont résisté à Amour, et plus s'en treuvent prises. Elles ferment la porte à raison" (Rigolot 97). Reprenant l'argument d'Amour sur l'abnégation afin d'en montrer cette fois-ci les effets néfastes, Mercure donne l'exemple courant des femmes qui, en proie à la folie amoureuse, abandonnent parfois des êtres chers et même leur liberté pour être auprès de leur objet d'amour, mais ne sont pas forcément aimées en retour:

> En somme, quand cette afeccion est imprimee en un coeur genereus d'une Dame, elle y est si forte, qu'à peine se peut elle efacer. Mais le mal est, que le plus souvent elles rencontrent si mal: que plus ayment, et moins sont aymees. Il y aura quelcun, qui . . . fera semblant d'aymer ailleurs. . . . Alors les povrettes entrent en estranges fantasies: ne peuvent aisément se defaire des hommes, comme les hommes des femmes, n'ayans la commodité de s'eslongner et commencer autre parti, chassans Amour avec autre Amour. . . . (Rigolot 97)

Pour montrer qu'Amour n'est point sans Folie, Mercure évoque le changement d'humeur qui régit l'état mental des amoureux. Les femmes délaissées ont beau se plaindre et regretter d'être tombées amoureuses, elles retombent dans la mansuétude au moindre signe de leur ami, et continuent de vivre dans cet état fiévreux d'alternance entre le bonheur et le malheur: "Et en tous ces actes, quels traits trouvez-vous que de Folie?" (Rigolot 98) Les hommes aussi sont soumis à ces caprices de la folie amoureuse. Le motif du changement de personnalité qui fait que l'on ne se reconnaît plus apparaît:

> Avoir le coeur séparé de soymesme, estre maintenant en paix, ores en guerre, ores en treves: . . . changer visage mile fois le jour: sentir le sang qui lui rougit la face . . . puis soudein

s'enfuit, la laissant palle . . . bruler de loin, geler de pres . . . ne sont ce tous signes d'un homme aliené de son bon entendement? . . . et mains autres, que journellement voyons s'abuser tellement qu'ils ne se connoissent eus mesmes. Qui en est cause, sinon Folie? Car c'est celle en somme, qui fait Amour grand et redouté: et le fait excuser, s'il fait quelque chose autre que de raison. (Rigolot 98)

Mercure termine sa plaidoirie confiant d'avoir rempli sa mission: "Je croy avoir satisfait à ce qu'avois promis montrer: que jusque ici Amour n'avoit esté sans Folie" (Rigolot 98). En s'acquittant de démontrer aussi que le lien entre Folie et Amour est nécessaire à la survie de celui-ci, Mercure justifie même l'aveuglement du jeune dieu qui, s'il voyait tout venir et s'alliait à la raison, finirait par disparaître car il n'aurait plus de raison d'être.

Ainsi, en structurant dynamiquement l'échange entre Amour et Folie, puis entre Apolon et Mercure, Labé articule deux points de vue non réductibles, et engage, par l'entremise de Mercure, dieu de l'éloquence, le débat sur le terrain de l'acceptation des différences. Cette polémique est doublée d'un débat littéraire que Labé entame avec le néo-platonisme: dans le *Banquet*, la discussion sur l'amour amène Socrate à une vision idéaliste que Julia Kristéva a analysée dans *Histoires d'amour*, où elle retrace le schéma ascendant de la dialectique qui permet à Socrate de défendre un point de vue au service la loi du même, et qui, dans le *Débat*, est celui d'Amour, de sa mère Vénus, et d'Apolon: "Face à l'amour-possession que Platon développera dans le *Phèdre*, *Le Banquet* propose, peut-être même oppose, un amour-union" (Kristéva 92-93). Dans ce chapitre intitulé "Eros maniaque, Eros sublime" sont analysées les implications de la longue narration de Socrate sur Diotime, son porte-parole. Puis Kristéva conclut: "le divin est en définitive une déesse, prêtresse du pouvoir archaïque, qui permet moins de refouler que de séparer le désir maniaque, de son polissage, de son éducation dialectique et académique au service de la Cité" (99). Ce discours idéaliste unifiant est exactement celui d'Amour et d'Apolon dans le *Débat*, comme on l'a vu. Il prépare le terrain pour la plaidoirie de Mercure qui est une réfutation de ce discours sur l'amour, et qui s'attache à démontrer que le désir de fusion entre l'amant et l'aimé n'est qu'un mythe irréalisable, qui prouve en revanche l'existence de la folie dans l'amour.

En donnant la parole directement aux partis en présence, sans l'intervention d'un tiers, Labé anime dynamiquement leur rapport complexe, et ne reproduit pas le schème de la dialectique trouvée dans le *Banquet*, où Socrate, en parlant après tous les convives, se donne le beau rôle du philosophe accompli qui synthétise la définition de l'amour. Portrait contrasté de Socrate, le Jupiter du *Débat* campe un juge qui n'a ni fermeté intellectuelle, ni désir réel de régler une fois pour toutes le différend, et qui finit par remettre une partie de la sentence à plusieurs siècles, tandis que l'autre partie se trouve dotée d'une ambiguïté irréductible largement commentée par la critique littéraire du *Débat*.[8] Doter le père et maître des dieux d'un manque d'esprit de décision permet à Labé de tenir à l'écart la voix d'un pouvoir représenté par un seul homme pour privilégier un discours juridique fondé sur le droit, comme le sont les discours d'Apolon et de Mercure.

Etant donné que le propre de l'allégorie est de figurer des notions abstraites, on peut très bien insérer le débat entre Labé et le néo-platonisme dans la grande discussion littéraire qui a eu lieu au seizième siècle et qui a mené au développement de la Pléiade en France. Dans cette optique, comme l'a suggéré Robert D. Cottrell, on peut également considérer le désaccord entre les personnages du *Débat* comme une allégorie métaphorique du débat littéraire de la Renaissance entre tradition, personnifiée par Amour, et modernité, par Folie. Selon Cottrell, Folie et Amour rejoueraient donc aussi la problématique majeure des écrivains de la Renaissance française qui, tout en désirant imiter les Anciens pour établir un corpus poétique en français, cherchaient à innover par rapport à eux.[9]

Louise Labé a fait partie de cette entreprise littéraire en marquant sa place dans le rayonnement de la Renaissance lyonnaise. Le *Débat de folie et d'amour*, placé en tête des poésies, signale la volonté de l'auteur d'intégrer à la littérature française une voix féminine qu'elle aurait souhaité voir se mutiplier de son vivant.

NOTES

[1] Il existe en effet des liens étroits entre les diverses pièces qui composent le recueil des *Oeuvres* de Louise Labé. Le *Débat de Folie et d'Amour* est stratégiquement situé entre l'*Epître dédicatoire* qui incite les femmes à prendre la plume pour écrire et les poésies qui illustrent le talent littéraire féminin de la "Belle Cordière". Le parti pris en faveur du personnage de Folie dans le *Débat* figure sous forme d'allégorie un soutien sans réserve à l'accès des femmes à la parole publique.

[2] Le message de l'*Epître* est que la femme peut se recréer à travers un processus d'écriture propre à elle, qui engendre une nouvelle dimension dans sa vie. Ce travail représente aux yeux de Labé un acquis inaliénable, qui "sera entierement notre: et ne nous pourra estre oté, ne par finesse de larron, ne par force d'ennemis, ne par longueur du tems" (Rigolot 41). Commentant l'appel de Labé aux femmes lyonnaises dans son livre *Renaissance Feminism*, Constance Jordan montre que la "Belle Rebelle" s'adresse à ses compatriotes en tant qu'égales intellectuelles des hommes, et voit la nécessité de se lancer dans un débat féministe pour encourager les femmes à développer ce potentiel (173). Jordan conclut:

> Labé in fact confronts a kind of crisis of a collective female identity. She is asking that women drastically alter their ways of seeing themselves. As a consequence they must be prepared to confront the peril of success as well as the disappointment of failure. To indicate what success might mean, Labé asks women to achieve intellectual "honor" so that men may be forced to return to their own endeavors for the public good.. (175)

[3] L'édition critique d'Enzo Giudici (1981) donne avec érudition de très nombreuses sources latines et italiennes des emprunts que Labé fait à la mythologie. L'édition de François Rigolot (1986) qui sera utilisée ici prolonge et actualise les données de Giudici.

[4] Dans *The Dialogic and Difference*, Anne Herrmann explore la forme du dialogue dans les écrits féminins modernes et post-modernes. Pour elle, le dialogue est le lieu privilégié de la rencontre du même et de

l'autre. S'appuyant sur les écrits de Mikhail Bakhtin tout en y intégrant la dimension féministe, elle développe un concept particulièrement approprié à la structure du texte de Labé. A partir de l'étude des textes de Virginia Woolf qui cherchent à réinsérer les femmes dans l'histoire, Herrmann écrit: "the female subject is posited as structurally different from the male subject. Absent from history, 'she' embodies the possibility of a different subjectivity, based on a recognition of the other not as object but as 'an/other' subject. The dialogic names the discursive relation between two subjects, understood as a dialogue in which the subject constitutes itself without the annihilation or assimilation of the other" (6). Or, dans les dialogues de Platon, Socrate tente toujours d'avoir le point de vue synthétique du sage. Mais dans le *Débat*, Labé refuse cette perspective unifiante qui est celle du personnage Amour, en donnant à Folie le rôle de cet autre sujet qui refuse l'assimilation.

5 Voir à ce sujet l'article convaincant d'Anne Larsen sur Folie comme porte-parole des idées libératrices de Labé sur le droit à l'éducation pour les femmes. Cette revendication s'affirme en même temps que l'amour idéaliste néo-platonicien (ficinien) est rejeté.

6 Quand on fait référence aux textes de Platon à la Renaissance, on doit plutôt parler de néo-platonisme, car ce sont surtout les traductions de l'humanisme italien Marsile Ficin au quinzième siècle qui avaient permis aux écrits de Platon d'être lus et de connaître un grand succès en France à la Renaissance. Or, parce qu'ils étaient autant un commentaire qu'une traduction, les travaux de Ficin étaient teintés de judéo-christianisme. D'après Sears Jayne, qui a établi une édition critique du travail de Ficin sur le *Banquet*, l'humaniste italien, ayant écrit le commentaire sans vraiment songer à sa publication, l'avait intitulé *Sopra lo amore* (De l'amour). Dans cette optique chrétienne, les gloses insistaient sur la bonne volonté et la sincérité du coeur repentant et soumis à Dieu, tandis que dans la philosophie grecque, c'était la supériorité des facultés de l'esprit qui était valorisée. Les textes de la Renaissance portent les traces de cet amalgame, et dans nombre d'entre eux, l'idée grecque de la progression de l'esprit vers la contemplation des idées est altérée dans l'optique chrétienne pour aboutir à une dévalorisation de la sensualité. Or, comme le rappelle Kristéva, dans la philosophie grecque, l'érotisme faisait partie intégrante de l'ascension de l'intellect vers son point ultime, quoiqu'il se

fût agi essentiellement de l'érotisme masculin (77). Dans ce sens, le néo-platonisme ficinien ne fait que reprendre et prolonger les objectifs des divers néo-platonismes médiévaux trouvés chez Plotin et Saint Thomas d'Aquin par exemple. Mais pour les écrivains féminins comme Louise Labé, cette optique dualiste comprenant un échelonnement des divers degrés de progression aboutit à une hégémonie sur plusieurs plans dont elle témoigne dans le *Débat*.

7 C'est Aristophane qui explique le mythe de l'androgyne dans le *Banquet*, préparé par deux discours précédents qui le complètent: celui de Phèdre qui argumentait qu'Amour rendait vertueux car l'amant, désirant l'estime de la personne aimée, ne voulait pas s'abaisser par des actes vils (Robin I: 178c-180b); et celui d'Eryximaque, qui, voyant l'amour comme l'union et l'harmonie des contraires ainsi que comme puissance universelle réglant toutes les sciences, estimait que, appliqué au bien et réglé par la justice et la tempérance, il peut procurer une félicité et une paix parfaites (Robin I: 187b-189d). Aristophane, lui, explique que, coupés par Zeus en deux, les premiers hommes étaient dorénavant condamnés à rechercher leur moitié, sans laquelle ils ne pouvaient être heureux (Robin I: 189e-191c). Etant leurs descendants, continue Aristophane en parlant des Grecs, nous avons toujours le même désir (Robin I: 191d). Labé met délibérément toutes ces idées dans le Discours d'Apolon, pour montrer leur enracinement dans l'idéalisme grec masculin, puis leur reprise par la tradition chrétienne.

8 Robert D. Cottrell dans "The Problematics of Opposition in Louise Labé's *Débat de Folie et d'Amour*," *French Forum* (40, 42); Karine Berriot dans *Louise Labé: La Belle Rebelle et le François nouveau* (173, 200, 350); François Rigolot dans "Quel genre d'amour pour Louise Labé?" *Poétique* (303-17) et dans l'introduction à son édition critique utilisée ici (15).

9 Il me semble que Labé, si elle a donné son soutien général à la nouvelle esthétique prônée par les membres de la Pléiade, a néanmoins compris que l'intégration des auteurs féminins français n'était pas une préocccupation majeure de cette nouvelle élite masculine. Comme l'a montré Karine Berriot, le silence injustifié de Ronsard, Du Bellay, et Magny permirent aux détracteurs des femmes tels que Calvin et aux faux loueurs comme Guillaume Aubert de faire planer autour du nom de Louise Labé une atmosphère de dénigration qui retarda sa renommée littéraire.

OEUVRES CITÉES

Berriot, Karine. *Louise Labé: La Belle Rebelle et le François nouveau.* Paris: Seuil, 1985.

Cottrell, Robert D. "The Problematics of Opposition in Louise Labé's *Débat de Folie et d'Amour.*" *French Forum* 12 (1987): 27-42.

Ficin, Marsile. *Commentaire sur le Banquet de Platon.* Trad. et éd. du manuscrit autographe par Raymond Marcel. Paris: Les Belles Lettres, 1956.

Giudici, Enzo, éd. *Louise Labé: Oeuvres complètes.* Genève: Droz, 1981.

Herrmann, Anne. *The Dialogic and Difference.* New York: Columbia UP, 1989.

Jayne, Sears. *Marsilio Ficino: Commentary on Plato's Symposium on Love.* Dallas: Spring Publications, 1985.

Jordan, Constance. *Renaissance Feminism.* Ithaca: Cornell UP, 1990.

Kristéva, Julia. *Histoires d'amour.* Paris: Denoël, 1983.

Labé, Louise. *Oeuvres complètes.* Edition critique de François Rigolot. Paris: Garnier-Flammarion, 1986.

Larsen, Anne R. "Louise Labé's *Débat de Folie et d'Amour:* Feminism and the Defense of Learning." *TSWL* 2.1 (1983): 43-55.

Platon. *Oeuvres complètes.* 2 vols. Trad. Léon Robin. Paris: Gallimard/Pléiade, 1950.

Rigolot, François, éd. *Louise Labé: Oeuvres complètes.* Paris: Garnier-Flammarion, 1986.

—. "Quel genre d'amour pour Louise Labé?" *Poétique* 55 (sept. 1983): 303-17.

Robin, Léon, trad. *Platon: Oeuvres complètes.* 2 vols. Paris: Gallimard/Pléiade, 1950.

Three Female Figures of Marguerite de Navarre's
Comedie des Innocents

Thomas L. Zamparelli
Loyola University of New Orleans

In his seminal study on the poetry of Marguerite de Navarre, Robert Cottrell warns us from the outset that "The Poems of Marguerite de Navarre . . . are a *terra incognita,* a vast and somewhat forbidding linguistic terrain that has attracted relatively few exegetes and so remains largely uncharted and unmapped" (ix). But we find ourselves covering even more unfamiliar ground when we turn to Marguerite's biblical tetralogy centering on the nativity, a cycle of plays that has been the object of very little critical interest. Even those scholars who do mention these works usually dismiss them as a "curiosité littéraire" (Déjean 196).

I think there are several reasons for this apparent neglect. First and foremost, there has been a general tendency to deny genre specificity to her theatrical works and to consider them merely as long dialogic poems. Even when they are viewed as theater, they are summarily placed in the didactic tradition of medieval miracle and morality plays.

It is my view, however, that these works are often theatrical and that the theatrical experience they provide us is not exclusively a didactic one. It is not a question of deciding whether or not these plays are stageworthy, but rather one of articulating those elements that allow them to function as coherent works. I would say that at least in the case of one of these plays, the *Comedie des Innocents,* depicting the slaughter of the children of Bethlehem by Herod's order, the signifying feature is the contrast between three female figures who project differing visions of maternity and are differentiated by their dramatic, doctrinal and communicative functions. As we shall see, each offers a different "reading" of this biblical reenactment.

Marie, the Holy Child's mother and the most mystical of the three women, appears in the second scene to affirm her role in the drama of redemption, which for her is essentially a drama of knowledge and obedience. Hers is above all a devotional and celebrational role closely associated with the manipulation of symbolic language and the rhetoric of divine praise and meditation. In a long, introspective monologue detached from the here and the now of the nativity story, Marie becomes pure lucidity, awareness and contemplation. In a tone that is an odd mixture of religious rapture and analytic intellectualism, she serves as the ideal respondent to God's scheme of things which he outlines in the opening monologue of the play. Just as God underlines the importance of "seeing" and obeying his will, Marie also very consciously exploits the metaphor of perception and the metaphysical significance of wakefulness and watchfulness: "Quand chacun dort, plus esveillée suis/ Pour contempler le bien que je poursuys,/ Que je possede, et perdre ne pourroye" (128-30). In her prayerful discourse of thanksgiving to God, she also appears as the spiritual catalyst who aspires to make others "see" through the example of her own faith: "Mais en passant ceste mortelle voye,/ Je poursuyvray d'esprit par grand desir/Qu'ainsi que moy par Foy chacun te voye,/ Et qu'en tous soit parfait ton bon plaisir" (131-34). Marie's final words to the once "sleeping" Joseph demonstrate her intense mystical fervor and highlight her symbolic reading of the universe. Most importantly, we note the sharp contrast between her dense parabolic language on the one hand and her desolate "physical" surroundings on the other:

> Ce lieu est desert et sauvage,
> Sans bleds, sans vignes, sans fruitage,
> Mais nous possedons le vray pain,
> Qui nous donne force et courage . . . (201-04)

Thus, interpreting reality in the symbolic terms of Christian eschatology becomes the driving force of Marie's character.

If Marie is pure contemplation and spirituality, the Nourrice of Herod's son, on the other hand, is pure emotionalism. She is the earthly figure of motherhood, completely motivated by instinctive maternal love. She is the only one of the three who takes part in the principal action of the play, the massacre of the children, the only one of the three who participates in the creation of theatrical illusion and dramatic irony.

The scene of the massacre is methodical and symetrical and thus all the more devastating to the implied audience. Three anonymous women first appear on stage to praise, celebrate, or expound on the joys of motherhood as they lovingly behold their offspring. The focus narrows to the Nourrice of Herod's son who similarly, yet in more explicit terms, expresses her unselfish love, based ironically on natural affection rather than on any biological, intellectual or theological ties:

> O belle creature,
> Tu me plais tant, que s'il falloit ma vie
> Mettre en hasard pour te donner pasture,
> Je le ferois, car amour m'y convie. (361-64)

As Herod's three merciless and treacherous Tyrants led by his villainous Capitaine enter to begin the killings one by one, joy turns to horror as the women struggle in vain to save their children. The Nourrice's struggle is the best developed and the most prolonged, as her reaction evolves from one of annoyance to one of sheer terror and disbelief when the Tyrant draws his sword and runs the child through before her eyes:

> Allez, vous n'y avez que mordre,
> Pas n'estes digne de le voir,
> Car je vous fais bien à sçavoir
> Qu'il est filz du roy tres puissant. (436-39)
> ....
> Las! sus luy vous tirez l'espée,
> Sans craindre le roy! quelle audace! (442-43)
> ....
> Venez tost à l'aide à moy lasse;
> Venez cest enfant secourir.
> Las! son corps l'espée oultrepasse. (446-48)
> ....
> Le roy fait son enfant tuer!
> O cruel Pere, o cas nouveau! (450-51)

In short, the Nourrice exhibits the total involvement and pychological complexity of a dramatic character. When she appears in a later scene bearing the dead child in her arms and dares to confront Herod and to demand that he punish his son's murderer, we can share her real sense of shock and outrage when she realizes beyond a doubt that Herod indeed has not only engineered the crime, but also shows no remorse or regret:

> Helas! qu'est cecy?
> Enfant, je t'emporte

135

De dueil demy morte,
Hors des yeux du Roy,
Qui du tout s'accorde
A ceste mort orde! (618-23)

It is the Nourrice, with her total lack of self-awareness, who allows us to become *voyeurs*, thus affording us the quintessential theatrical experience. Indeed, this whole episode of the murder of Herod's son reveals the depth of Herod's villainy and should be cited by Nicole Cazauran as still another "invention de dramaturge" (48) found in Marguerite's biblical dramas.

Finally, in the Old Testament allegorical figure of Rachel, who appears after the massacre, we hear at once the shrill tones of ritualistic lamentation:

Helas, helas, helas, helas!
Qui confortera ce coeur las,
Ce corps affoibly de douleur,
Cest esprit privé de soulas . . . (651-54)

Interestingly enough, as Clive notes in his ediiton (39), by including Rachel in this reenactment of the massacre of the Holy Innocents, Marguerite is citing St. Matthew's commentary on Rachel (2:17-18), which in itself is a direct quotation of Jeremiah (31:15). Thus, following Matthew's practice, Marguerite uses Rachel in the first place to show the continuity between the two Testaments and to reaffirm the fulfillment of divine prophecy. Marguerite, however, takes great pains to develop the archetypal image of Rachel as the inconsolable Universal-Grieving-Mother:

Je pleure par villes et champs,
Je hulle, je plaings et souspire,
Dont le meschant Roy des meschans
A mys mes enfans au martyre.
Je suis Rachel triste et marrye,
Qui pleure en la triste patrie . . . (677-82)

But Rachel has another function as well. In the course of her 241-verse monologue of scene vi, Rachel becomes the vehicle of elaborate poetic antithesis and essentially the medium for the doctrinal message. Most notably, the shift from Rachel the mourning mother to Rachel the Christian exegete is signaled by an abrupt change in versification: the initial octosyllabic verse gives way to pentasyllabic as Rachel loses all individuality in one long "tunnel" of theological-poetic reflections. It is here that Rachel's monologue underlines the irony inherent in this biblical recreation: those who, like Herod, attempt to bring down Christ only succeed in exalting him; those who persecute him and seek his demise only bring him life. Above all, she repeatedly expresses the fundamental life-in-death paradox of Christian salvation:

> Par Christ mort vivront
> Tous ceux qui croiront
> En luy fermement. (747-49)
> ....
> Et par ceste Foy
> L'ame sort de soy
> Pour à luy courir.
> En luy la transforme,
> Et sa vieille forme
> Fait du tout perir.
> La mort luy est gloire
> Quand elle peult croire
> Qu'elle vit mourant. (753-61)

This statement of a paradoxical ethos leads inevitably to praise and justification of martyrdom in general and to the celebration of the "happy" plight of the Holy Innocents:

> Mais ilz sont Esluz
> Pour estre au ciel veuz
> Martyrs du Petit,
> Tesmoing(s) du Vray Oingt,
> Bien qu'ilz n'eussent point
> Crainte ou appetit.
> C'est par pure grace
> Qu'ilz tiennent la place
> Aupres de l'Agneau. (813-21)

Ultimately, then, Rachel becomes the *porte-parole* for the doctrine of redemption through divine grace, which in this case seems quite arbitrary. However, the emphasis here is not on denying the value of

137

pious acts, but rather on portraying the good consequences that flow from Herod's evil acts, thanks to divine grace.

In conclusion, we may say that the main conflict in the play is between spirituality and materialism (Marie vs. Herod), between humility and hubris—"faux cuyder"—(Marie vs. Herod), between love and cruelty (the Nourrice and Rachel vs. Herod), and between lucidity and blindness (Marie and Rachel vs. Herod). Clearly, in each case it is the mystical, the instinctive or the archetypal mother figure of the play who embodies Marguerite's spiritual values and serves as a counterpoint or reverse dramatic foil to Herod and the evil worldliness he represents. Although these women are painted with rather broad brush-strokes, they clearly succeed in revealing the depths of Herod's moral and spiritual depravity.

WORKS CITED

Cazauran, Nicole. "Marguerite de Navarre et son théâtre: dramaturgie traditionnelle et inspiration sacrée." *Nouvelle Revue du Seizième Siècle* 7 (1989): 37-52.

Cottrell, Robert D. *The Grammar of Silence: A Reading of Marguerite de Navarre's Poetry*. Washington, D.C.: The Catholic University of America P, 1986.

Déjean, Jean-Luc. *Marguerite de Navarre*. Paris: Fayard, 1987.

Marguerite de Navarre. *Oeuvres choisies*. Ed. H.P. Clive. Vol. 2. New York: Appleton-Century-Crofts, 1968. 2 vols. 1968.

Untaming the Man–eater:
Regression and Dominance
in Two Texts by Rachilde

Robert Ziegler
Montana Tech

With the recent exhumation of Rachilde from the literary graveyard, the ongoing flurry of scholarly analyses and translations of her works, there is now little need to identify the notorious decadent novelist who, in 1884, was described by Maurice Barrès as Mademoiselle Baudelaire and, in 1985, was characterized by her biographer, Claude Dauphiné, as "Celle par qui le scandale arrive" (29). Still, despite the intensity of this spasm of critical activity, there is hardly any consensus about the meaning of Rachilde's writings. Jean Pierrot has noted the disparity between the staid image of the editor Vallette's wife, "qui reçut dans son salon l'élite de la jeune littérature" (Pierrot 168), and the shock-mongering producer of "obscene" novels containing "the fantasies of a bored but conventional housewife" (Hawthorne 163). More importantly, there is disagreement as to whether Rachilde's works were meant to challenge the existing codes of male–dominated discourse, as Melanie Hawthorne has contended, or whether Rachilde herself subscribed to the "cliche...that held woman to be an elusive animal, unaware of, yet totally involved in, her own unindividuated participation in the beastly cycles of nature" (Dijkstra 340). The issue is further clouded by the 1928 pamphlet *Pourquoi je ne suis pas féministe*, in which Rachilde's provocative misogyny suggests the same pretention to scandal as does her fiction, thereby casting into doubt the sincerity of her reactionary vitriol.

At the heart of the question of Rachilde's literary stance toward her "consoeurs," the status of her writing as apology for, or subversion of, male standards of gender decorum are her frequent allusions to female animality, the assimilation of woman–characters to cats, panthers or other sensual predators. Claude Dauphiné has traced back to Rachilde's childhood what he qualifies as "son amour pour la gent féline" (74), citing in *Le Théâtre des bêtes* the author's mention of her feeling "très peu partie de l'espèce humaine et...beaucoup plus proche de l'espèce animale."[1] The present essay will examine the implications of Rachilde's attribution to women of an atavism which leaves them appearing metaphorically dehumanized in such texts as *L'Animale* (1893) and "La Panthère" (1894). It will argue that, in spite of Rachilde's apparent condescension toward women, whose brain, she says, "est peut–être moins solide que celui de l'homme,"[2] and whose handicaps, she claimed, disqualified them from acting as successful practitioners of literature or politics, they still emerged as superior to their male counterpart. Indeed, Rachilde's works picture the latter as having lost touch even with his instincts, becoming, in the interest of economy of passion, "une mécanique honorable," one who, "dans l'échelle des êtres," was "au–dessous des animaux, entre le minéral diamant et le minéral coquille d'huître!" (*L'Animale* 188–89).

While seeming to collude with those who derided women as "[d]riven...by animal desire and animal instincts" (Dijkstra 290), disposed toward wantonness, polyandry and bestiality, Rachilde in fact shows that in a repressive climate, during "des époques civilisées, des époques caoutchoutées, électrisées, grattées, polies, et mécaniciennes" (*L'Animale* 190), the instinct–domination imputed to women could only be expressed in terms of vengeful aggression against their keepers or else become the instrument of their own guilty self–victimization. Already in *Monsieur Vénus* (1884), Rachilde had explored the consequences of engaging in the game of gender role reversal in an attempt to incriminate a society reducing women to the status of a Jacques Silvert, a bathed and scented epicene ornament who, in death, is supplanted by the deciduous body parts adorning a simulacrum that is activated by his inconsolable lover. Again embracing the male perspective on the sleek, pleasure–giving female animal, Rachilde nonetheless ascribes to women more spontaneity and vitality than to their reserved and fastidious lovers, like Henri Alban, the notary–in–training in *L'Animale*, for whom passion is a hygienic discharge, "les pulsations de l'amour" (188) metered out according to a scrupulously maintained sensual regimen.

In *L'Animale*, the heroine, Laure Lordès, is described as evolving from the vegetal to the animal, moving out of a childhood surrounded and imprinted by the angelica plants cooked in her mother's kitchen–laboratory, ground into spices, brewed into tea, candied, preserved, distilled into liqueurs, and made to act as an aphrodisiac and poison that turned the young girl's veins green. But while initially becoming what she eats—a toxic nymph—Laure eventually outgrows her identity as a venomous plant, ceases corrupting peasant boys, seducing her father's one-eyed apprentice, and endangering the chastity of an impressionable parish priest. As the narrator makes clear, the child's depravation can be laid to the circumstances of her birth, the dispassionate coldness of her aging bourgeois parents' calculating lust, which led to their conceiving this "féminité épouvantable." That, coupled with a religious upbringing suggesting that an appetite for punishment justifies the transgressions which incur it, had led to the development of the amoral animal whom only "love" could cure. Too numerous to list are men's references to Laure as a pet, a prey—"un gibier" (78), "une aimable jument poulinière" (113)—a servo–mechanism designed for the satisfaction of its master's sexual and household needs. Counterbalancing these characterizations are others by the narrator implying that the decorativeness and passivity of the animal bred to be caressed might one day give way to the predator's regression to a more dangerous and volatile state, as domesticated, pretty housecats become "les jeunes fauves dans la cage" (32). It is with the severing of all social, familial, and prospective spousal ties that Laure would accede to a healthy instinctual equilibrium, once rid of the ultimate perversion of commitment and fidelity to a mate. Instead, a displaced, narcissistic maternalism leads her to lavish her unrequited love on the tomcat she finds abandoned near a sewer drain.[3] And once Laure herself is deserted by Henri, forced to pawn her jewels, left hungry and alone in her sumptuous, satin–upholstered loft–cage, she and her cat, Lion, spend hours gazing into the star–scintillating emptiness of each other's eyes, in the hypnotized rapture of brutes before their own reflection.

In the novel, Rachilde clearly intends to challenge the normal oppositional symbolism of sublimation/ascension versus instinct/self–abasement. It is by climbing through a ceiling window, watching the play of cats profiled against the skyline that Laure is first put in touch with her animal impulses, regarding the night firmament as black fur crackling with sparks, the thunder as "le formidable ronron d'une déesse" (12). The skylight itself becomes a figure for female consciousness, as through it at noon shines the banal sun of male reason, while in darkness, an opalescent moonlight filters through, unseen by the sleeping Henri, illumining the insomniac Laure's hallucinatory visions, and flooding the room with the ghastly phosphorescence of green snow (6).[4] It is by rising that Laure regresses, just as it is by descending to prostitute herself in the street, being driven out and down by animal hunger, that she rediscovers her unnatural modesty and middle–class scruples. Still, she hopes that by ignoring and avoiding the heights she associates with moral judgment, symbolic thinking, remorse, and self–awareness, she might partake of the beatitude of nocturnal hunters. In her nightmare, she says: "ma tête ne peut plus se tourner du côté du ciel" (175), her esthetic faculty and capacity for abstraction lost when she comes upon a flower, a coin, and does not know what they are. Newspapers make the predator yawn, and while the human Laure is expected to grieve for a recently deceased mother, the wolf she dreams of becoming would eat her instead. "Les bêtes sont toujours au milieu de la nuit," she muses. "Mais, aussi, quelle tranquillité pour elles qui n'ont ni besoin de pleurer leur mère, ni besoin de pleurer leur faute, et qui ne s'occupent pas de l'heure de la pendule ou des opinions des gens!" (177–78).

As Laure becomes a simple organism, limited to registering heat and cold, hunger for food and love, Lion accedes to a level of human complexity that leads to the symbiosis of pet and caregiver, with the two experiencing "les mêmes ennuis, les mêmes impatiences, les mêmes joies" (268). More than the animalizing of the woman, it is the masculine humanization of the cat that results from a relationship provisorily built, not on the partners' equality, but on their identification. While Henri displays a businesslike detachment and regards Laure as a career liability, offering to share his mistress with his friends, Lion is violent and possessive, demanding the better portions of the meats they share, springing without warning into Laure's face and licking her eyelids. "Plus leur intimité devenait profonde, plus l'animal semblait se hausser à une dignité d'homme et se montrait gourmand de sa chair, impérieux dans ses caresses, surtout volontaire dans ses capricieuses fantaisies" (271).

Having disdained her brutish peers, "les fous, ses esclaves" (190), Laure next turns her attention to a fiance distinguished as a model of financial probity, a man of measured appetite, an advocate of passionate moderation. Yet whereas Henri had been a mechanical postulant in the church of perpetual ease, Lion is a jealous lover that Laure fashions in her own image. Thus, the butchery of Laure by her pet is shown to be the consequence of her own actions, the fearfully subservient and brutalized woman murdered by a creature modeled to

142

reflect her own attitudes. The repulsive virtuosity of the final few graphic pages details the mutilation and killing of Laure by her rabid cat, shows the female animal's complicity in her own victimization.

Tainted by intimations of unnatural sexual practices, the relationship is one between lovers, the lioness having replicated herself as a partner resembling her in name and mannerisms: in regal amorality, inscrutablity and grace. In the course of a single night of streetwalking vagrancy, cafe–cruising for clients, Laure meets a man who falls in love with her and proposes that she accompany him to Africa, "vilain pays brûlant où rugissent tes soeurs, les lionnes!" (296). But the next morning, when she is imprisoned and alone in her apartment, Lion comes in through the skylight, slobbering, jaws working, fur bristling, and jumps onto her chest, planting its claws in her breasts and its teeth in her throat. The ensuing death–struggle shows the two as increasingly assimilated, both howling, Laure submissively going down on all fours, "dans une pose de bête vaincue que son ennemie, la bête la plus forte, terrasse en la mangeant toute vive" (305). Disfigured, her face lacerated, she glimpses herself in a mirror and sees "un félin diabolique, un monstre inconnu" (307), its paws splashed with blood, muzzle torn away, its magnificent brown coat matted against a flattened spine. Locked together, meowing with fury and pain, the beast "et la femme métamorphosée en bête" grope their way up through the window and roll, embracing, along the glass roof until, backlit by the spring sun, glistening with purple, they plunge to the pavement.

The paradoxically empowering and misogynistic message of Rachilde's text seems to be the opposite of the one propounded in *Pourquoi je ne suis pas féministe*, the inflammatory tract of 35 years later: that woman, not disadvantaged by some inherent deficiency, has a "brain" no less "solid than man's," that in relationships, men do not define women as catlike, plantlike, domestic or promiscuous, but that the converse is true. In the novel, Laure's interpersonal identity is consistently self-determined, her image complementing that of the males she manipulates or to whom she self–defeatingly assigns authority and dominance. Corresponding to the spurious and peremptory self–assurance of Henri are the spurious dependence and acquiescent posture of Laure. The mutilated lioness is not forcibly stripped of her initiative, but willingly relinquishes it to the Lion, and while recourse to violence is treated as the natural appanage of the male, it is still disparagingly rationalized away by the alibi of rabies, alienation or

143

disease. The killing of the woman by her sick cat is thus a figural representation of her self–inflicted fragmentation, of the forfeiture of an autonomy mislabelled as irrationality, impulsivenesss, aggression, or rage.

Disposed toward mystification, Rachilde depicts women's recovery of their wholeness in the form of a fable, in "La Panthère," a tale in *Le Démon de l'absurde*, where the female animal, for once, is actually an animal. The majestic black cat prowling the arena, ripping off strips of meat from an elephant's carcass, incited to tear out the throats of Christians, jeered by bloodthirsty onlookers, by the blase emperor in his loge, is indeed defined by others as a creature of unmanning beauty, mistress of the ancient circus, the man–eater. The sexual confrontation between the supple, devouring predator and the phallically underequipped victim—naked, "dérisoirement armé d'un fouet à boule de fer" (162–63)—could again end in carnage, but this time blame is assigned to neither of the combattants, but to the slavering, goading, booing audience whose voyeuristic lusts embarrass even the beast, "désireuse de se révéler bien élevée en présence d'appétits moins naturels que les siens" (162). Often denigrated for literary pandering, for what Dijkstra calls a readiness "to provide cheap thrills to shock the bourgeoisie" (337), Rachilde here impugns the taste of the very readers who consume her books. As women are inculpated for contributing to their own exploitation, so, too, is the public on whom Rachilde depends. Like readers whose esthetic enfeeblement invites their subjection to aggressively sensationalistic fiction, women suffer from abdicating their right of self–authorship to men. Males and writers are the perpetrators, women and readers their compliant victims, whence Rachilde's own strangely ambiguous status. Yet she also seems to show that all share responsibility, so that if bad things happen, it is because people let them.

Like the story of Laure Lordès, "La Panthère" is structured along a vertical axis, between a subterranean cage and a gladiatorial field of slaughter, as the animal raised up from the darkness brings with it a swatch of night. Royalty treading atop a tapestry of purple and gold, the panther crosses the bloody sand, its unself–consciousness, when put into language, becoming the writer's calculatedly pornographic bravura: in the center of the circus, "s'asséyant, d'un mouvement grave et onduleux, toute autre affaire lui paraissant de moindre importance, . . . elle se lécha le sexe" (160). Oblivious to the twisted entertainment demands of those who try to control her, the panther is pelted with silver pieces and stones showered on her by an exasperated patrician audience, and then is starved and tortured for following her instincts. Whereas the dream of Laure Lordès had been set in the darkness of winter, the panther, in its agony, imagines returning to the verdant daylight heat, a lioness filled with autochthonic memories of the African jungle that Laure never reaches alive. Yet both feel the murderous thirst, the longing to drink

"d'une seule aspiration" the life of their "jeunes proies faciles" ("La Panthère" 168), as they would drink from night rivers reflecting their image haloed by the stars. First a plant like those in her angelica diet, then an animal clever like a cat, Laure sublimates her hunger into a desire for love from her tamers and executioners, forgetting that coupling with males, like killing for food, is not prompted by others' expectations, but by the intermittences of appetite. To her lover, after sex, Laure exclaims "Je vous remercie!" (297). To the Christian whom the sated panther has no interest in devouring, it would say "Je suis satisfaite!" (163).

There is a conspicuous symmetry to the conclusion of the two stories: the domestic cat, coddled, personified, assigned dominance, raised in a satin garret, then reverting to wildness and massacring its intimidated mistress, and the untamed cat, systematically maltreated, scorned, fed on incendiary spices and sanious meats, confined to a sunless cell, feigning docility and sleep, and then pouncing on the animal keeper's daughter. The comparison, however, is not between the two women or the two animals, but between Laure and the panther, whose power she had surrendered. In the absence of those who provide the flesh of men or goats, expelled from her pillow–strewn loft, Laure forgets how to survive, cannot hunt or work. "Travailler? Où était l'ouvrage destiné aux panthères, en dehors de leur occupation normale du broiement des hommes!" (L'Animale 274–5). A cat degenerating into the kind of woman Rachilde despised, Laure sacrifices her animality, unsuccessfully projecting it onto a lover who is only a dead machine, and then onto a real animal that capitalizes on her weakness. The "young, easy prey" strangled by the panther is the woman it fears turning into, the white, blonde and fragile beauty who brings the enervating food dish.

Both tales show woman's brain being used in the service of her instincts, keeping claws and hunting skills sharp, causing her to shun what Rachilde would qualify as the emasculated status of the indoor house pet that is watered, fed, and groomed into helplessness. Tormentors may keep alive an atavistic dream of escape or revenge, but protectors only adorn the cage, breed forgetfulness and maladaptation, and must be killed.

Rachilde's retributive imagery of scratching, puncturing women–cats meting out punishments to male oppressors may go back to *La Marquise de Sade* (1887), and to Mary Barbe's pet, Minoute, the topaz–eyed assassin that whispers in her mistress's ear: "Si tu voulais, . . . je t'apprendrais à griffer l'homme, . . . l'homme, le roi du monde!" (30). Yet, despite the ubiquity of such passages, Rachilde's inclination toward the gory, grotesque, and provocative may call into question the seriousness of her program for preventing women's neurotic capitulation to their tamers, for promoting a rehabilitation of the female animal. Not surprisingly, Rachilde herself has been described in the words she so lovingly employed, characterized by Marcel Schwob in the preface to *Le Démon de l'absurde* as "une chatte aux écoutes" (VI), its ears pricked up, scenting death, waiting for the mouse behind the wall. Whether her prey was the "femme rangée," the fatuous male, an audience trapped by its susceptibility to titillated outrage, its hunger for formulaic literary scandal, Rachilde remained a predator to be reckoned with, one who did not eat her catch, but played with it first, with each new creation another thrust of her voluptuous paws.

NOTES

[1] In *Le Théâtre des bêtes*, Paris, 1926, cited by Dauphiné 15.

[2] In *Pourquoi je ne suis pas féministe*, cited by Dauphiné 124.

[3] As Luce Irigaray affirms: "The narcissistic ideal for a woman . . . theoretically is still the man she desired to become" (105).

[4] According to Dijkstra, Rachilde opposes the solar male to the lunar female. "Left in her primal environment without guidance, [woman] reverted to the predatory nature of the animals. Removed from the gestatory influence of the sun, from the civilizing male intellect, she became the moon's tool,...one of those creatures who could only live by night, under the auspices of the moon, in the realm of the senses, the realm of darkness, of sex, of bestial desires, that realm which the turn of the century had declared to be woman's true realm because it was the moon's realm; a barren desert in which the warming, `civilizing' rays of the male sun could no longer guide and protect feeble (and feebleminded) womanhood" (340).

WORKS CITED

Dauphiné, Claude. *Rachilde: femme de lettres 1900*. Périgueux: Pierre Fanlac, 1985.

Dijkstra, Bram. *Idols of Perversity*. New York: Oxford UP, 1986.

Hawthorne, Melanie. "*Monsieur Vénus*: A Critique of Gender Roles." *Nineteenth-Century French Studies* 16.1–2 (Fall-Winter 1987-1988): 162–79.

Irigaray, Luce. *Speculum of the Other Woman*. Trans. Gillian C. Gill. Ithaca: Cornell UP, 1985.

Pierrot, Jean. *L'Imaginaire décadent (1880–1900)*. Paris: Presses universitaires de France, 1977.

Rachilde. *L'Animale*. Paris: Mercure de France, 1893.

—. *Le Démon de l'absurde*. Paris: Mercure de France, 1894.

—. *La Marquise de Sade*. Paris: Mercure de France, 1981.

Schwob, Marcel. Préface. *Le Démon de l'absurde*. By Rachilde. Paris: Mercure de France, 1894.

Le sauvage et le civilisé dans les *Lettres d'une Péruvienne*

Timothy J. Williams
Franciscan University of Steubenville

Lors de sa parution en 1747, les *Lettres d'une Péruvienne* de Françoise de Grafigny eurent un succès immédiat et considérable. Pour en témoigner il suffit de citer les nombreuses éditions du roman, les versions anglaise et italienne (Bray 239), et les "suites" (elles-mêmes très populaires) de différents auteurs, qui parurent dans les quelques dizaines d'années suivantes. Mais le grand succès de cette oeuvre est d'autant plus remarquable qu'il eût peu de durée, après quoi le roman fut pendant longtemps presque entièrement oublié. Certes, pour le lecteur contemporain de ce *best-seller* du dix-huitième siècle (English Showalter 110), le plus grand intérêt du roman était dans l'histoire d'amour. Ceci explique, peut-être, l'oubli dans lequel tomba le roman au passage de "la grande vague du romantisme" (Noël 181).

Plusieurs fois au cours du dix-neuvième et du vingtième siècles, les *Lettres d'une Péruvienne* semblent avoir été ressuscitées, sinon pour le lecteur général, du moins pour certains critiques et sociologues qui y ont trouvé quelque matière à penser. Pour ces spécialistes, le principal intérêt du roman n'est plus dans l'histoire larmoyante d'un amour sans récompense. Ces lecteurs, plus proches de notre temps, ont été frappés par la pensée et l'expression audacieuses de Zilia, la princesse péruvienne dont les lettres à son amant véhiculent une critique parfois écrasante de la société française sous Louis XV. En particulier, on a remarqué que Françoise de Grafigny précède Rousseau dans ses louanges d'un socialisme primitif (Etienne 459).

Pourtant, il paraît que l'on n'a pas prêté beaucoup d'attention aux moyens dont se sert l'auteur pour faire sa critique sociale. Et à cause de cela, on a le plus souvent négligé un aspect fondamental du roman, son côté féministe. Bien entendu, les *Lettres d'une Péruvienne* suivent en gros le modèle des *Lettres Persanes*: un étranger se trouve en France, où il s'étonne de tout ce qui l'entoure. Il se met surtout à critiquer les coutumes "déraisonnables" des Français, comme ne pourrait le faire qu'un "autre" pour qui ces habitudes sont complètement étrangères. Voilà la formule d'un grand nombre de romans et de contes philosophiques du dix-huitième siècle. Mais les *Lettres d'une Péruvienne* montrent quelques différences d'une importance capitale. D'abord, l'oeuvre de Françoise de Grafigny se distingue des autres de ce genre par la façon dont l'auteur présente l'idée d'"altérité." Loin de s'appuyer principalement sur les différences d'apparences physiques, d'habillements, ou de comportement, de Grafigny crée le portrait de l'"autre" en soulignant les différences de langage. En plus, dans les *Lettres d'une Péruvienne*, il ne s'agit pas de l'histoire d'un étranger, mais d'une étrangère, et cette situation permet à l'auteur de lier le contraste "sauvage/civilisé" avec le contraste "féminin/masculin." A cause de cette liaison, il faut toujours se rappeler que toute observation sur le "primitif" portera en même temps une révélation sur la femme. L'éloge des moeurs et de la pensée "primitives," s'effectuant à travers une valorisation systématique du langage "sauvage," ne cache guère ce plaidoyer en faveur de la femme.

Qu'est-ce qui caractérise ce "langage sauvage?" Eh bien, le langage de la sauvageonne Zilia révèle une pensée qui est toujours frappante, sincère, et perspicace. Par contraste, le langage attribué aux personnages "civilisés" est banal (on dirait *primitif*!) et souvent trompeur. Chez Zilia, la parole sert à révéler la pensée, à se dévoiler à la vue d'autrui. Par contre, chez les Européens (gens en possession d'une écriture régularisée) le langage est un outil de plus pour dissimuler la pensée, pour se cacher devant les autres, pour se moquer d'eux, et finalement, pour les dominer.[1] Regardons maintenant quelques détails.

Le roman s'ouvre sur un ton d'urgence, un grand besoin de communication. Zilia est prisonnière des Espagnols (et plus tard, des Français). Elle essaie de faire appel à Aza, dont elle ne connaît pas le sort. En quoi consiste le récit qui nous est parvenu? Le roman se compose de quarante et une lettres de Zilia, dont les trente-six premières sont destinées à Aza, et les cinq dernières à Déterville (le Français qui tombe amoureux de la Péruvienne). Bien que toutes les lettres du recueil soient en français, les dix-sept premières lettres ont été composées d'abord en langue Inca, et traduites en français par Zilia bien après les événements racontés dans le roman (Grafigny 250). Ces premières lettres ont été "écrites" par moyen des cordons de coton qui s'appellent *quipos*. En faisant des noeuds de distance en distance sur les *quipos*, les Incas pouvaient maintenir des comptes, ou même enregistrer quelques traces de grands événements dont ils voulaient se souvenir. Ce curieux système d'"écriture" n'était, donc, qu'un moyen rudimentaire de faciliter les opérations de la mémoire collective de la nation Inca. Zilia nous dit qu'elle a inventé, avec Aza, un emploi unique des *quipos* (260). Dans leurs mains, les *quipos* deviennent porteurs de tous les secrets intimes des amants. Cette exploitation des *quipos* symbolise l'interdépendance qui se trouve dans chaque acte de communication véritable: "Les mêmes noeuds qui t'apprendront mon existence, en changeant de forme entre tes mains, m'instruiront de ton sort" (260). Avant de reprendre la parole, le destinataire d'une telle écriture par *quipos* serait obligé de dénouer les fils de coton qui contiennent le message de l'autre. Impossible de négliger un discours dont on doit dénouer le sens! On peut voir dans l'échange de cette "écriture à deux" une parfaite égalité devant la parole. N'est-il pas significatif que cette action d'écrire par *quipos* ressemble énormément à l'action de tisser, activité traditionnellement pratiquée par les femmes?[2] Ceci ne peut pas être une coïncidence. L'auteur a très bien choisi cette métaphore de l'écriture pour mieux souligner les différences entre les façons dont s'expriment les hommes et les femmes. Cette valorisation du génie sauvage est en même temps une revendication de l'art des femmes-écrivains.

Au commencement du contact entre le sauvage et le civilisé, il semble que les rapports entre les deux soient marqués par une incompréhension mutuelle. Zilia se plaint surtout de l'impossibilité de se faire entendre (269). L'absence de toute communication rend plus vives les douleurs de sa captivité. Mais cette égalité apparente dans l'incompréhension ne dure pas longtemps, et lorsqu'il s'agit d'établir une communication plus efficace entre la captive et les maîtres, c'est la sauvageonne qui apprend la langue française. Elle se montre ici, comme ailleurs, douée d'une plus grande intelligence que les hommes civilisés qui l'entourent. L'esprit "primitif" se révèle plus capable de s'adapter à des conditions changeantes, plus habile dans la compréhension d'autrui. En outre, ce qui marque l'esprit "civilisé" est une indifférence profonde à tout ce qui est "autre," une curiosité qui se borne à l'acquisition des territoires et des richesses. Zilia s'instruit de la vie européenne pendant tout le temps qu'elle est parmi les hommes civilisés. Par contre, les Européens ne s'intéressent qu'à instruire la sauvageonne: de leur langue, leur religion, leurs moeurs, leur "supériorité." L'idée qu'ils pourraient apprendre quelque chose de Zilia ne leur arrive pas une seule fois.

Lorsqu'il reste des obstacles insurmontables pour la communication entre la sauvageonne et les Européens, on ne peut pas douter de sa cause. Ce que Zilia n'arrive pas à exprimer dans la langue française, ce sont des qualités du sauvage qui sont devenues étrangères et incompréhensibles aux civilisés. Zilia trouve qu'il est impossible de raisonner avec les Françaises: "Si je parle de l'honnêteté des moeurs, de l'égalité . . . elles me soupçonnent de parler la langue péruvienne" (343). Par contraste avec cette simplicité et cette franchise, le langage des Français se caractérise par une abondance de paroles superflues et mensongères. Zilia observe que "l'exagération aussitôt désavouée que prononcée, est le fonds inépuisable de la conversation des Français" (331). Dans cette profusion de mots, pure exigence de la convention, la valeur de chaque mot doit être diminuée, sinon totalement détruite. En fait, Zilia constate que le *déplacement* du sens des mots est l'élément omniprésent dans le discours des Français (332). Le "fonds inépuisable" du langage civilisé résulte, donc, d'une dissimulation de ses vraies pensées.

Nous avons vu que l'invention et l'emploi d'une écriture par *quipos* signalent une parfaite égalité des amants péruviens devant la parole. Lorsque Déterville commence à éprouver des sentiments amoureux pour Zilia, on a l'occasion de voir combien le langage sauvage est loin de toutes les manifestations puériles du langage civilisé. Voyons, par exemple, le plaisir que trouve Déterville à faire répéter à Zilia des paroles qu'elle ne comprend pas: "Il commence par me faire prononcer distinctement des mots de sa langue. Dès que j'ai répété après lui, 'oui, je vous aime,' ou bien 'je vous promets d'être à vous,' la joie se répand sur son visage . . ." (278). Voilà le discours dans une société où l'homme ne cherche dans la femme que sa propre image, un reflet linguistique, et non pas la voix indépendante d'une autre personne. Le désir de Déterville de n'entendre qu'un écho dans la voix de Zilia ne changera pas beaucoup quand elle aura maîtrisé la langue française. Jusqu'à la fin de l'histoire, Déterville ne cessera d'essayer de dicter la forme de leur amitié. Il essaie de reproduire dans son amitié avec la sauvageonne une relation qui doit lui paraître normale. Dans son monde, la femme est à l'homme ce que l'enfant (l'*infans*) est à l'adulte: celui qui ne possède pas la parole devant celui qui la possède toute.

A la fin de l'histoire, Zilia s'avise de l'impossibilité de rentrer à son Pérou. Si les *Lettres d'une Péruvienne* suivaient une formule plus "romanesque," on pourrait s'attendre à un mariage entre la Péruvienne et le Français qui l'adore, suivi de l'assimilation totale de celle-là à la société française. Mais Zilia ne laisse sentir aucun espoir d'un tel dénouement. Au contraire, le dernier sentiment qu'elle exprime suggère un retour à la simplicité et au bonheur d'un état primitif: "Le plaisir d'être; ce plaisir oublié, ignoré même de tant d'aveugles humains . . ." (362). L'érudit allemand, Jürgen von Stackelberg, trouve dans ce dénouement la meilleure expression du côté féministe du roman (135). Au lieu de remplacer Aza (l'amant péruvien infidèle) par un adorateur qui l'étoufferait, Zilia résiste aux offres de mariage et opte pour une amitié avec Déterville qui préservera son indépendance et la sincérité de ses sentiments.[3]

Nous avons dit que l'auteur des *Lettres d'une Péruvienne* suit l'exemple de Montesquieu. Pourtant, il faut remarquer que la structure de notre roman est très différente de celle des *Lettres persanes*, et cette différence même ajoute à la critique frappante de la société française. Il s'agit ici d'une "correspondance" en sens unique, parce que les lettres de la sauvageonne Zilia, même si elles ont un prétendu destinataire, restent sans réponse. Ce que nous écoutons n'est pas une conversation épistolaire, mais un monologue qui fait sentir non seulement la futilité d'une expression "sauvage" dans un pays "civilisé," mais aussi l'exclusion d'une parole féminine quand elle se trouve sous une domination masculine.

Il n'est donc pas surprenant que le récit s'arrête, que l'écriture soit abandonnée, au moment où Zilia doit s'intégrer définitivement dans la société française, la société des hommes. On dirait que notre sauvageonne, la narratrice, installée chez des gens civilisés, lettrés, se désespère de trouver un lecteur pour ses écrits, un destinataire compréhensif pour ses paroles. Toutefois, Zilia termine son récit en invitant Déterville à l'accepter comme partenaire égale dans une conversation intime à laquelle nous n'avons pas le privilege d'être témoins.

Il devrait être clair maintenant que la représentation d'une sauvageonne transportée en Europe fonctionne comme métaphore de la femme, et de sa place, dans la société française de l'époque. Le langage de cette sauvageonne est porteur d'expressions intimes et significatives, voire révélatrices. Ce langage contraste avec le langage des civilisés, porteur de formules conventionnelles et stériles. D'un bout à l'autre du roman, le sauvage et le féminin se confondent. L'objectif de l'auteur est très clair. Le lecteur des *Lettres d'une Péruvienne* est invité à écouter un discours dans un langage qui lui paraîtra étrange, même un peu sauvage: un langage à la voix féminine.

NOTES

[1] Il est intéressant de noter que, sur ce point aussi, Françoise de Grafigny montre des idées qui seront avancées plus tard par d'autres personnes. Lévi-Strauss, lui aussi caractérise les hommes possédant une forme d'écriture par une tendance à la domination et à la dissimulation. (Voir Lévi-Strauss, *Tristes Tropiques* 344.)

[2] Pour une excellente étude de cette question fascinante, voir Elaine Showalter, "Piecing and Writing." Voir aussi l'étymologie du mot "texte" (du latin texere--"tisser") dans le dictionnaire, *Le Robert*.

[3] C'est un dénouement qui a dû paraître peu satisfaisant au lecteur contemporain qui s'attendait à une "fin heureuse." Dans la plupart des suites aux *Lettres d'une Péruvienne*--romans qui étaient presque aussi populaires que celui de Françoise de Grafigny--on trouve justement un mariage tardif entre Zilia et Déterville!

OEUVRES CITÉES

Bray, Bernard, et Isabelle Landy-Houillon. Notice. *Lettres d'une Péruvienne*. Par Françoise de Grafigny. Paris: Flammarion, 1983. 239-47.

Etienne, Louis. "Un Roman socialiste d'autrefois." *Revue des Deux Mondes* 15 juillet 1871: 455-59.

Grafigny, Françoise de. *Lettres d'une Péruvienne*. In *Lettres portugaises, Lettres d'une Péruvienne, et autres romans d'amour par lettres*. Paris: Flammarion, 1983.

Lévi-Strauss, Claude. *Tristes Tropiques*. Paris: Plon, 1955.

Montesquieu, Charles de Secondat, Baron de. *Lettres persanes.*Paris: Garnier-Flammarion, 1964.

Noël, Georges. *Une "Primitive" oubliée de l'école des "coeurs sensibles," Madame de Grafigny (1695-1758)*. Paris: Plon, 1913.

Robert, Paul. "Texte." *Dictionnaire alphabétique et analogique de la langue française*. 6 vols. Paris: Société du Nouveau Littré, 1971.

Rousseau, Jean-Jacques. *Discours sur l'origine de l'inégalité*. Paris: Garnier-Flammarion, 1971.

Showalter, Elaine. "Piecing and Writing." *The Poetics of Gender*. Ed. Nancy K. Miller. Gender and Culture. New York: Columbia UP, 1986. 222-47.

Showalter, English, Jr. *An Eighteenth Century Best-Seller: **Les lettres péruviennes***. Ann Arbor: University Microfilms, 1975.

Stackelberg, Jürgen von. "*Die Peruanischen Briefe* und ihre Ergänzung." *Literarische Rezeptionsformen: Übersetzung,Supplement, Parodie*. Frank-furt: Athenäum, 1972.

Le "continent noir" dans *Ourika*, de Claire de Duras[1]

Michèle Bissière
University of North Carolina, Charlotte

L'expression "Le Continent noir," revue par Hélène Cixous dans *La Jeune née*, convient bien pour décrire *Ourika*, roman dans lequel l'auteur explore la psychologie d'une exclue et où elle lie le sort des minorités opprimées et celui des femmes. Le roman est un récit encadré dans lequel Ourika, jeune religieuse noire, raconte sa vie au médecin qui la soigne.[2] Celui-ci, qui est à la fois le narrataire et le narrateur principal du roman, espère la guérir de sa mélancolie en lui faisant évoquer son passé, mais il ne parvient pas à la sauver de la mort. Les critiques qui se sont intéressés à *Ourika* ont présenté la protagoniste comme une colonisée, insistant soit sur l'aspect littéral du roman (le noir comme signifiant de la différence raciale),[3] soit sur son aspect métaphorique (le noir comme symbole de la différence sexuelle).[4] La richesse du roman vient en effet de la façon dont Duras rassemble ces deux types d'aliénation dans le personnage central. Après avoir repris et amplifié certains aspects de la présentation d'Ourika comme colonisée, j'aimerais spécifier la part que joue l'éducation dans son aliénation: si les lecteurs et lectrices modernes voient son exclusion en termes de différence raciale et sexuelle, Ourika était consciente des rapports entre race, éducation et exclusion plutôt que du lien entre féminité et oppression. On peut voir en elle un symbole de l'isolement de la femme de talent dans la société du début du dix-neuvième siècle et de notre époque.

L'étrangeté de la situation d'Ourika est soulignée dès le début du roman lorsque le médecin-narrateur invite le lecteur à le suivre à travers les ruines et tombeaux du couvent et à porter un regard un peu pervers sur une jeune religieuse habillée de noir (le médecin en effet ne cache pas son intérêt pour celle qu'il considère comme "une nouvelle victime des cloîtres"—le lecteur entend par là un cas de répression sexuelle à la manière de la *Religieuse* de Diderot). Mais l'attente du médecin est déçue lorsque la jeune femme se tourne vers lui. Il est frappé par sa couleur ("Je fus étrangement surpris en apercevant une négresse!") et par son éducation ("Mon étonnement s'accrut encore par la politesse de son accueil et le choix des expressions dont elle se servoit" (28)). Ourika

157

se refusa à lui raconter ses malheurs à cette occasion. Ce n'est qu'après plusieurs visites qu' elle accepta de se confier à lui. Comme René de Chateaubriand, elle avoue n'avoir d'autre secret que l'histoire de sa vie, mais elle suggère vite que la découverte de sa différence raciale et, plus tard, de son amour non partagé (et un tant soit peu incestueux) pour le petit–fils de sa mère adoptive, étaient responsables de son mal–être.

C'est la marquise de ... qui joua à deux reprises le rôle de révélateur dans la vie d'Ourika. A l'âge de douze ans, Ourika l'entendit reprocher à madame de B. d' avoir voué sa fille adoptive à un avenir solitaire, au ban à la fois de la société blanche à cause de sa couleur et du monde de ses ancêtres en raison de son éducation trop poussée. Dès cet instant, "Je vis tout," dit Ourika, "je me vis négresse, dépendante, méprisée, sans fortune, sans appui, sans un être de mon espèce à qui unir mon sort" (36). A partir de cette révélation, Ourika agit en colonisée. Les étapes de son aliénation peuvent être décrites à partir des modèles établis par Franz Fanon et Albert Memmi dans leurs études sur la désintégration de l'individu sous un système colonialiste.[5] Ourika se sent immédiatement inférieure et elle perd son sentiment de sécurité. A l'osmose complète qui existait entre elle et madame de B. succèdent des rapports ambivalents, alternant entre admiration et haine: Ourika soupçonne sa mère adoptive de s'être servie d'elle comme un jouet, un objet exotique à exhiber en société.[6] Ourika en arrive bientôt à se haïr elle–même: sa fierté pour ses origines et pour la couleur de sa peau— que Mme de B. avait valorisées en organisant des danses africaines en costume local—fait place à un désir de nier sa couleur: elle se cache sous d'amples vêtements et un chapeau voilé, et parle d'elle–même en adoptant le langage des blancs: "Je n'osois plus me regarder dans une glace; lorsque mes yeux se portoient sur mes mains noires, je croyois voir celles d'un singe ... cette couleur me paroissoit comme le signe de ma réprobation" (38).[7] Ourika, comme les colonisés, est divisée à l'égard de ses origines. Elle souhaite parfois retrouver ses racines africaines. Mais elle se sent aussi étrangère aux siens lorsqu'elle apprend la cruauté avec laquelle les esclaves noirs de Saint–Domingue se sont révoltés contre leurs maîtres. A la suite de la discussion entre madame de B. et la marquise, Ourika ne se définit que par rapport aux autres. Elle éprouve de la culpabilité lorsqu'elle se préoccupe d'elle–même (41). Elle pousse l'oubli de soi jusqu'à accepter les confidences amoureuses de Charles, le petit–fils de madame de B., alors qu'elle est elle–même profondément attachée au jeune homme. Son amour non partagé pour lui la conduit au désespoir et à sa décision de chercher la consolation au couvent.

Comme le souligne O'Connell, cette analyse de l'aliénation du personnage noir dans la société française du temps de la Révolution témoigne d'un sens de l'observation psychologique d'autant plus poussé que rares étaient les personnages de couleur dans le roman de l'époque.[8] La sensibilité de Claire de Duras à ce sujet peut s'expliquer par sa connaissance de la Martinique, terre d'esclavage, où elle vécut avec sa mère émigrée et géra les biens de la famille avant de retourner en France sous l'Empire.[9] Sa présentation de l'exclusion sociale doit certainement aussi à sa propre situation en porte–à–faux pendant l'Emigration: elle passa une partie de cette période dans les cercles de royalistes purs réfugiés à Londres, alors qu'elle–même partageait les idées libérales de son père, député Girondin à la Convention guillotiné sous la Terreur.

Suggérer l'influence possible de l'expérience de Claire de Duras— aristocrate blanche—sur *Ourika*, c'est faire référence au caractère métaphorique du roman. Richard Switzer y voit "a very individual statement of racial problems and a universal statement applicable to all" (316), alors que Chantal Bertrand–Jennings lit dans l'aliénation d'Ourika la situation de la femme dans une société patriarcale: elle est l'Autre de l'homme et doit se conformer pour être acceptée.[10] Ourika, qui considère l'amitié/l'amour comme don total, perd sa propre individualité dans ses rapports avec Charles. Elle en arrive à pouvoir se substituer à lui: "Il savoit bien qu'en me parlant de lui, il me parloit de moi," dit–elle, "et que j'étois plus lui que lui–même" (47–8). Lorsqu'elle se rend compte que Charles ne partage pas sa conception de l'amitié fondée sur l'oubli de soi et l'abnégation et qu'il s'apprête à épouser une autre femme, elle perd son goût à la vie et sombre dans la mélancolie. J'aimerais ajouter à cette lecture en surface du texte quelques commentaires sur les images pour montrer à quel point le désir inassouvi de maternité—plus encore que sa soif d'amour conjugal— conduit Ourika à l'aliénation et à la mort. Le désir de maternité est très fort chez la protagoniste. Elle regrette à maintes reprises de ne pas être esclave et mère: "Je serois la négresse esclave de quelque riche colon ... mais ... j'aurois un compagnon de ma vie, et des enfants de ma couleur qui m'appelleroient: Ma mère!" (58). La femme de Charles, Anaïs de Thémines, fonctionne comme un double d'Ourika. Elle est orpheline comme la protagoniste; Ourika dépérit au fur et à mesure de la grossesse de celle-ci. La maladie d'Ourika est décrite en termes d'enfantement, invisible derrière le masque de bonheur que la jeune fille présente en société: "Je portois dans mon sein le germe de la destruction, lorsque tout étoit encore plein de vie au dehors de moi," dit-elle (54). Lorsque Charles a un fils, elle parle de "l'envie [qui] comme le vautour, se nourrissoit dans [son] sein" (58). Elle rentre peu après dans un établissement religieux dans l'espoir d'y fonder une pseudo-famille. Etant donné qu'Ourika fait difficilement confiance aux autres (pour elle, les confidants sont des "accusateurs"), le lecteur peut mettre en doute sa supposée intégration au couvent. L'insistance avec laquelle elle veut convaincre le médecin de son bonheur présent et le départ brusque de la religieuse qui lui amène le docteur ("Voici le médecin, dit la soeur. Et elle s'éloigna au même moment" 28) suggèrent plutôt qu'Ourika est encore victime de l'ostracisme et qu'elle n'a pas vraiment trouvé de famille. Les métaphores de maladie soulignent la part du désir d'enfant dans la désintégration de la protagoniste et montrent qu'elle a intériorisé la loi de la société selon laquelle il n'est de bonheur pour la femme que dans le mariage et la maternité. Dans ce sens, le roman montre bien la marginalisation de la femme qui ne remplit pas sa destinée naturelle.

La destinée naturelle d'Ourika est compromise par sa couleur mais aussi par son esprit et son éducation. La marquise de ... insiste sur ces deux aspects lorsqu'elle expose l'impasse à laquelle est vouée la protagoniste: "A qui la marierez-vous, avec l'esprit qu'elle a et l'éducation que vous lui avez donnée?" dit-elle à madame de B. "Pour la rendre heureuse, il eût fallu en faire une personne commune" (36). Grâce aux soins de sa mère adoptive, Ourika a reçu davantage que l'éducation traditionnelle des jeunes filles de son temps: elle a appris à développer son jugement et son esprit critique. Avant qu'elle ne sombre dans le désespoir le plus noir, cet esprit critique et sa position marginalisée lui permettent d'analyser et de mettre en question les fondements du monde de sa protectrice, de critiquer le discours des partisans de la Révolution qu'elle côtoie dans les salons, et d'accuser la société de son malheur (49). Sa mélancolie est d'autant plus profonde qu'elle est consciente de l'inutilité de ses talents (59). Le roman est une interrogation sur l'(in)adéquation entre la connaissance et le bonheur pour les femmes. Ourika est une nouvelle Galatée dont l'esprit se forme au contact de l'expérience (la récurrence de mots tels que "voir," "ouvrir les yeux," "lumière," "éclair," est frappante) et qui, posant rétrospectivement la question de savoir si le bonheur résulte de l'intelligence, répond: "Je croirois plutôt le contraire: il faut payer le bienfait de savoir par le désir d'ignorer" (31). On croirait ici entendre Claire de Duras elle–même: elle évoquait parfois dans sa correspondance son regret de trop connaître et de trop comprendre, et voyait dans la religion le seul remède contre son pessimisme.[11] Ces commentaires acquièrent un tour ironique lorsque l'on sait que Claire de Duras avait fondé une école pour jeunes filles pauvres dans le faubourg Saint–Germain et qu'elle participait à certaines de ses activités (*Revue Encyclopédique* 210). Plutôt qu'une remise en cause de l'éducation féminine, le roman souligne les limitations d'une société où l'éducation féminine était très circonscrite et où les femmes "trop" éduquées étaient souvent l'objet de la risée publique.[12] L'histoire d'Ourika a lieu sous la Révolution et sous l'Empire, époque bien connue pour la limitation de l'éducation des femmes et de leurs droits civils.[13] Les interrogations de Claire de Duras au sujet de l'éducation féminine et de son incidence sur le bonheur de la femme étaient partagées par ses contemporaines et s'apparentent fort aux remarques de son amie Mme de Staël sur ce point.[14] La situation en porte–à–faux d'Ourika rappelle en effet la description de la femme supérieure dans *De la littérature*: "Elle promène sa singulière existence, comme les Parias de l'Inde, entre toutes les classes dont elle ne peut être, toutes les classes qui la considèrent comme devant exister par elle seule: objet de la curiosité, peut–être de l'envie, et ne méritant en effet que la pitié" (316).

Dans sa préface à sa traduction d'*Ourika*, John Fowles avoue l'influence subreptice de ce roman du dix–neuvième siècle, découvert jauni chez un libraire de Londres, sur la genèse de son propre livre, *The French Lieutenant's Woman*:

> It came as a shock, months after my typescript had gone to the printers, to pick up *Ourika* one day and to recall that Charles was the name of the principal male figure there also. That set me thinking. And though I could have sworn I had never had the African figure of Ourika herself in mind during the writing of *The French Lieutenant's Woman*, I am now certain in retrospect that she was very active in my unconscious. (Fowles 7)

S'il est vrai, comme il le reconnaît lui–même, qu'il a transformé une donnée primordiale du roman en changeant la couleur du personnage central,[15] il a aussi repris un aspect essentiel du roman en faisant de sa protagoniste une femme dont les talents ne peuvent se réaliser dans une société répressive. Contrairement à l'héroïne de Fowles, Ourika ne peut échapper à la société. Il n'existe pas de bonheur pour elle au sein d'un système patriarcal fondé sur le respect des hiérarchies et de la destinée "naturelle" des femmes. On serait tenté de conclure au pessimisme de l'oeuvre et d'y voir une invitation à la résignation. Mais l'image et le discours d'Ourika continuent à hanter le lecteur et constituent un monument à l'existence de l'oppression.

NOTES

[1] Claire de Duras était l'hôtesse d'un salon influent de la Restauration. Elle est l'auteur de trois romans publiés: *Ourika* (1823), *Edouard* (1825), *Olivier* (publié en 1971), et de divers écrits historiques et philosophiques. Ses romans dépeignent la souffrance morale d'individus qui cherchent désespérément à s'intégrer à une société dont ils sont exclus pour des raisons raciales (Ourika est noire), sexuelles (Olivier est impuissant) ou sociales (Edouard, bourgeois, aime en vain une aristocrate).

[2] Ourika rapporte comment, orpheline, elle fut achetée par un M. le chevalier de B. à l'âge de deux ans alors qu'on l'embarquait sur un négrier au départ du Sénégal. Elle évoque rapidement une jeunesse idyllique auprès de sa protectrice, madame de B., chez qui elle acquit une excellente éducation et cotoya la meilleure société parisienne. La première crise dans la vie d'Ourika survint à l'âge de douze ans lorsqu'elle entendit la marquise de ... accuser madame de B. de la situation en porte–à–faux de sa fille adoptive, trop éduquée pour épouser un homme de sa race, et incapable de s'intégrer à la société blanche à cause de sa couleur. Ourika évoque alors les souffrances qu'occasionna cette découverte, son sentiment d'inadaptation, et les vains espoirs d'intégration qu'elle éprouva lors de la Révolution Française. La deuxième crise dans la vie d'Ourika est narrée vers la fin du roman. Ourika raconte comment la même marquise lui porta un coup mortel en lui révélant la vraie nature des sentiments qui l'unissaient à Charles, le petit–fils de madame de B.: non pas une amitié fraternelle, comme le pensait Ourika, mais une passion illicite étant donné la position sociale et la couleur de Charles (qui vient d'épouser une femme de son rang). A l'issue de cette entrevue, Ourika tomba gravement malade et elle alla chercher le réconfort au couvent.

Le récit de la jeune religieuse s'interrompt alors, et le médecin redevenu narrateur nous annonce brutalement sa mort quelque temps après cette conversation.

3 Voir O'Connell et Switzer.

4 Voir Bertrand–Jennings.

5 Pour un parallèle avec l'analyse de Fanon, voir l'article de O'Connell.

6 Rien ne permet de dire si cette impression d'Ourika est justifiée dans le roman. Les mémoires de la marquise de la Tour du Pin, dans lesquels celle–ci évoque l'histoire vraie sur laquelle est fondée le roman, suggèrent que la Maréchale de Beauvau traitait parfois Ourika, sa fille adoptive, comme un jouet: "Mme la Maréchale amused herself by making me take a small negress, Ourika, on my knee and admiring the contrast between the child's ebony–black skin and my own fairness" (La Tour du Pin 108). Sans aller jusqu'à établir un parallèle entre la madame de B. du roman et la Maréchale de Beauvau (que Mme de la Tour du Pin décrit sérieuse et sèche, à l'opposé de madame de B.), on pourrait cependant penser que Claire de Duras, qui fréquentait le salon de la Maréchale, avait elle–même été frappée par le traitement d'Ourika. Richard Switzer nous fait part de l'inhumanité avec laquelle les Français qui revenaient d'Afrique parlaient des indigènes qu'ils ramenaient comme cadeaux. Le Chevalier de Boufflers mettait Ourika— son cadeau pour Mme de Beauvau—au même rang que des objets ou des animaux: "J'ai perdu un perroquet à tête rouge que je destinais à Elzéar, deux petits singes que je réservais à M. de Poix, la spatule de l'évêque de Laon, cinq ou six perruches... Il me reste une perruche pour la reine, un cheval pour le maréchal de Castries, une petite captive pour M. de Beauvau" (Switzer 310).

7 On retrouve dans ces paroles d'Ourika ce qui constituait une des justifications de l'esclavage au 18e siècle, à savoir que la couleur noire était un signe de réprobation divine.

8 Voir par exemple Léon Hoffmann, *Le nègre romantique*.

9 Le trafic d'esclaves a été aboli en 1815, mais l'esclavage lui–même se prolongea dans les colonies jusqu'en 1848. Lorsqu' *Ourika* fut publié

en 1823, le roman provoqua apparemment quelques remous aux Antilles où, aux dires d'un officier de marine, "Les colons regardent chaque Français récemment arrivé comme un négrophile et le spirituel et généreux auteur d' *Ourika* est accusé à chaque instant ici d'avoir rendu intéressante dans son détestable roman une négresse qui n'avait pas même l'avantage d'être une négresse créole" (Pailhès 463).

[10] "L'idéal des personnages durassiens serait une insertion sociale toute prosaïque, une soumission aux convenances qu'on respecte et non une fuite hors d'un monde qu'on abhorre .... N'est-ce pas le dénominateur commun de toute vie de femme?" (Bertrand-Jennings 41).

[11] "Si on me donnait le choix de tout voir dans ce vilain monde ou de ne rien voir du tout, je n'hésiterais pas," écrit-elle à sa correspondante, "Je trouve qu'on ne se console pas des découvertes qu'on y fait tous les jours" (Pailhès 53). Claire de Duras suivait des cours au Collège de France, étudiait l'astronomie, et suivait de très près l'éducation de ses filles.

[12] Larnac, bien qu'écrivant un siècle plus tard, est tout à fait dans cette tradition lorsqu'il intitule son chapitre consacré aux auteurs femmes du début du 19e siècle "Les Bas-Bleus du Premier Empire" (*Histoire de la littérature féminine en France*). Une lettre de Mme de La Tour du Pin à Claire de Duras suggère que celle-ci se préoccupait de sujets impropres aux femmes, comme la métaphysique. Elle l'encourage à se limiter à des sujets acceptables: "Vous ne devez vous occuper que de rendre votre vie agréable, de faire beaucoup d'exercice physique qui atténue la chaleur de vos facultés morales, ne vous occuper que d'études positives, jamais de romans, jamais de métaphysique surtout: étude toujours dangereuse pour les femmes. Nous ne comprenons rien à ces matières, et ce que nous croyons comprendre ne sert qu'à nous donner de nous-mêmes une opinion bien au-dessus de celle que nous devons avoir. L'histoire, la littérature, et encore, dans ce dernier genre, il faut prendre garde à ne pas lire trop de poètes" (Pailhès 103).

[13] Jean Larnac cite quelques propos sur l'inutilité d'éduquer les femmes dans son *Histoire de la littérature féminine en France*, chapitre VII: "Les Bas-Bleus du Premier Empire."

¹⁴ "Il est possible qu'en développant leur raison [celle des femmes], on les éclaire sur les malheurs souvent attachés à leur destinée" (Staël 311–12).

¹⁵ "I'm afraid it has revealed to me a remnant of colour prejudice, since something in my unconscious cheated on the essential clue. The woman in my mind who would not turn had black clothes, but a white face" (Fowles 8).

OEUVRES CITÉES

Bertrand–Jennings, Chantal. "Condition féminine et impuissance sociale." *Romantisme* 63 (1989): 39–50.

Cixous, Hélène, and Catherine Clément. *The Newly Born Woman.* Minneapolis: U of Minnesota P, 1986.

Crichfield, Grant. *Three Novels of Madame de Duras.* The Hague: Mouton, 1975.

Duras, Claire de. *Ourika.* Paris: des femmes, 1979.

Fanon, Frantz. *Peau noire masques blancs.* Paris: Seuil, 1952.

Fowles, John, trans. *Ourika.* Austin, Texas: W. Thomas Taylor, 1977.

Hoffmann, Léon François. *Le Nègre romantique.* Paris: Payot, 1973.

Jourda, Pierre. *L'Exotisme dans la littérature française depuis Chateaubriand.* Paris: Presses Universitaires de France, 1956.

Larnac, Jean. *Histoire de la littérature féminine en France.* Paris: Kra, 1929.

La Tour du Pin, Marquise de. *Memoirs of Madame de La Tour du Pin.* Trans. Felice Harcourt. New York: The McCall Publishing Co, 1971.

Memmi, Albert. *The Colonizer and the Colonized.* New York: Orion, 1965.

O'Connell, David. "*Ourika*: Black Face, White Mask." *French Review* 47.6 (Spring 1974): 47–56.

Pailhès, Abbé Gabriel. *La Duchesse de Duras et Chateaubriand d'après des documents inédits.* Paris: Perrin, 1910.

Revue Encyclopédique 22 (avril 1824): 210–11 (article "Ourika").

Staël, Mme de. *De la littérature.* Paris: G. Charpentier et Cie, 1887.

Switzer, Richard. "Mme de Staël, Mme de Duras and the Question of Race." *Kentucky Romance Quarterly* 20 (1973): 303-16.

Madame Ancelot dramaturge et romancière

Marie-France Hilgar
University of Nevada, Las Vegas

La part que les femmes ont prise au mouvement intellectuel qui s'est produit depuis le commencement de ce siècle (le dix-neuvième) leur assure une place des plus nobles dans l'histoire de la littérature française. Parmi ces femmes célèbres par leurs écrits, Mme Ancelot mérite une mention spéciale. Elle lui est due autant par le nombre de ses ouvrages que par le constant bon goût qui les a dictés. Certes elle n'est pas au niveau de Mme de Staèl, de George Sand, ni de Mme de Girardin, mais son apport dans le roman et dans la littérature dramatique lui assure l'attention et l'estime de tous les biographes. (Verner 19)

Ainsi s'exprime Paul Verner dans les deux pages qu'il a dédiées à mon auteur.

Marguerite-Virginie Ancelot, née Chardon, à Dijon, le 15 mars 1792, fut peintre, romancière, et auteur dramatique. En 1848 elle réunit ses vingt pièces en quatre volumes qu'elle orna elle-même de dessins d'une grande finesse.[1]

Les pièces de Madame Ancelot furent représentées dans les meilleures salles de théâtre parisiennes, au théâtre français, au Vaudeville, au gymnase-dramatique, et au Variétes, entre les années 1831 et 1847.

Sa première pièce, *Un divorce*, n'est qu'un drame en un acte mêlé de chant, mais dès sa deuxième, jouée un an et demi plus tard, *Reine, Cardinal et Page*, l'auteur utilise une technique dont elle se servira dans plusieurs autres de ses pièces: elle part d'un fait historique connu et lui donne une explication que seule sa fertile imagination pouvait inventer. Ainsi quand Anne d'Autriche donne son agrafe de diamants à Buckingham et que Richelieu s'en empare, c'est le jeune Comte d'Harcourt, page de la reine, qui la sauve en lui apportant une seconde agrafe identique que le bijoutier s'était faite et dont il ne voulait se séparer à aucun prix.

167

De même, dans *Les deux impératrices ou une petite guerre*, un traité de paix, qui doit être signé entre la vertueuse Marie-Thérèse, impératrice d'Autriche, et la machiavélique Catherine II de Russie, est compromis par l'amour que porte à Marie-Thérèse le baron Wladimir de Tieffenbach. Pour avoir osé aimer sa souveraine, le baron sera exilé à la cour de France. Il est recommandé à toute la bienveillance de la marquise de Pompadour et l'on estime qu'il "guérira des grandes passions" (II, 69).

Nous apprenons, grâce à la pièce intitulée *L'Hôtel de Rambouillet*, pourquoi la célèbre marquise décida de tenir chez elle un salon littéraire. Surprise par son mari dans un tête-à-tête plutôt compromettant avec le marquis de Sévigné, elle donne pour excuse la préparation d'une surprise et déclare: "le reste de ma vie sera consacré aux malheureux sans appui, au mérite oublié, au talent méconnu! Chez moi, tous ceux qui cultivent les arts et les lettres à la ville, et tous ceux qui les aiment à la cour ne formeront qu'une seule famille, qu'un seul foyer! . . ." ce à quoi l'incorrigible Tallemant ajoute: "Vous allez avoir bien du monde" (II, 150). Voiture fait déjà partie des habitués de l'hôtel de Rambouillet, et Mademoiselle de Scudéri est représentée comme une pédante qui vit dans le monde de ses romans. C'est la Marquise qui arrange le mariage de Henri de Sévigné avec Marie de Rabutin, et quand la pièce se termine on annonce l'arrivée de M. Corneille, M. Malherbe et M. Bossuet. Ignorance de Virginie Ancelot ou licence "théâtrale"? Quand Malherbe mourut en 1628, Corneille avait douze ans et Bossuet un an seulement, mais c'est l'esprit de la pièce qui compte, et madame Récamier, à qui la pièce est dédiée, n'y regarda peut-être pas de si près. Virginie explique que c'est chez elle, "dans une des charmantes réunions de l'Abbaye-aux-Bois," que lui est venue "l'idée de présenter la femme élégante et gracieuse à qui la société du XVIIᵉ siècle a dû l'éclat dont elle a brillé" (dédicace, s.n.p.).

Madame Roland est un autre exemple des pièces dans lesquelles le dénouement est amené par des considérations sentimentales. Ce drame historique est "mêlé de chant," ce qui est plutôt inattendu d'un ouvrage "qui se passe au milieu des scènes sanglantes de notre révolution de 93" (dédicace, s.n.p.). Monsieur Roland, accaparé par des affaires politiques importantes, ne se montre jamais sur la scène. Son épouse incarne au plus haut degré toutes les vertus théologales et sa canonisation devrait suivre de près sa décapitation. Toutes les héroïnes dramatiques "ancelotiennes" sont de vraies saintes. L'intrigue nous présente une Madame Roland qui cache dans son coeur un tendre sentiment pour Charles Barbaroux, député des Bouches-du-Rhône à la Convention, et régicide. Par un jeu de coincidences mélodramatiques, Louise d'Olonne, jeune fille noble qui a été arrachée de son couvent, vient chercher refuge chez Madame Roland; André de Chénier amène, pour qu'elle soit protégée par la même Madame Roland, la duchesse de Navailles et son père, qui n'est autre que le maréchal d'Olonne, donc le père de Louise aussi. En outre, un marchand de rubans qui vient offrir des quolifichets à Madame Roland n'est autre que . . . le duc de Navailles! Des paroles aigres-douces sont échangées entre la femme du ministre et les nobles, mais quand on vient arrêter Madame Roland, accusée en même temps que son mari de trahison, elle donne le moyen de fuir à la duchesse, et attend. Pourquoi tant d'abnégation? Parce qu'elle a compris que Charles aime, depuis son jeune âge, celle qui est devenue Mme de Navailles, et elle veut se sacrifier pour son être préféré:

> Le ciel m'avait donné une âme pour qui tout était joie, exaltation et tendresse, et il fallut tout comprimer. Alors je crus remplacer ce qui manquait à mon bonheur en m'occupant du bonheur des autres. La passion de la gloire, l'amour de mon pays, le désir du bien, c'était ma vie! . . . Une vie austère et simple avec des sentiments généreux. . . . Elle! . . . la duchesse de Navailles! . . . Voyez-vous, Charles, je l'ai sauvée! . . . parce que vous l'aimez! . . . Et moi!. . . moi je suis restée. . . parce que je veux mourir avec vous! . . . Car je n'ai plus de force pour le malheur des autres, mais j'en aurai toujours pour le mien. (III, 135)

La pièce traîne en longueur. Le premier acte se passe le 3 mai 1789 chez le duc de Navailles, le second le 31 mai 1793 chez madame Roland, et le troisième, le 10 novembre de la même année, dans une prison. Quand elle fut jouée en 1843, Louis-Philippe était roi des Français, mais il est difficile de déceler quelles étaient les idées politiques de madame Ancelot. Sans doute voulait-elle simplement montrer qu'il est des gens vertueux et parmi les nobles et parmi les révolutionnaires.

L'auteur ayant dédicacé sa pièce à une certaine duchesse d'Esclignac loue "toutes les délicatesses de manières et de langage, qui firent de la cour de Louis XIV le centre de tout ce que l'esprit a de plus aimable, et de tout ce que l'élégance peut ajouter au bon goût et à l'esprit" (dédicace, s.n.p.). Virginie rappelle à ses lecteurs que toute l'Europe, y compris celle de Pierre le Grand, s'est donnée la France pour modèle. Ce serait, selon Virginie, la nécessité de flatter, quand une aristocratie oisive se trouve dans des cours paisibles et brillantes, qui aurait créé la dignité, la noblesse, et la grâce de notre langue.

On se demande ce que tout cela a à voir avec Manon Philipon, épouse Roland. On y arrive quand même. Après avoir déclaré: "Je ne sais pas trop si l'austérité et la vertu sont républicaines; mais certainement l'élégance est monarchique," madame Ancelot se plaint qu'en France, "dans les commotions violentes qui eurent lieu à l'époque où se passe mon drame de *Madame Roland*, la plupart des délicatesses de l'esprit et des manières disparurent, fleurs charmantes arrachées par les tempêtes. Il y eut même alors, et nous en voyons encore, des gens prenant la grossièreté comme un symbole des idées indépendantes." Revenant à sa métaphore florale, l'auteur conclut en ces termes: "J'ai donc, madame la duchesse, placé votre noble nom en tête de cet ouvrage, où l'on voit la royauté succomber, comme on placerait sur les débris d'un palais une fleur semblable à celles qui l'ornaient aux plus beaux temps de sa splendeur" (dédicace, s.n.p.).

La pièce de madame Ancelot qui reçut le plus de succès semble être celle qu'elle mit en tête de son premier volume, *Marie ou trois époques*, comédie en trois actes. L'intrigue en est fort simple: Marie et Charles s'aiment, mais pour sauver son père de la faillite—événement déshonorant dans le temps—elle accepte d'épouser un riche capitaliste. Le deuxième acte qui se passe huit ans plus tard lui donne enfin l'occasion de s'expliquer avec Charles. Ayant appris que son mari poursuit leur jeune bonne de ses assiduités, Marie est prête à accepter l'offre de Charles et à partir avec lui. Comme par hasard, l'époux qui ne se doute de rien loue la vertu de sa femme, lui demande pardon de ses torts: "Je vous aime et vous estime . . . quand on s'aime, la femme est sûre de n'être pas malheureuse et le mari de n'être pas ridicule! C'est beaucoup" (I, 74). Marie reste au foyer. Au troisième acte encore huit ans plus tard, Marie, veuve, est enfin prête à épouser Charles. Mais elle se rend bientôt compte que Charles aime maintenant une nouvelle et jeune Marie, en la personne de sa fille, Cécile, et pour ne pas briser le coeur de Cécile elle se sacrifie. Un ami de la famille lui demande: "Eh quoi? . . . toujours des sacrifices! . . . où sera donc la récompense?"

Marie, radieuse, mettant la main sur son coeur, répond: "Là," puis levant les yeux vers le ciel "et là! . . ." (I, 100).

La critique qui n'était pas douce envers les romans de Virginie Ancelot semble avoir plus apprécié son théâtre. L'auteur de l'*Hôtel de Rambouillet* mentionne dans sa préface "la bonté et l'indulgence du public et des journaux." Une bibliographie ancienne qui ne cite que six pièces, celles publiées avant 1839, offre le commentaire suivant:

> Les pièces de Madame Ancelot réunissent au plus haut degré les mérites que l'on rencontre d'ordinaire dans tous les ouvrages dus à des plumes féminines, c'est-à-dire beaucoup de finesse et d'esprit, et l'accueil flatteur que *Marie* et les autres pièces du même auteur ont reçu dans toutes les villes de province où elles ont été représentées prouve bien que le succès de ces charmantes comédies n'était pas dû seulement au talent de Mademoiselle Mars.[2]

C'est dans la Préface de *Marie* en particulier que Madame Ancelot exprime ses idées sur la condition féminine à son époque:

> Un femme s'élève dans la retraite de sa mère; ce qu'elle apprend ensuite par elle-même des choses de la vie se borne à des observations sur les salons où son existence est renfermée; comme si tout le bonheur tenait à l'ignorance du vrai, ceux qui l'aiment cherchent à lui en cacher une grande partie, et souvent pour elle la vérité n'apparaît tout entière qu'avec le malheur. (s.n.p.)

A son avis, les femmes auteurs dramatiques peuvent être supérieures aux auteurs masculins, car il est plus facile à la femme de trouver les nuances de sentiment qui vont à l'âme et, au théâtre, les émotions vraies font plus d'effet que les idées justes. Madame Ancelot remarque encore qu'un nombre infini d'ouvrages de théâtre présentent toutes les situations où l'homme peut se trouver . . . mais qu'il reste beaucoup à dire "sur les modifications que l'éducation et la situation de la femme dans la société apportent à son caractère, à ses idées, et à ses sentiments; et qu'il y a là des secrets de malheur, de joie, de courage, et de vertu qui n'ont. . . point encore été révélés, et qu'il ne serait pas sans intérêt et sans utilité de faire connaître" (s.n.p.).

Ce théâtre en quatre volumes est dédicacé par Madame Ancelot à une femme, à sa fille, Louise Lachaud. "Elle lui offrait," disait-elle, le fruit de dix ans de travail et de l'expérience de toute sa vie. Elle espérait avoir écrit des choses qui peuvent être utiles. Y a-t-elle réussi? La condition féminine a tellement évolué, en l'espace de cent cinquante années, que les mères de famille vertueuses et trop idéales que nous présente Virginie nous paraissent bien surannées; mais on ne peut parler de vieilles pièces sans se reporter au temps où elle furent écrites. L'abîme entre les époques se mesure au goût des spectateurs. Pouvons-nous nous flatter que les productions actuelles de notre théâtre ne paraîtront pas, dans un siècle, aussi démodées?

En ce qui concerne les romans de Virginie Ancelot, j'en ai trouvé onze publiés entre 1840 et 1866, et ne puis jurer que ma liste est complète, car *Emerance* ne figure pas au catalogue de la bibliothèque nationale. La romancière a voulu continuer, a-t-elle dit, sans le secours de la forme dramatique, la galerie des portraits de femmes qu'elle avait esquissée dans ses comédies.

Gabrielle, sa première héroïne, qui donne son nom au roman, ne manque pas d'originalité puisque le soir de ses noces elle se refuse à son mari. Jeune, belle, intelligente, riche, elle est pourvue de toutes les qualités mais aussi, mal-heureusement, d'une mère qui, sortie de la basse bourgeoisie, affiche sa vulgarité. Le duc Yves de Mauléon, étant ruiné, a accepté de se laisser marier à la jeune fille qui, dès qu'elle a rencontré le regard du séduisant jeune homme, s'est mise à l'aimer. Mais le jour même du mariage, elle comprend que son époux fut le héros de deux, au moins, tristes aventures amoureuses qui lui ont été contées; en outre, pendant toute la "fête" qui suit la cérémonie religieuse, elle ne cesse d'épier avec anxiété le visage de son mari et elle n'y voit que dédain profond, mépris, froid glacial. Aussi, quand fort tard dans la nuit il entre dans la chambre nuptiale, Gabrielle lui dit qu'elle mériterait en effet son mépris si elle se livrait à un homme qui n'a pour elle ni amour ni respect.

Pendant quelque temps, les deux jeunes gens vont jouer la comédie d'heureux nouveaux mariés. Yves admire de plus en plus sa jeune femme, mais par une suite de malentendus,—il s'imagine qu'elle aime un cousin avec lequel elle a grandi, elle croit qu'il est retourné à un ancien amour—il en arrive à lui offrir sa liberté. Yves et Gabrielle s'expliquent enfin, s'avouent leur amour, et tout se termine pour le mieux.

Il n'en est pas toujours de même dans les romans de Virginie Ancelot. Emerance, qui elle aussi donne son nom au roman publié en 1842, est une héroïne pleine de douceur, de bonté, de la distinction la plus exquise. L'intrigue dégagée de ses nombreux incidents, est relativement simple. Antonin Desmond est épris et de gloire et de la jeune Emerance qui habite dans le château de Valincourt, situé près de la ville où il poursuit, dans l'obscurité, sa vie laborieuse, en attendant le grand jour de son voyage à Paris. Une affection chaste et pure naît dans le coeur d'Emerance et les deux jeunes gens ne tardent pas à s'avouer le sentiment qui les anime. Des serments échangés au milieu des pompes de la nature consacrent l'union de leurs âmes.

Malheureusement, la vie de bonheur et d'amour que rêvent Emerance et Antonin ne pourra se réaliser que dans un lointain avenir. Elle n'a pas de fortune, lui non plus, et il ne veut pas condamner sa bien-aimée à une vie de privations et de misères. Il faut donc qu'il fasse reconnaître par le monde sa supériorité intellectuelle et qu'il arrive par la gloire à la fortune. Le temps étant venu pour lui d'offrir à la société le tribut de ses efforts et de ses lumières, il part à Paris accompagné de son ami le comte Rodolphe. Justement Emerance va aussi suivre dans la capitale son amie et protectrice Mme de Valincourt. Les deux amoureux mettent tout leur espoir dans leur nouvelle vie, et ainsi s'achève la première partie du roman qui se passe tout entière dans les calmes solitudes du Jura.

La seconde partie forme un contraste complet avec la première. Arrivé à Paris, Antonin est séduit par tout ce qu'il voit; il ne passe qu'une heure par jour auprès d'Emerance, au milieu du bruit d'une causerie de salon. Le reste du temps il est très occupé. Antonin voit des députés et des journalistes. Il lui est permis d'étudier la vie parisienne dans toutes ses nuances, depuis l'hôtel du gentilhomme jusqu'à la mansarde du prolétaire. Ce monde, où s'agitent, dans un immense désordre, tant d'éléments divers, le domine et l'attire. De plus en plus il délaisse sa jeune fiancée.

Bientôt Antonin est forcé de maudire ce monde qu'il avait vu d'abord à travers les nuages dorés de l'ambition. Il publie un livre qui n'a pas de succès, il voit ses modestes moyens s'épuiser tandis qu'enveloppé dans son orgueil il lutte vainement contre l'indifférence de la société. Quant à Emerance, frappée au coeur par la conduite du jeune ambitieux, sa douleur morale se transforme en souffrances physiques. La fièvre la dévore. On espère la guérir en la ramenant au château de Valincourt mais il est trop tard et quand Antonin, désespéré et repentant, arrive au château, c'est pour recueillir le dernier soupir de celle qui l'a si fidèlement aimé. Justement puni, Antonin passera dans la retraite et les larmes le reste d'une vie qui lui pèse.

Parallèlement au roman d'amour un peu trop idyllique, Madame Ancelot a présenté une peinture des moeurs très réaliste avec les personnages de Mme de Savigny, de Rodolphe de Valincourt, de Ravignac, de Jules Durand et du duc d'Ortheiz; avec l'incessante variété des affaires que l'on trouve dans la capitale, les séductions du luxe et des plaisirs, l'activité dévorante transformée en habitude et en besoin. Il y a dans un tel spectacle de quoi surprendre et enivrer le provincial Antonin qui est d'abord séduit par l'aimable conversation de Mme de Savigny, une femme spirituelle laquelle, pour chasser de douloureux souvenirs, s'abandonne avec une joie fiévreuse au tourbillon du monde. Son besoin d'activité, sa coquetterie savante, son amour aveugle des joies du monde composent un caractère d'une parfaite vérité. Dans une scène bien conçue, elle répond, avec un hautain sourire, aux accusations du comte de Valincourt par une rapide confession de sa vie. Cette éloquence de femme irritée a d'heureux élans dans sa verve amère. On ne peut méconnaître la douloureuse vérité des reproches et des plaintes qui alternent dans la bouche de Mme de Savigny, avec les dédaigneuses railleries dont elle accable M. de Valincourt.

Rodolphe de Valincourt est un jeune gentilhomme chez qui de précoces passions n'ont laissé pour trace que le scepticisme et l'ennui. Avec sa pâleur maladive, il n'est pas dépourvu de grâce. Madame Ancelot a personnifié, dans Rodolphe, le mal du siècle, le héros romantique chez qui une railleuse insouciance a succédé au désespoir byronien.

Ravignac est le représentant de la presse vénale et corrompue. En ne jugeant la presse qu'au point de vue moral, Mme Ancelot a beaucoup restreint une donnée féconde. Le duc d'Ortheiz se montre fidèle jusqu'à la mort à ses vieilles sympathies de gentilhomme, tandis que Jules Durand rêve, dans une chambre sans feu, au triomphe de l'opinion républicaine et au salut de l'humanité. Ces personnages apparaissent dans le roman pour compléter le tableau dont Antonin est le centre.

Emerance fut suivi, un an plus tard, par *Médérine*, roman dans lequel Mme Ancelot renverse les rôles, puisqu'elle y représente un homme sérieux, aimant et fidèle, abandonné par sa femme. Médérine est une jeune héritière appartenant à une famille illustre. Elle a une dot de plusieurs millions, l'hôtel paternel de la rue de Varennes, la villa de sa mère dans les Pyrénées, elle est jeune, elle est belle, elle a tout pour être heureuse, mais elle ne l'est pas. Elle craint de n'être très recherchée et partout courtisée que pour sa fortune, et non pour elle-même.

Le marquis de Lanjac appartient aussi à une illustre famille, mais il est ruiné. Une tante de Médérine, Mme de Melville, se charge d'arranger un mariage auquel la jeune fille apporte sa richesse et le jeune homme son amour. Car il aime véritablement sa femme, son regard si doux, ses mains si petites, ses lèvres rosées et le sourire qui les embellit. Agenouillé à ses pieds, il lui promet la plus tendre soumission. Médérine n'est toujours pas heureuse. Elle s'imagine bientôt que son mari feint pour elle une tendresse qu'il n'a pas, qu'il ne l'a jamais aimée, et qu'il ment quand il l'embrasse. La nuit elle ne dort plus, le jour elle est triste, et au bout de quelque temps elle abandonne tout: maison, mari, enfant, château, millions. Elle part à Naples avec Emile Malvan, qui n'est pas d'une illustre famille, mais qui a de beaux chevaux, un groom vêtu d'une livrée orange et bleue, un joli petit appartement de garçon, et vingt-quatre mille livres de rente qui lui permettent de ne pas voyager aux frais de sa maîtresse. Dans les villes par lesquelles les deux amants passent, Emile organise des excursions et de folles parties. Il aime les yeux, la taille, la beauté de Médérine. Est-elle enfin heureuse? Non, elle est sombre, regarde le ciel, les flots, et soupire. Emile et Médérine retournent à Paris, mécontents l'un de l'autre. Tous les deux accoudés à un des coins de leur calèche, ils se boudent et déplorent en eux-mêmes leur folie. Lui regrette le Café de Paris, les bals de l'Opéra, son petit appartement; elle pense à son hôtel et à son domaine, et surtout à sa petite Cécile qui a maintenant deux ans et qui doit bégayer: "Maman!" Médérine va s'enfermer, mélancolique et résignée, dans une de ses terres en province. Quand enfin elle est prête à reprendre les devoirs de la vie conjugale, elle retrouve sa jolie Cécile, mais son mari, qui pendant deux ans avait attendu son retour, s'est laissé mourir lentement. A peine a-t-elle le temps de recevoir son pardon. Après avoir perdu le seul être digne d'elle, Médérine se lave de sa faute en consacrant sa vie entière à son enfant.

Mme Ancelot affirme avoir écrit une oeuvre morale, puisque c'est par les suites de son amour coupable que son héroïne est rendue malheureuse, puisque Dieu lui inflige au dénouement une sévère punition. Son livre, loin d'être funeste et dangereux, estime-t-elle, ne peut être que d'un bon exemple, et les jeunes femmes qui le liront n'abandonneront ni leur mari, ni leur fille.

L'idée de présenter une galerie de portraits de femmes n'avait toujours pas abandonné la romancière en 1863—elle avait donc soixante-et-onze ans— quand elle écrivit *Antonia Vernon ou les jeunes filles pauvres*. La description d'une maison des Champs-Elysées, au deuxième chapitre, lui donne l'occasion de décrire non seulement des Françaises, mais aussi des étrangères, et en particulier des Américaines, qui sortaient souvent seules, et allaient à cheval au bois avec des hommes de leur connaissance, et recevaient chez elle des jeunes gens. "C'étaient les habitudes anglaises avec un peu d'exagération . . . Au reste cette coutume de liberté est sans inconvénients en Angleterre et en Amérique. Elle est même salutaire, car nulle part le mariage n'est plus heureux ni plus respecté. Mais nos Américains étaient à Paris!" (15-16). Quant aux deux soeurs anglaises qui habitent avec leur mère le bel et riche appartement du quatrième étage, "c'étaient de ces vignettes anglaises si habilement et si finement dessinées, que les jeunes femmes y ressemblent à des apparitions qui ont gardé du ciel tout le charme de l'idéal" (40).

Bientôt l'hiver arrive et toutes les jeunes filles riches partent pour des climats plus cléments, et Mme Ancelot peut donner toute son attention à celles qui restent à Paris, aux pauvres: Antonia Vernon, qui ne sait rien de ses parents et donne, pour vivre, des leçons de dessin, et Hélène et Valérie Norbach, dont le père, en essayant à tout prix de faire fortune, va en fait tout perdre, et disparaître. Ce n'est qu'à l'avant-dernière page du roman qu'on apprend qu'il est mort en Australie.

Après avoir présenté les jeunes filles, la romancière introduit les hommes, qui font tous, y compris celui qui deviendra le héros, figure de noceurs. Le comte Gaston de "Mauléard est jeune, grand, pâle" ayant des cheveux noirs, de beaux yeux vifs, une barbe en collier et un certain air aristocratique. A propos de ses amours, Mme Ancelot écrit: "il est

bien entendu que cette partie secrète de sa vie était connue de tous"
(102). Autour du riche comte gravitent le gros Talin, un ancien beau qui
avait le jargon convenu du mauvais sujet et la mémoire des aventures
scandaleuses, le vicomte Jules de Ronand, connaisseur prétentieux en
chevaux et en jolies femmes, trés jeune et en train de manger une
fortune considérable, et le sombre et mélancolique comte de Vaudemont
qui s'acharne à aimer une maîtresse qui le bafoue effrontément.
Cherchant toujours une consolation pour sa vie désolée, il lui vient la
pensée que la modeste Hélène, douce, honnête et simple, pourrait lui
convenir et l'aimer loyalement. Jules de Ronand a des projets sur
Valérie, quant à Gaston de Mauléard, il s'intéresse beaucoup à Antonia.
La romancière a donc trois intrigues à conduire.

Hélène et Vaudemont vont avoir, à la campagne, l'occasion de faire
connaissance, de s'apprécier, de tomber amoureux l'un de l'autre. Un
beau jour il attire à lui la jeune fille dans une étreinte passionnée . . . et
lui annonce que pour hériter de son oncle il va épouser sa cousine:
"Mon mariage est l'affaire de ma vie, notre amour en sera le bonheur . .
." (282). Le coeur gros, les yeux fatigués de larmes, Hélène reprend le
chemin de Paris pour trouver consolation auprès de Valérie et
d'Antonia. Mais elle ne trouve personne dans la mansarde. Malgré
toutes les leçons de morale reçues par Valérie, les tristes exemples
d'anciennes courtisanes vieilles, laides, qui traînent dans les rues, la
jeune fille n'a pu accepter l'idée de vivre toujours dans la pauvreté et
elle s'est laissée séduire par Jules de Ronand. Quant à Antonia, à bout
de forces et sans argent, car elle a passé son temps à soigner la tante
maintenant défunte de ses deux amies, elle est en proie à une fièvre
cérébrale qui lui enlève toute connaissance. Comme elle allait être
transportée dans un hôpital, Gaston arrive et l'emmène dans l'hôtel
particulier de sa grand-mère où, avec un dévouement inlassable, il fait
l'office de garde-malade. Antonia guérit et Gaston lui demande aussitôt
de l'épouser. Il vient de découvrir qu'Antonia est sa cousine, donc il ne
se déclasse pas.

Ecrivant ses romans pendant deux courants littéraires, ceux du
romantisme et du réalisme, Virginie Ancelot a choisi, consciemment ou
non, de placer des personnages romantiques dans des milieux réalistes.
Comme elle est femme, elle s'est penchée surtout sur les problèmes de
la condition féminine qu'elle a perçus avec grande acuité. La jeune fille
de bonne famille qui n'a pas de dot n'a aucune chance de trouver un
mari. Celle qui arrive à Paris pour y gagner sa vie, qui n'a ni parents, ni

protection, dont les efforts se brisent devant l'impossibilité de se créer des ressources suffisantes, que la nature et l'éducation ont fait honnête au départ, n'a plus à choisir qu'entre le vice qui la dégrade ou la misère qui la tue. Les hommes ne veulent que séduire aisément, mépriser ensuite, et abandonner après. Même Gaston de Mauléard, respectueux à son insu de la sainte pureté d'Antonia, se proposait pendant longtemps un but qui n'était pas vertueux.

Bien que l'auteur d'*Antonia* recommande la vertu à ses héroïnes, elle ne lance pas automatiquement la pierre à celles qui n'ont pas pu résister à l'attrait d'une vie facile. C'est l'homme qui doit être blâmé. Jeanne, qui était la maîtresse de Mauléard quand il a rencontré Antonia, rit quand on lui parle de "gravité" dans une salle de tribunal: "Plus les hommes sont sérieux, plus ils me semblent comiques à moi, qui vois les plus importants venir chercher les plaisirs qu'ils défendent ou qu'ils punissent" (302). Quand elle sort de la salle, elle est "suivie par les regards et les désirs de quelques hommes qui avaient paru fort indignés de ses propos" (304).

C'est pourtant sans amertume que Virginie reconnaît la suprématie masculine, quand elle écrit en 1866, dans *Un salon de Paris*, qu'elle ne fut jamais éblouie par ses succès dramatiques: "je savais que pour une femme celà ne mène à rien . . . Tous les avantages de ce monde sont à la disposition des hommes d'esprit, mais à eux seuls, et les femmes ne peuvent donc pas mettre une grande importance à ce qu'elles font, heureuses quand ce qu'elles ont écrit n'a pu éveiller que de bons sentiments et de bienfaisantes pensées dans l'esprit de leurs lecteurs. . ." (*Un salon* 136).

Dans le roman comme au théâtre, Mme Ancelot a souvent cherché à se frayer des voies nouvelles, sans toutefois perdre de vue les chemins connus et tracés par son bon sens, prête à y revenir aussitôt qu'elle a craint de se laisser égarer par son imagination. Douée d'un esprit facile et ingénieux, elle a su faire accepter et aimer ses caractères de femmes les plus originaux et les plus délicats, les créations les plus idéales et les plus poétiques, en les expliquant par des situations et des détails pris tant dans le monde réel de sa société que dans les mondes conventionnels du roman et du théâtre.

En 1888 Alphonse Daudet se souvenait encore d'elle et disait qu'elle fut la dernière à tenir un salon littéraire. Tous ceux, dit-il, qui occupaient une place éminente dans les lettres s'y rencontraient avec les réputations naissantes (Daudet 90-97).

Il m'a fallu souffler sur cent années de poussière pour vous présenter Virginie Ancelot: j'espère que vous l'avez trouvée digne de figurer sur ma galerie de femmes-auteurs oubliées.

NOTES

[1] *Théâtre complet de Madame Ancelot*. Paris, Beck, 1848.

[2] Quérard, Louandre, Bourquelot. *La littérature française contemporaine*. I. Paris, G. P. Maisonneuve et Larose, (rpt. 1965), p. 43.

BIBLIOGRAPHIE

Ancelot, Virginie. *Un salon de Paris, 1824 à 1864*. Paris: E. Dentu, 1866.

—. *Théâtre complet de Madame Ancelot*. Paris: Beck, 1848.

Daudet, Alphonse. *Trente ans de Paris*. Paris: C. Marpon et E. Flammarion, 1888.

Quérard, Louandre. Bourquelot. *La littérature française contemporaine*. Paris. G.P. Maisonneuve et Larose. Rpt. 1965.

Verner, Paul. "Madame Ancelot." *Galerie de la Presse de la littérature et des beaux-arts*. Paris: Bureau de la Publication, 1859.

Romans de Virginie Ancelot

1. *Gabrielle.* Paris: Gosselin, nouvelle edition, 1840.
2. *Emerance.* Bruxelles: Meline & Cans, 1842.
3. *Médérine.* Paris: Berquet et Petin, 1843.
4. *La nièce du banquier.* Paris: Boisgard, 1853.
5. *Renée de Varville.* Paris: Roux & Cassonet, 1853.
6. *Georgine.* Paris: Cadot, 1856.
7. *Une famille parisienne.* Paris: Cadot, 1857.
8. *Une route sans issue.* Paris: Cadot, 1857.
9. *Un noeud de ruban.* Paris: Cadot, 1858.
10. *Une faute irréparable.* Paris: Cadot, 1860.
11. *Antonia Vernon.* Paris: Hachette, 1863.
12. *Les deux soeurs.* Paris: 2e série de Georgine, 1866.

Théâtre de Madame Ancelot

Tome I:

Marie ou trois époques	Théâtre français	11 octobre 1846
Isabelle ou deux jours d'expérience	"	15 mars 1838
Clémence ou la fille de l'avocat	Théâtre du gymnas	26 nov 1839
le Château de ma nièce	Théâtre francais	8 août 1837
Un Mariage raisonnable	"	4 nov 1835

Tome II:

Les Deux impératrices ou une petite guerre	?	?
L'Hôtel de Rambouillet	Théâtre du Vaudeville	19 nov. 1842
Hermance ou un an trop tard	Théâtre du Vaudeville	15 avril 1843
Marguerite	"	3 octobre 1840

Tome III:

Georges ou le même homme	Théâtre du gymnase-Dramatique	7 mai 1840
Madame Roland	Théâtre du Vaudeville	28 octobre 1843
Pierre le millionnaire	"	2 mars 1844
Deux jours ou la nouvelle mariée	"	28 nov 1831

Loïsa	"	17 juin 1843

Tome IV:

Reine, Cardinal et Page	"	5 déc. 1839
Un Jour de Liberté	"	25 nov. 1844
Une Année à Paris	Théâtre français	21 janvier 1847
Le Père Marcel	Théâtre des Variétés	19 janvier 1841
Juana	Théâtre du Vaudeville	4 juillet 1838
Un Divorce	"	28 juin 1831

Femmes à la mer:
Les romans de Marie-Thérèse Humbert

Danielle Chavy Cooper
Monterey Institute of International Studies

Des trois romans de Marie-Thérèse Humbert publiés cette dernière décennie (1979-1989),[1] le premier se passe dans l'île natale de l'auteur, à Maurice, et les deux autres, formant ensemble une gigantesque "saga" poétique, ont pour cadre une île fictive, inventée de toutes pièces, qui se trouverait au N.E. de la mer des Sargasses, un T.O.M. de l'Atlantique, le Ligoualan, dont l'auteur a tracé une carte détaillée. Les romans humbertiens se déroulent donc dans deux mondes bien différents, mais ils ont en commun le mystère des êtres, la force des passions, le besoin incommensurable d'amour des personnages insatisfaits et tourmentés, enfermés dans l'incommunicabilité, en quête d'eux-mêmes. L'auteur a choisi de dévoiler ces drames intérieurs par la voix d'un narrateur ou d'une narratrice, le "je" d'un personnage privilégié au coeur du drame caché, qu'il en soit agent ou victime. Anne pour *À l'autre bout de moi*, Christophe pour *Le Volkameria*, Ilse pour *Une robe d'écume et de vent*. L'emploi d'une narratrice dans deux de ces romans permet à l'auteur, constamment "à l'écoute" avec toute sa sensibilité, d'analyser intimement la condition féminine chez son personnage, par l'introspective, avec des retours en arrière répétés, qui se complètent et s'éclaircissent petit à petit, dans un intense effort de mémoire et de reconstruction d'un passé qui conditionne le présent. Le monde où se meuvent ces personnages est un monde resserré sur lui-même, un monde clos qui enferme ses habitants, exacerbe leurs passions, dans un bouillonnement intérieur que dissimule le calme apparent.

A Maurice, à Quatre-Bornes, où vit la famille d'Anne dans une maison calme, aux cloisons de bois pourri, tout est borné. C'est un domaine étroitement circonscrit, avec des frontières tacites infranchissables. L'enfermement provient des barrières raciales et sociales. La petite bonne hindoue, Sassita, ne conteste pas ces barrières qui donnent "un semblant d'ordre à l'absurdité des choses, . . . le monde lui apparaissait comme un jardin où chaque espèce devait être renfermée en des plates-bandes bien circonscrites," et cela pour sa propre sécurité (324). Mais les jumelles Anne et Nadège, d'une famille créole de "presque blancs," souffrent de ces limites qui les enferment. Elles y étouffent et se rebellent.

Au Ligoualan, pour ainsi dire au-delà de l'espace et au-delà du temps, la famille d'Erwin Lönnrot habite une demeure étrange, isolée en pleine nature, le Volkameria. Toute la lumière vient des tabatières dans les toits, les fenêtres étant obstruées par la végétation. Erwin est un grand malade, on ne parle autour de lui qu'à mi-voix; le "pesant silence" de la maison n'est rompu que par les flots de musique provenant de l'électrophone de "la chambre blanche," autour de laquelle s'organise la vie de la maison. Les enfants ne connaissent la vie de famille que lorsqu'ils sont envoyés à Saint-Eustache, chez l'oncle Max et la tante Lucile, lorsque l'état du malade s'aggrave, si souvent que la vie semble à Christophe un perpétuel "déménagement." Mais Ilse, l'aînée, demeure au Volkameria pour aider Maryse à soigner "l'Homme" dans "la chambre blanche." Une atmosphère, donc, qui ne peut que contribuer à rendre Ilse de plus en plus "taciturne et lointaine," séparée des autres enfants.

> Ainsi, à des années-lumière du monde corruptible où les choses vivent et meurent, le Volkameria poursuivait seul sa traversée sur son océan à lui, un océan étrange où l'existence des passagers du navire tournait exclusivement autour des nouvelles d'Erwin Lönnrot, caché à la proue. (*Volkameria* 70)

Les personnages sont embarqués dans un bateau-fantôme qui les emprisonne et les envoûte.

Les images marines, si naturelles à qui vit dans une île ou vient d'une île, abondent dans les romans humbertiens. Les bruits de la ville s'en adoucissent ou en deviennent plus menaçants. Pour Anne, à Maurice, les bruits de Quatre-Bornes semblent "aussi vagues que les chuchotements d'une conque marine, bruits murmures, bruits fantômes..." (*À l'autre bout* 16). Quand elle se trouve transplantée à Paris après son mariage, elle s'y sent étrangère, désemparée. Le vent qui s'engouffre dans l'avenue est "un long hurlement," "on croirait un son de sirène, l'adieu d'un navire en partance" :

> D'ailleurs, éteints dans les canaux sombres des rues, tous ces immeubles aux murs noircis ont l'air de vaisseaux égarés. Avec leur charge d'hommes endormis, ils voguent vers ce qui

est sans doute la réalité de chacun, derrière le masque qu'impose la clarté du jour. (13)

Anne et son mari se raccrochent l'un à l'autre "comme des naufragés" (11). L'image des "vaisseaux égarés" dans la nuit dans *À l'autre bout de moi* est assez semblable à celle du Volkameria poursuivant "seul sa traversée sur son océan à lui" cité plus haut. La mer évoque à la fois le voyage éternel de l'humanité et la solitude de chacun. Marie-Thérèse Humbert parle "en images," et particulièrement en images marines, comme le poète mauricien Edouard Maunick, qu'elle cite en épigraphe à son premier roman, avec les vers: "Je suis de la mer/ j'ai longtemps prié sur le perron des vagues hautes " (7).

Même Saché, en Touraine, pour l'auteur qui y va à la recherche de Balzac, suscite au premier abord des images marines: "un matin timide, si timide, si tendre, qu'il vous semble que la mer de l'aube, d'infiniment loin au-delà des terres s'est avancée jusqu'ici, que cette palpitation en vous, c'est une palpitation de vagues. La lumière vibre à peine, fraîche comme une eau" (*Balzac* 15). Et en rétrospective, "les crépuscules précaires" de son île natale lui semblent "[flotter] rapidement vers la nuit comme une barque qui se hâte" (*B* 30).

Le fait que certains des personnages essentiels viennent "d'ailleurs," et ne s'intègrent jamais totalement dans le monde qui les entoure, renforce leur repli sur eux-mêmes, sur leurs phantasmes, leurs souvenirs et leurs rêveries. Tel est le cas de l'architecte finnois Erwin Lönnrot, le grand malade de "la chambre blanche". Tel est le cas de celle qui l'a aimé et trahi, Helga Rainer, la mère d'Ilse, l'actrice berlinoise qui continue jusqu'à la folie à jouer, pour elle et pour les autres, la grande amoureuse, dans l'attente illusoire de l'homme qu'elle aime, des années durant, recluse sur sa véranda dans une maison isolée, n'ayant plus pied dans la vie réelle. Tel est le cas d'Ilse, victime d'amnésie à un très jeune âge, adoptée par Erwin et Maryse, mais traitée de "coucou dans un nid de chardonnerets" par la tante Lucille (*Volkameria* 293; *Une robe* 49 et passim), se sentant tellement à part des autres enfants malgré le traitement préférentiel qu'elle reçoit si ostensiblement de Maryse; Ilse, si semblable à sa mère naturelle, Helga, "l'Autre," pour qui, dans des circonstances dramatiques, elle renie et abandonne le Volkameria, "l'Autre" qu'elle enfermera dans sa folie, et finira par abandonner à son tour, partant à la dérive à Paris, Venise et Hanoï, où la mort la délivre.

"L'ailleurs" dans *À l'autre bout de moi* est, pour reprendre l'expression d'Edouard Maunick, "le pays de la peau plurielle," "où la race devient monnaie de plomb." Dans ce roman, qui valut à l'auteur le grand prix littéraire des Lectrices d'*Elle* en 1980, la narratrice, Anne Morin, et sa famille appartiennent "au groupe des 'gens de couleur', c'est-à-dire des sang-mêlé; mais, attention, pas n'importe lesquels: les 'gens de couleur' mauriciens, eux, sont des presque-blancs-mais-pas-tout-à-fait, en quelque sorte des apatrides de la race" (*À l'autre bout* 21).

Les individus se sentent ou se veulent revendiqués par telle ou telle appartenance. Anne cherche à se blanchir, par le mariage, et par sa façon de vivre, comme sa mère, alors que sa jumelle, Nadège, à l'autre bout d'elle, ne se sent heureuse et libre qu'en compagnie de ses voisins du quartier hindou (31) ou de la petite bonne Sassita, et finit, au grand scandale de sa soeur, par tomber amoureuse d'un jeune Hindou et attendre de lui un enfant. Pour Anne, outre les barrières raciales et les préjugés hérités de Madame Morin, ce qui est impardonnable, c'est que sa soeur ait pu si totalement se passer d'elle, et avoir cette liaison à son insu. Elle lui reproche d'avoir "tout gâché, tout enlevé, les joies de l'enfance, l'amour du Père, la quiétude" (*À l'autre bout* 383). Car le véritable problème est la gémellité. Anne et Nadège sont à la fois trop semblables et trop dissemblables. Anne ne semble souvent, à elle-même et à autrui, qu'un pâle reflet de Nadège, qui est douée d'"une sorte de rayonnement particulier" (33), y compris aux yeux de la mère (36) et du père. Tout en adorant cette soeur, "douce, violente et perverse sirène" (107) comme elle aurait rêvé d'être, Anne souffre de l'effacement où elle se trouve. "*Je* n'existons qu'en tant que couple" (68). Elle va jusqu'à se réjouir de tomber malade, parce que, confesse-t-elle, "malade, j'avais droit à un traitement distinct, je sortais de ma condition de jumelle, j'accédais à l'identité" (137). Besoin double de tout être, besoin d'identité et besoin d'amour, c'est ce que Marie-Thérèse Humbert met fortement en lumière à travers les personnages de ses romans, et en particulier à travers l'introspection des deux narratrices-personnages-clés, Anne et Ilse. Tous les romans humbertiens en témoignent.

La jeune Ilse, amnésique après un accident à l'âge de six ans, se prend d'un amour fervent, ébloui, pour ceux qu'elle croit ses parents: "Comme je vous aime! Comme je suis heureuse!" écrit l'enfant dans son journal, en "une espèce de chant de bonheur et de désir" (*Volkameria* 239). Mais quand elle se rend compte que malgré tous les "ma fille" que lui adresse

Maryse, seul Erwin compte vraiment pour Maryse, et qu'elle n'est là que pour que Maryse, si maternelle, puisse se faire valoir aux yeux d'Erwin, par comparaison avec "l'Autre," qui l'a abandonnée et a été la cause indirecte de l'accident, Ilse adolescente en souffre terriblement, dans sa "solitude saignante" (*Une robe* 32). "Il me semblait qu'on m'effaçait," pense Ilse. "Il n'y avait personne nulle part, à ma place rien, ni ici, ni là-bas. Je n'existe pas, je n'ai jamais existé pour de vrai" (*Une robe* 170).

La revendication d'identité est exacerbée par l'indifférence ou le refus de l'être aimé. Car derrière cette soif d'exister, d'*émerger*—pour reprendre un terme employé par Anne ("émerger de nouveau," *À l'autre bout* 275)— il y a un immense besoin d'amour. Ilse peut comprendre qu'Helga, si souvent "partie si loin dans son fauteuil à bascule," ait une telle "faim d'un regard qui se dérobe, d'une attention qu'il faut capter" (*Une robe* 169, 330). Car Ilse le sait d'expérience: "moi, je ne pourrais vivre que dans l'amour, agir que par amour" (*Une robe* 57). Elle comprend donc que toute la vie de sa mère, "la comédienne folle" qu'elle a cruellement entretenue dans sa folie, n'est qu'un "grand chant d'impossible amour" (477). Helga a avoué à Ilse: "oui, toute ma vie j'ai rêvé de quelqu'un qui m'aimerait jusqu'à l'impossible, quelqu'un qui resterait auprès de moi quoi que je fasse" (544). Comme sa mère, Ilse doit l'échec de sa vie à ce "besoin fébrile" qu'elle découvre en elle, "comme l'Autre, de savoir jusqu'à quel point l'on se soucie de toi. Creuser les choses, creuser les êtres obstinément, jusqu'au lieu inévitable où tu sais qu'ils refuseront de te suivre" (*Une robe* 537).

Une telle exigence ne peut être que destructive, et cette soif d'amour absolu impossible à apaiser. "Tout finit par mourir, et quand on s'éveille, les gens sont morts" (*Une robe* 393), c'est la plainte d'Ilse au terme du roman. Avant elle, Christophe, le narrateur du premier volet, *Le Volkameria,* s'était bien rendu compte du "caractère transitoire des gens et des choses" (*V* 393). Peut-être est-ce là le thème fondamental des trois romans, une méditation sur l'impossibilité du bonheur pour des âmes éprises d'absolu ou d'idéal. C'est la cruelle révélation qui vient à Christophe lors de la scène dramatique de l'apparition imprévue d'Helga à la réception donnée par Maryse et Erwin en célébration de leur anniversaire de mariage:

> L'inutilité de la passion, le caractère atrocement répétititf de
> tous les gestes, de tous les serments d'amour, leur aspect
> dérisoire, m'apparurent avec une telle force, qu'il me sembla

qu'un personnage invisible me tendait en ricanant un miroir où mon reflet se diluait, se confondait de façon inéluctable avec une multitude d'autres reflets: avant moi, après moi, d'autres Christophe et d'autres Ilse n'avaient-ils pas joué, ne joueraient-ils pas encore, jusqu'à la fin des temps, cette comédie où Helga Rainer, venant enfin rejoindre l'Homme, passe devant lui sans le reconnaître? (*V* 376)

L'amour sincère de Christophe pour Ilse est sans issue, trop pareil à celui de Marc pour Helga: "ils étaient destinés à continuer une pièce commencée sans eux il y avait des années de cela . . . ce qu'ils pourraient faire ne se trouvait qu'à moitié entre leurs mains" (*V* 411).

Un tragique malentendu, qu'Helga, dans la langue maternelle, appelle "Misgriff," sépare comme une malédiction les êtres qui pourraient s'aimer, et qui ne font que se blesser ou se détruire mutuellement. Soif ardente d'amour, soif de l'absolu, de l'éternel, de l'impossible, écart entre apparences et réalité, tourments secrets, attentes déçues, tel est le monde humbertien. Il s'y débat des personnages souvent "pourris d'orgueil" sans doute, mais tristement humains, empreints parfois dans leur démesure, d'une grandeur toute shakespearienne (*Le Volkameria* et *Une robe d'écume et de vent* ne sont-ils pas tous deux, en vertu des épigraphes, sous le signe de *King Lear*?). Héroïne tragique que cette Helga, qui prolonge dans la vie son rôle de théâtre, en robe de théâtre, assurément un "monstre sacré." Femmes à la mer, toutes ces héroïnes humbertiennes, qui se débattent, cherchant sans cesse à s'affirmer, à "emerger," mais qui sentent bien qu'elles se noient. Qu'il s'agisse d'Anne ou de Nadège dans *À l'autre bout de moi* (ou même de leur mère, "notre Mère-Silence, notre Mère-Ténèbres, notre mer de silence... ," "toutes trois également isolées, également blessées" (40), ou qu'il s'agisse d'Helga ou d'Ilse (et même de Maryse, de Lucille, et de Nounou Louise) dans *Le Volkameria* et dans *Une robe d'écume et de vent*, cette image de femmes à la mer se trouve suggérée par l'auteur elle-même. L'image est là, dans la vision qu'Anne a de la banlieue parisienne où elle se sent tellement étrangère (Prologue 11-14), dans les rêves où elle "vogue, abandonnée" (66), "l'espace, là, si près de vous qu'il vous a déjà emporté," "l'autre moi crie arrête, hurle, bat du coeur, des pieds, des bras" (67). La souffrance emmène Anne "loin, très loin, là où règne un continuel ressac" (305). C'est le Volkameria tout entier, avec tous ses passagers, qui vogue seul sur "un océan étrange" (*V* 70). Ilse se sent "une eau, une rivière agitée de courants" (*Une robe* 285). Elle se dit, avec angoisse: "tu flottais dans le vide, encore une fois toutes tes attaches s'étaient rompues" (*Une robe* 479); "un côté bascule dans le vide, et l'on n'étreint que du vent" (493). "L'espace . . . vous a déjà emporté, pendant que . . . vous renversez la tête en arrière dans un appel au secours," constatait aussi l'Anne d'*À l'autre bout de moi* (67-68). Et lorsqu'Ilse se remémore, à l'autre bout de ses épreuves, l'ultime scène où, par jalousie et par désespoir, elle a sciemment rendu "l'Autre" à sa folie, il lui semble que la mer envahit la véranda, "une mer grise et froide, où, lentement, je me noyais, c'était très long" (*Une robe* 555). Le "je me noyais" est répété trois fois au cours de la même page, en une plainte douloureuse et pathétique. Pour se libérer de cet enfer intérieur, il n'y aura pour Ilse d'autre solution que la mort qu'elle provoque sur la route entre Hué et Hanoï.

Dans un monde désespérant où le bonheur n'existe que de façon illusoire ou transitoire, n'y a-t-il donc pas, à qui se noie, de planche de salut? Si fait, et Christophe, cet *alter ego* de l'auteur,[2] l'a trouvée dans l'écriture, comme Erwin Loönrot l'avait trouvée dans l'architecture et dans la musique, comme Nadège aussi la trouvait dans la musique. Pour Christophe, à la fois "l'espion," et "le maître du rocher,"[3] le monde est une "forêt bruissante de mots." C'est par les mots qu'on s'échappe d'un lieu clos, qu'on brise le silence, qu'on vit intensément, et que se rejoignent les pistes du réel et de l'imaginaire. Ecrire, créer, devient l'unique raison d'être de Christophe, le seul moyen pour lui de compenser son amour impossible pour Ilse. C'est ce qu'il découvre dans la solitude du Volkameria: "rien ne serait jamais vrai pour moi sinon l'univers qu'il m'était ordonné de créer, . . . le seul monde où je trouverais avec certitude la paix du coeur et de l'esprit" (*Le Volkameria* 169).

C'est là Christophe qui parle, mais c'est bien Marie-Thérèse Humbert qui s'exprime à travers son personnage: "Il ne me reste que cela à faire: écrire, trouver, grâce aux mots, le sens de tant d'incohérence" (*V* 374).

Tout le reste est "un informe silence" (*V* 397).

NOTES

[1] Nous publions cet article tel que Danielle Chavy-Cooper nous l'a transmis avant sa mort (G. Adamson et E. Myers).

[2] Dans une lettre personnelle en date du 19 novembre 1988 adressée à l'auteur de cette étude, Marie-Thérèse Humbert écrit: "Je me sens très proche de mon personnage de Christophe même sa façon d'appréhender l'écriture est la mienne. Et ce que j'ai écrit de l'éveil de sa vocation littéraire correspond bien à ce que j'ai moi-même ressenti."

[3] "Le rocher" est le titre de la Deuxième Partie du roman *Le Volkameria*, et "L'espion" celui de la Troisième Partie. Ce sont là les deux parties centrales du roman; l'une et l'autre se rapportent à Christophe et à des moments importants de sa vie. A l'âge de 12 ans, l'escalade sur un défi de Maxime d'un "monstrueux bloc de basalte" a été pour lui un rite de passage qui lui vaut le surnom "Maître du Rocher" (*V* 174). "L'espion" se rapporte à l'habitude qu'a l'adolescent d'écouter aux portes pour tenter de démêler le mystère qu'il sent autour de lui, exacerbant ses facultés de réflexion et de déduction.

BIBLIOGRAPHIE

Humbert, Marie-Thérèse. *À l'autre bout de moi.* Paris: Stock, 1979. ("Le Livre de Poche", no. 5545, 1984).

—. *Balzac, Saché, ou le nid de coucou.* Photographies Pierre Schwartz et François Lagarde. Aquarelles Line Sionneau. Collection "Maison d'écrivain." Saint-Cyr-sur-Loire (France): Christian Pirot, 1991.

—. *Un fils d'Orage.* Paris: Stock, 1992.

—. *Une robe d'écume et de vent.* Paris: Stock, 1989.

—. *Le Volkameria.* Paris: Stock, 1984.

Lionnet, Françoise. *Autobiographical Voices: Race, Gender, Self-Portraiture.* Ithaca: Cornell UP, 1989. Chapter 6, "Privileged Difference and the Possibility of Emancipation in *The Words to Say It* and *À l'autre bout de moi*" 191-215; et Chapter 7, "Anamnesis and Utopia: Self-Portrait of the Web-Maker in *À l'autre bout de moi*" 216-244 in Cornell Paperbacks, 1991.

L'Intertextualité dans (la) *Propriété privée* de Paule Constant

Victoria Steadman
University of Kansas

> Tu n'as voulu ni sacrifice ni oblation,
> mais tu m'as façonné un corps.
> (Epître aux Hébreux 10:5)

Tiffany, jeune protagoniste du roman *Propriété privée* de Paule Constant, à neuf ans s'est installée au pensionnat des Dames Sanguinaires, une communauté religieuse, séquestrée, où rien ne se fait chair.[1] Dans le contexte de ce roman, nous voulons examiner la transposition d'un système de signes en un autre, c'est-à-dire, l'inter-textualité.[2] Il s'agit du système de signes bibliques transposé au moins deux fois au cours de ce roman, d'abord en le règlement de la communauté des Dames Sanguinaires, ensuite en la création du monde propre à Tiffany.

L'inter-textualité se fonde sur le jeu du double. Elle comprend un dialogue entre au moins deux textes et l'ambivalence entre les mots de ces textes. Le texte que l'écrivain crée ne s'engendre que par rapport à un autre texte soit antérieur soit synchronique; en plus, les mots de ce texte-là peuvent jouir d'un/des nouveau(x) sens, tout en gardant le/les sens originel(s). Ainsi s'entassent, se multiplient et s'entrecroisent les jeux des doubles qui font et l'incorporation et la transformation d'un texte en un autre.

Les religieuses de la Pension des Sanguinaires ont subi un double encroûtement. Héritières du rituel de l'Eglise, elles se figent dans des formes spirituelles, supposées depuis des siècles se porter garant de la perfection. Ainsi elles se croient des grandes dames du ciel. Pour avoir été instituées comme éducatrices de quelques princesses sous le grand règne temporel de Louis XIV, elles se croient également des grandes dames de la terre.

Le règlement de l'ordre est censé s'organiser autour du **corps** du Christ. Ce corps est représenté au sein de la célébration de l'Eucharistie par l'hostie consacrée. L'acte de la Communion est au centre de toute une série d'actions puisées au système signifiant biblique. Pourtant, la transposition qui s'y est faite nous paraît incomplète, car pour Tiffany, l'hostie se voit comme un fétiche. Elle ne fit pas la différence si Dieu y était ou n'y était pas. Une réflexion sur ses études résume toute la pensée de Tiffany à propos de ce monde absurde: "Qu'importait le sens, la forme était parfaite" (60).

Selon le *Grand Larousse de la langue française*, le fétichisme implique une conception magique du monde; il veut aussi dire, "anomalie sexuelle consistant à lier la jouissance à la vue ou au toucher d'objets déterminés." Dans son oeuvre *La révolution du langage poétique*, Julia Kristeva pose le fétichisme comme substitution dans l'ordre symbolique. Normalement la phase thétique est la coupure produisant la position de la signification, ce qui permet la constitution de l'ordre symbolique. "La dénégation de cette phase thétique . . . conduit le sujet à la déplacer . . . à un des endroits que le procès traverse dans son parcours pour s'accomplir" (63). Si on distingue le symbolique, domaine de la signification, du sémiotique, domaine des pulsions, c'est dans le sémiotique (domaine pulsionnel) où se déplace le thétique. Le sujet peut néanmoins imaginer le moment thétique dans le lieu d'un/des objet(s) environnant le corps et pulsionnellement lié(s) à lui. Donc, une stase dans le procédé de langage devient l'ersatz du signe. Kristeva conclut que le fétichisme est une stase qui s'est prise pour thèse.

Depuis l'Eucharistie jusqu'à la plus menue agitation de la vie quotidienne de la Pension, les objets s'amassent. L'attachement à ceux-ci s'affermit dans un rituel qui ne nous semble que le tissage élaboré, quelquefois très habile, d'un pot pourri d'objets. A maintes reprises surgit l'importance de ce rituel auquel il n'est pas nécessaire—il est même déconseillé—de joindre une réalité intérieure, corporelle:

A cette heure vacante de la journée où les enfants cultivaient leurs dons, Tiffany apprenait son catéchisme. De part et d'autre d'une table, la femme et l'enfant échangeaient un vocabulaire obligé qu'elles ne devaient comprendre ni l'une ni l'autre, en tout cas que ni l'une ni l'autre ne pouvaient entendre dans un sens commun. La Dame récitait les questions, Tiffany répétait les répons. C'était mal si le coeur s'en mêlait, c'était bien si la mémoire faisait son travail. On savait ou on ne savait pas. (47-48)

194

Remarquons d'abord, en tête du passage, l'adjectif "vacante," qui souligne la nullité ressentie par l'enfant. Ensuite, notons le nombre augmenté d'oppositions: de part/d'autre, ni l'une/ni l'autre (deux fois), la femme/l'enfant, (et la seconde fois) La Dame/Tiffany, récitait/répétait, questions/répons (au lieu de "réponses," ce qui relève l'aspect impersonnel), mal/bien, le coeur/la mémoire, on savait/on ne savait pas. Incorporés dans des phrases abruptes mais symétriques (symétrie tout à fait poétique), ces opposés nous font nous aussi ressentir le vide entre ces deux êtres humains et au noyau de ce monde. Nous le ressentons tout en nous émerveillant devant la forme et le style nettement classiques de ce texte. L'écriture elle-même à cet instant reflète le paradoxe d'une apparence sans faille liée à un fond sans substance. Dans ce passage on peut aussi mettre en parallèle le travail de l'écriture avec la répétition mécanique du catéchisme. Cependant, la fin de ces efforts s'écarte. La pratique de l'écriture mène à une création, dont le texte. Par contre, la consigne du pensionnat, sous guise de protéger la pensionnaire d'un monde cruel, parvient à violer son être intérieur, livrant la jeune fille au sens même de ce monde (187).

Enfin, remarquons que la Dame dans le passage est Madame de Sainte Chantal, mère spirituelle de Tiffany. Quoiqu'elle eût un coeur (27), Madame de Sainte Chantal néanmoins jouait à la mère (46) et faisait partie des Dames Sanguinaires, qui n'avaient "rien qui rappelât dans leur tenue la faille maternelle, la miséricorde sentimentale" (23). Habillées en noir, des mètres et des mètres de noir, les nonnes paraissaient à Tiffany inhumaines, figées, dépourvues de corps.

Pour que la signifiance ait lieu--que le langage devienne création, pour ainsi dire--il faut et le sémiotique et le symbolique, les deux domaines à la fois. Le sémiotique rythmé, maternel, pré-verbal est sous-jacent à la signifiance, mais si le procès s'y arrête avant l'accomplissement, le langage devient avorton et se pétrifie. De là, il est facile de faire le parallèle entre le fétichisme et la sexualité déroutée. Dans ce roman, on en voit la double application: et dans un système de signes happé dans la déroute du langage, et dans les mères spirituelles, victimes et auteurs de ce système, qui ne sont qu'une apparence trompeuse de la réalité à laquelle elles prétendent. Regardons trois extraits du roman où se voit l'illustration de ces aspects.

Dans le premier passage, on fait une visite à la vierge qui se trouve au fond du parc de la Pension. Alors dans le système signifiant biblique, La Vierge Marie, sur qui se modèlent ces mères spirituelles, fut véritable mère du Christ. Mais à l'enclos du pensionnat, la vierge se transforme en statue:

Au fond de sa grotte la vierge semblait la grande amande blanche d'un fruit mûr plutôt qu'éclaté. Un lent travail putréfié, l'humidité sombre, le suintement, la liquéfaction des chairs, le racornissement des bois laissaient paraître la longue vierge élancée dans ses voiles plâtreux, en instance de quitter le bas, déliée du serpent qui la retenait à la cheville, libérée de ses entraves et de toutes ses entrailles humaines. Une vierge sans recours, sans secours. (50-51)

Ce portrait burlesque correspond à celui des nonnes, rendues toutes semblables et abstraites par leur habit: "L'amande des visages confondus" (24). Enfin, ces deux portraits sont mis en parallèle avec celui de Tiffany au milieu de son uniforme. Après avoir ôté et plié tous ses habits (jupes, jupon, etc. jusqu'à sa culotte), "elle pouvait voir, au centre de son corps, lieu ignoré de sa féminité, l'amande pale, son sexe de petite fille, un visage de nonne" (25).

L'amande, la graine ou la partie qui assure la reproduction d'un fruit à noyau, revient dans chacun de ces passages. Elle symbolise la femme, surtout la mère, qui se trouve au ventre et au coeur de l'humanité. Il faut son corps pour être né, et son amour pour se développer. Normalement, l'amande évoque aussi la beauté. Sa forme gracieuse se choisit depuis des siècles comme motif dans des oeuvres sculptées et ornementales. Cependant, l'amande-femme dans les citations ne signifie ni quelque chose de beau ni quelque chose qui ferait naître la vie (après tout, on n'a plus d'entrailles). Par contre, la femme dans ces extraits signifie un être dévalué et faux. Elle a subi une baisse pareille à celle du mot "corps" dans l'Eucharistie. Il s'agit vraiment d'un monde sens dessus dessous. On proclame la vie, mais c'est la mort qui règne. On parle du corps, mais c'est à un cadavre qu'on rend culte.

En revanche, le monde à Tiffany est par essence un monde aux entrailles. Sa propre réalité de mal aimée (44) s'adresse au coeur, métaphoriquement le centre de la passion et des sentiments humains. En plus, les cinq sens—goût, ouïe, toucher, odorat, vue—jouent un rôle central dans la quête du réel. Au commencement du roman, Tiffany existe à la Pension tout en étant du non-sens, de nulle part, comme la terre amorphe du livre de la Genèse (1:2). Avant que Dieu (c'est-à-dire, son dieu à elle ou sa grand-mère) ne prononce la parole unifiante, LA PASSION la fait exister. Pour les Dames Sanguinaires, la passion est à détruire. Dans le système très ancien d'enseignement qu'elles perpétuent, la passion se considère comme un défaut d'éducation.[3]

On peut rapprocher le développement de Tiffany à celui de l'écriture. Tout comme le sémiotique pulsionnel est antérieur à la signifiance, la passion de Tiffany précède son moi. Par moments, Tiffany perd même l'individualité et se confond avec le procédé de faire naître un texte. Par exemple, dans la première partie du roman, Tiffany passe sur scène de temps en temps comme la personnification d'un coeur en quête de corps. Ce coeur désincarné s'égare de tous les côtés, parcourt presque toutes les parties du corps et tous les cinq sens avant de s'embraser devant la personne de Madame Désarmoise, grand-mère de Tiffany. A travers les dédoublements de langue, ce coeur change de place, de forme, de sens et de signifiance. On est touché par le coeur de salade aux doigts huileux de Tiffany, offert comme cadeau à Madame de Sainte Chantal. Puis on goûte la fadeur du même coeur, maintenant devenu symbole du coeur collectif du pensionnat (28). On écoute le coeur obsédant qui bondissait partout--dans la tête, sur les tempes, dans le thorax--à l'intérieur de Tiffany (30). Enfin, on s'aperçoit de ce coeur au niveau des pieds, dans la merveille scandaleuse des chaussures rouges, portées de façon subversive au milieu du pensionnat grisâtre (39).

Aux retrouvailles avec sa grand-mère, la passion de Tiffany éclate. Tant sa joie la dépasse que sa réaction initiale est gestuelle, sa communication inintelligible et même dégoutante pour celles qui la regardent. L'expression du désir de Tiffany pour sa grand-mère, "Mais il en fallait plus . . . qu'elle la mange" (49), rappelle l'exhortation du Christ dans l'Evangile de manger sa chair et de boire son sang (St. Jean 6:35-58), qui est reprise dans l'Eucharistie. Comme on a déjà montré, au désir viscéral pour Dieu, le rituel de la Pension a substitué un attachement aux objets qui sont devenus, justement, l'ersatz d'un Dieu qui est, dans le système biblique, une totalité, c'est-à-dire un **corps**. Par contre, la réponse de Tiffany paraît brute, mais elle vient décidément d'un coeur passionné pour son dieu.

Au moment de la mort de Madame Désarmoise, Tiffany, en train de créer son propre culte, doit dans un sens recommencer. Pour se rattacher à sa réalité naissante, il lui faut replonger dans ses entrailles. On essaie de lui faire substituer les objets et un Dieu objectifié pour soulager sa perte. Tiffany les rejette en rompant définitivement avec ce monde.

Il y a une très belle image dans l'Evangile d'un flacon de parfum brisé et versé sur le corps de Jésus en préparation pour sa mort. Mais cela peut aussi signifier que le parfum ou l'essence d'un être, une fois le corps brisé, sera plus libre de métamorphoser, de chercher d'autres expressions. Ainsi, à la fin du roman, en regardant sa mère [Matilde] qui jetait tout par les fenêtres de la Propriété privée, Tiffany reste calme, en possession d'elle-même. Elle a bu profondément de l'amour de sa grand-mère, en sentant ses odeurs, en goûtant son sang, en la serrant à la faire perdre haleine, en imitant ses gestes, en touchant tout ce qui lui a appartenu. Le principe de l'inter-textualité se reflète dans la vie charnelle de Tiffany. On y reconnaît l'empreinte de sa grand-mère, mais cette image n'enlève pas l'espace de sa propre originalité.

NOTES

[1] C'est à contraster avec leur Seigneur qui, selon l'Evangile, s'est fait chair précisément pour habiter le monde des hommes (St. Jean 1:14).

[2] La définition est à Julia Kristeva dans *La révolution du langage poétique* (Paris: Seuil, 1974) 59.

[3] Voir l'essai de Paule Constant, *Un monde à l'usage des demoiselles* (Paris: Gallimard, 1987) 54-55.

OEUVRES CITÉES

La Bible de Jérusalem. Paris: Cerf, 1973.

Constant, Paule. *Un monde à l'usage des demoiselles*. Paris: Gallimard, 1987.

Constant, Paule. *Propriété privée*. Paris: Gallimard, 1981.

Grand Larousse de la langue française. 7 vols. Paris: Larousse, 1986. Vol. 3.

Kristeva, Julia. *La révolution du langage poétique*. Paris: Seuil, 1974.

La Recherche du Temps chez Béatrice Commengé

Claudine G. Fisher
Portland State University

Avec son premier roman, *La nuit est en avance d'un jour*, publié en 1985, Béatrice Commengé explore par l'écriture la nuit intérieure pour la mettre en plein jour. Qui arrive avant, la nuit ou le jour? Question et réponse semblables à celles de "l'oeuf et de la poule." L'angoisse est-elle première ou l'expérience rend-elle l'angoisse inévitable après-coup, après les jours d'innocence? Regagne-t-on à l'âge adulte le Paradis Perdu? Livre des questions et des grands dilemmes philosophiques, le premier roman de Béatrice Commengé, traductrice des livres d'Anaïs Nin, pose les jalons essentiels d'une vision féminine et féministe à travers l'inscription du temps.

Béatrice Commengé, née à Alger, est diplômée d'université en danse et titulaire du doctorat d'anglais. On ne peut s'empêcher de lire son premier livre comme une oeuvre qui chevauche la réalité de sa biographie et la fiction d'une écriture. Trouver où commence la réalité fictive par rapport à la réalité vécue est une tâche difficile pour le lecteur car Béatrice Commengé est un écrivain récent sur la scène littéraire française et rien jusqu'à présent ne semble avoir été publié sur elle aux Etats Unis. Pourtant, il est certain que son écriture sur le temps rapproche le passé et l'avenir pour trouver la place de son héroïne dans l'instant présent.

Le roman, *La nuit est en avance d'un jour*, est particulièrement frappant par son art de jouer avec le temps. Comme chez Proust, la vie est vécue en réalité et réinterprétée par l'écriture. La forme esthétique de Béatrice Commengé pourrait non seulement être reliée à celle de Proust mais aussi à la vision des peintres de l'école expressionniste qui place le geste à l'origine du sentiment exprimé. Les états d'âme de la protagoniste Luce, jeune femme de trente ans, s'expriment par le symbolisme des formes des objets qui l'entourent et par des contrastes heurtés entre ses pensées et celles non-exprimées de son amant Paul. Par des déformations volontaires du monde réel que les amants vivent en commun, la méditation constante sur le temps clarifie la situation. La vie présente de Luce se meut à la fois en parallèle et en opposition avec celle de ses propres ancêtres. La technique du monologue intérieur qui s'associe à la manipulation artistique du temps projette une double vision sur le temps de l'écriture. Comme chez Cixous et chez Marie Cardinal ou chez d'autres écrivains féministes, la subtilité de l'écriture brosse un panorama de la différence entre le dire et l'écrire, entre la vie réelle et la vie fictive, entre la femme vivante et la femme auteur. La personne fictive du roman s'oppose parfois à la figure d'auteur, même si les similarités semblent évidentes pour le lecteur. En effet, les prémices du livre s'illustrent par la mise en abyme du livre dans le livre. Béatrice Commengé, auteur, écrit son premier livre comme Luce, la protagoniste, commence aussi un livre sur elle et ses ancêtres. Finalement, c'est le livre s'écrivant qui va déplacer le rapport des amants, et qui va propulser la jeune femme en avant et la pousser à l'action.

L'opposition nuit/jour du titre, renforcée par l'exergue du philosophe grec Diogène Laerce sur le philosophe et mathématicien grec Thalès donne le ton du roman et annonce la méditation sur le paradoxe malheur/bonheur. Luce, adulte, médite sur la joie éprouvée quand elle était petite fille, d'être née à l'époque moderne où l'on sait que la terre est ronde au lieu d'être plate.   Ainsi, même la nuit, avec l'angoisse au coeur, l'on sait qu'il fait jour et que le soleil brille de l'autre côté de la terre. Le texte se place volontairement dans la nuit mais suggère aussi l'optimisme et la volonté de sortir de l'angoisse à toute force.

Le désir de Luce d'échapper à sa vie présente s'actualise par son acte positif d'écrire un roman. Les conséquences de cet acte entraînent une succession de réactions intérieures chez Luce que Paul, son amant âgé de quarante-cinq ans et son compagnon depuis les huit dernières années, n'avait jamais pu imaginer:

> Paul, de son côté, se demande si Luce n'est pas en train de l'oublier, même si elle partage encore son lit. Ce roman l'inquiète. Pourtant, il se croyait sincère, lorsqu'il lui conseillait d'écrire. Il n'y voyait aucun danger, du moment que Luce ne quittait pas la maison. Jamais il n'aurait pensé qu'on pouvait s'enfuir de l'intérieur. (Commengé 13)

Le livre, échappatoire ou fuite dans le moment présent, va devenir cause de propulsion pour Luce. C'est par le livre qu'elle s'échappe à l'intérieur mais par la prise de conscience créée par le livre qu'elle aura le courage de s'échapper à l'extérieur en abandonnant son amant. Le titre du roman qu'écrit Luce s'intitule ironiquement *Une infinité d'accidents* et se proposait d'être une recherche sur la vie de ses ancêtres maternels et paternels qui s'étaient établis en Algérie à la fin du dix-neuvième siècle et au début du vingtième siècle. Commengé, l'auteur, présente au lecteur les infinités d'accidents qui mènent les ancêtres à coloniser l'Algérie, mais, en fait, tout au long de son oeuvre, insiste sur les variations psychologiques de Luce à travers d'infimes incidents qui lui permettent d'échapper à sa vie stagnante avec Paul. Double enjeu passé/avenir, double terre France/Algérie, double origine maternelle/paternelle vont graduellement éclairer la vie de Luce et l'aider à prendre une décision. Ce que le lecteur soupçonne dès le début devient clair à la fin du roman. Le dernier chapitre cite la célèbre phrase d'Ortega y Gasset "la vie d'un homme est une fiction qu'il invente à mesure qu'il progresse." Commengé souligne alors par son porte-parole Luce que "son *Infinité d'accidents* sera une oeuvre d'imagination. En parlant d'Hortense, d'Emilienne ou d'Alexandrine, c'est toujours d'elle qu'elle parlera. Autant l'avouer" (Commengé 181).

En effet, Luce parle d'elle-même à travers ses ancêtres féminines mais en ajoutant une autre subtilité. C'est par le choix de leurs époux ou la fatalité de leurs maternités que ces femmes se trouvent avoir un destin aux bords de la mer Méditerranée. Luce évoque ses ancêtres pour souligner le contraste entre eux tous et sa propre vie avec un homme séparé de sa femme, non-divorcé donc, vivant en concubinage avec Luce, ne voulant pas d'enfant et ne s'engageant jamais totalement. Hortense, l'ancêtre, a dû accepter que son conquérant de mari, après avoir fait fortune, puisse souvent la tromper. Mais ses compensations ont été sa terre, son parc, sa fille et ses petits enfants. Emilienne, l'autre ancêtre, restée plus pauvre, a pourtant gardé un mari fidèle et une vie personnelle plus heureuse.

La recherche du temps chez Béatrice Commengé se place dans les oeuvres de la modernité, comme le suggère *Le plaisir du texte* de Barthes. Ce plaisir de lecture vient de certaines ruptures et collisions entre des codes antipathiques quand elles entrent en contact. Les oeuvres de modernité ont des critères spécifiques:

> Leur valeur viendrait de leur duplicité. Il faut entendre par là qu'elles ont toujours deux bords. Le bord subversif peut paraître privilégié parce qu'il est celui de la violence; mais ce n'est pas la violence qui impressionne le plaisir; la destruction

ne l'intéresse pas; ce qu'il veut, c'est le lieu d'une perte, c'est la faille, la coupure, la déflation, le "fading" qui saisit le sujet au coeur de la jouissance. La culture revient donc comme bord. (Barthes 15)

Dans les oeuvres traditionnelles du dix-neuvième siècle, chez Zola ou Balzac par exemple, le présent, le passé et l'avenir sont souvent vus dans leur sens de continuum. Or, la narratrice Luce, chez Commengé, décrit le temps comme entrant sans cesse en collision dans la psyché. Le message est ainsi distribué par ruptures et coupures dans le langage, par les changements de temps des flash-backs autant que par les changements de lieu par les espaces, Algérie/France, ancienne maison/nouvelle maison. Dès le début du texte, Luce se sent malheureuse de sa vie présente et se remémore les huit ans vécus avec Paul. Sa vie semble s'être écoulée de l'âge de vint-deux ans jusqu'à l'âge de trente ans en attente. Elle fait alors le point devant la stérilité de son cheminement. Le symbole prémonitoire de la séparation du couple, qui n'a pas lieu au momemt où s'ouvre le livre, est pourtant indiqué clairement par la notation de la couture du drap dans leur lit presque conjugal. Il y a une frontière entre les deux amants dans leur lit même:

> En se coulant comme un serpent entre ses draps propres et neufs, Luce pense qu'il leur faudrait au moins des draps de grand-mère avec une couture au milieu, des draps faits de restes, des tombées, des chutes. De toute façon les draps sont toujours usés au milieu, là où les corps s'unissent - l'union use. Pourquoi n'aurait-on pas des draps lisses quand on veut des enfants et des draps "à couture" quand on n'en veut plus? (Commengé 15)

La question de la maternité se pose ici, car Paul ne montre aucun désir d'avoir un enfant. Luce, à trente ans, se demande donc indirectement si elle en aura. L'allusion aux draps de grand-mère lie directement son destin à celui de sa grand-mère. De plus, ce symbole des draps à couture souligne l'usure des rapports de Luce et de Paul mais aussi contraste son mode de vie avec celui de sa grand-mère qui s'est mariée, a eu des enfants, mais surtout a fait l'effort de recoudre les draps, donc aussi de réparer les dégats affectifs dans son ménage. "Recoudre, c'est espérer" (Commengé 16). Or la société moderne ne prend plus le temps de recoudre les draps ou d'essayer de trouver un compromis entre les couples dans l'amour. Alors que le couple de l'ancien temps se recousait, le couple moderne se défait et les draps usés se jettent.

Une deuxième métaphore pour illustrer la rupture entre le présent et le passé et qui porte tout le poids du roman est l'image de la maison. Les deux amants vivaient depuis des années dans la maison de Paul, qui devait être détruite. La maison devient comme une personne agonisante. Luce s'était attachée à cette vieille maison et cette mort des pierres est acceptée car l'attente de la mort remplace l'angoisse. Or quand les amants déménagent dans un appartement neuf sans liens physiques et historiques entre eux, la narratrice Luce se trouve aliénée car elle demeure sans passé et sans souvenirs s'attachant au nouvel appartement. La maison ancestrale de Paul était alors l'excuse de leur inaction et de leur status quo. L'excuse disparue, leur vie à deux paraît vide, comme leurs draps neufs.

Psychologiquement la jeune femme s'échappe, non à l'appel du monde extérieur, mais s'introvertit dans un "dedans" à l'appel du livre qu'elle veut écrire. Elle échappe ainsi à son compagnon en l'excluant et en rejetant son présent. Mais le livre prend une vie personnelle, comme indépendante du projet initial. C'est à travers la vie des arrière-grands-parents et des grands-parents,[1] servant d'étalon standard de mesure, que Luce replace le type d'amour qu'elle ressent pour Paul. Par la constante comparaison entre le passé des autres et son présent, elle rejette sa propre passivité et l'oisiveté de Paul. Ce dernier fait alors figure de destructeur, d'homme qui anéantit son passé, représenté métaphoriquement par les bulldozers qui rasent sa maison d'enfance dans une ville du Sud-Ouest de la France (serait-ce Toulouse?). Il a des rêves de bâtisseurs d'empire qui avortent et ne veut pas construire de vrai foyer. Par rapport à l'arrière-grand-père de Luce, le conquérant, qui atteint son double rêve de réussir commercialement et de fonder une nouvelle race d'hommes, Paul fait piètre figure. Par rapport au grand-père rêveur et pauvre qui se contente d'une vie simple et pleine d'amour, Paul apparaît aussi comme un pantin indécis. L'éternel rêve de Paul de travailler et de "réussir", sans cesse reporté dans l'avenir, crée une source de conflit pour Luce qui s'active constructivement à écrire.

Stylistiquement, les tendances de Paul sont représentées par la présence noire, les sentes nocturnes de la perdition, ou même, à l'extrême, la folie douce. Cette destruction interne de Paul (noire/nuit)) faite d'immobilité, de routine et de silence s'oppose à la lumière (blanche/jour) retrouvée de Luce, comme l'indique son prénom et à travers la révélation de l'écriture.

Le temps de l'écriture replace, ou plutôt remet en place, pour Luce les moments essentiels de son passé, présent et avenir. Alors, l'appel du monde extérieur se fait entendre en sourdine. Sa reconnaissance de la perte de l'amour la pousse vers l'acte de vivre. Grâce aux draps, au lit, à la maison et au corporel, Commengé fait mouvoir Luce à l'action. Luce est capable de reconnaître son feu intérieur et les cendres qui restent de cet amour entre elle et Paul. Comme l'exprime Paul Mathis dans son analyse sur l'écriture féminine moderne:

> La femme fait du feu le lieu du clivage, l'homme en fait le champ de confusion. Attaché à l'objet et à son image, l'homme s'y perd en jetant son corps au feu, tels Empédocle et les hommes de guerre. La femme lie l'amour au corps, à partir de la métamorphose qu'elle opère sur les éléments du monde vers des fins de vivance du corps, et les cendres nées du feu entrent dans le processus. Elle souligne la vivance même de ce qui l'entoure, propice à la vie du corps, et qui n'aura de sens que par ce qui fait office de liaison. (Mathis 97)

Paul et Luce sont "le jour et la nuit," et de ce feu qui se consume entre eux il ne reste que des cendres. Luce représente la vie et tire parti de l'expérience du passé, de son attente dans le présent pour se projeter vers l'avenir. Paul, lui, en ne choisissant que le moment présent après avoir systématiquement effacé son passé, se trouve incapable de construire un vie future et se voue indirectement à la mort.

Comme pour les protagonistes de Cixous ou de Marie Cardinal qui parlent dans leur livre du retour à la terre natale, (toutes deux écrivains d'origine pied-noir ainsi que Commengé) qui connaissent l'angoisse mais se préparent au vol et s'envolent à tire d'aile, l'héroïne de Commengé va aussi s'envoler vers le soleil et vers l'Algérie. Elle quitte son amant définitivement sans autre bagage que son sac de voyage rouge, couleur de sang, et prend le bateau pour traverser la Mer Méditerranée. La lettre d'adieu à son amant résume ce que les huit ans ont été pour elle, et peut-être aussi pour lui, qui aurait été incapable de faire le geste de rupture: "Pardonne-moi non pas de te quitter, mais d'être restée si longtemps." (Commengé 161) Pour Luce, revoir la terre de ses ancêtres ne se fait pas sous les auspices de retrouver leur passé révolu, mais de documenter son livre et surtout de retrouver dans son propre passé de petite fille les gestes, les senteurs et le langage du corps qui lui font regagner son équilibre:

> A force de vivre en 1905, Luce en avait perdu jusqu'à ses propres souvenirs; à force de vivre avec des photos de la couleur de la poussière qui recouvrait les chemins, elle avait oublié sa propre histoire. Pendant sa longue absence elle avait mélangé tous les temps. Peu à peu, son passé avait perdu sa réalité tant il s'était mêlé à celui d'Hortense ou d'Alexandrine. Et voilà que les dalles des trottoirs font surgir non pas des images aperçues dans des albums et dans des guides, mais puisées au fond d'une mémoire imprévisible, qui les avaient conservées dans le secret. (Commengé 175-76)

En retrouvant des souvenirs que sa mémoire n'avait même pas semblé retenir, Luce se retrouve aussi, comme après une longue absence, avec une grande légèreté de l'être. Même l'affiche de cinéma ancienne sur *la Nuit* d'Antonioni au mur, lui annonce indirectement que cette nuit qu'elle a vécue pendant huit années avec Paul appartient maintenant à son passé. Elle sait que Paul et elle ne pouvaient plus continuer dans le noir, car "leurs jours ressemblaient à leurs nuits" (Commengé 119). La nuit derrière elle, la jeune femme est prête à repartir vers la Métropole pour connaître le vrai jour de ses futures expériences avec comme base nouvelle le temps qui s'écoule, mais avec des alternances claires entre la luminosité du jour et l'obscurité de la nuit.

NOTE

[1] Du côté maternel, l'arrière grand-père des Charentes, parti en Algérie en 1880, symbolise le commerçant et le conquérant qui s'enrichit et épouse Hortense dont la famille Sabin s'était installée à Cherchell à la génération précédente. Il représente l'homme de l'avenir. Alexandrine, leur fille, est donc la grand-mère de Luce. Du côté paternel, Ferdinand Vergé, parti de l'Ariège en 1905, retournera chercher sa femme, Emilienne, au "pays." Il symbolise le fonctionnaire et le rêveur qui continue à être attaché au passé. Si le contraste se fait entre l'arrière grand-père maternel et le grand-père paternel, c'est pour mieux souligner que le premier est l'homme de l'avenir et le second l'homme du passé. En fait, le destin des femmes naît du choix que leurs époux ont fait. La fille d'Alexandrine, Gisèle se mariera avec Louis, fils de Ferdinand. De cette union naîtra Luce, sur cette côte africaine qu'elle devra laisser à l'indépendance de l'Algérie.

OEUVRES CITÉES

Barthes, Roland. *Le plaisir du texte*. Paris: Editions du Seuil, Points, 1972.

Commengé, Béatrice. *La nuit est en avance d'un jour*. Paris: Editions Olivier Orban, 1985.

Mathis, Paul. *Le corps et l'écrit*. Paris: Editions Aubier Montaigne, 1981.

Chantal Chawaf's Redemptive Literature

Monique Nagem
McNeese State University

It is inevitable that after twenty years or so of existence Feminism and its attendant literary and critical experiments would elicit scholarly reappraisals and assessments of its future (if any) directions. Some of these reevaluations tend to dismiss what has been called "écriture du corps" as a phase which is dying out and which, in the opinion of Laurence Enjolras, has become boring. In her 1990 publication *Femmes écrites: Bilan de deux décennies*, she attacks writers such as Chantal Chawaf, Hélène Cixous, Luce Irigaray, and Annie Leclerc for getting carried away by their "épanchements lyrico-poético inconscients" (10). One of her criticisms of this "langage de femme" is that it is sensual, irrational, fleeting, rooted in the body, all characteristics which play into the hands of the men these writers seek to indict. Enjolras is particularly critical of Chawaf whom she perceives as either writing with white ink, a metaphor of milk and its by-products or with red ink, a metaphor of the blood of birth and menstruation. Chawaf's delight in the taste of words leads Enjolras to characterize Chawaf as a hungry anorexic.

Enjolras claims that there is a trend toward a return to more traditional writing among women authors today, and that Cixous and Chawaf are the only ones who persist in writing "l'écriture du corps" (57). If Enjolras is correct in her assumptions about women writers in general and Chawaf in particular, is that any reason to dismiss Chawaf as a has-been who no longer interests us or no longer has anything to contribute to literature, feminist or otherwise? Good literature after all is not created in response to fads, trends, or marketability. Chawaf's novel, *Rédemption*, which must have come out too late for Enjolras to have included it in her bibliography, still merits our attention because like all good literature, no matter what its form or style, it makes us think, gives us pleasure, and involves us in its creation.

In 1989 Flammarion published Chawaf's fifteenth novel, *Rédemption*, a narrative of breathless, savage, yet irresistible beauty whose prose simulates the violent pains of birth and creation. As in other of her

209

previous novels, Chawaf manipulates, kneads, breaches, impales, and honeycombs language to create a masterful allegory of her literary theories and her linguistic concepts. It is also a lyrical rendition of the violence of love, the ferocity of sexual attraction, and the horrors of madness caused by impotence and fear of the feminine.

Rédemption, labeled a novel, has a plot; it tells the story of Charles de Roquemont, a French artist whose masterpiece consists of a mausoleum of words which he cut out of a dictionary and impaled on cardboard like butterflies in a lepidopterist's collection. While traveling through the United States, he meets a patrician New Englander whose cold, blond beauty becomes an obsession for him. They elope North to snowy and deserted lands and end up in a little town of Western Canada where, in a fit of impotent madness, Charles stabs the helpless Esther over 400 times and flees. A few years later, back in Paris, Charles' sexual instincts are re-awakened by a screen-writer named Olga. The two meet one hot, sultry night in the Park Monceau. Olga, whose own sexual desires have been channeled into her writing, is unbearably attracted to the madman. From the beginning of the narrative, which opens with Esther's murder, the reader is taken on a roller-coaster ride of violence, madness, and suspense as Olga becomes Charles' confidante and potential second victim.

The plot however is not Chawaf's objective. As she states in an enlightening and revealing essay which she presented during her visit to American universities in 1988 titled, "La peur du féminin dans le langage: Discussion sur la fusion symbolique opposée à la fusion charnelle," to write a novel is not to create characters and narrate their adventures; it is to make the body live through language. This essay is greatly influenced by Chawaf's interests in psychoanalysis, her reading of Lacan, and echoes some of Julia Kristéva's notions in her book, *Revolution in Poetic Language*. Furthermore it extends Chawaf's earlier notions about male/female relationships, concerns which are timeless literary themes, both within and without the feminist tradition.

It is Chawaf's contention that males and females can be reconciled through what she calls "symbolic fusion." She states in her essay that we are all, men and women, descended from a feminine which our language verbalizes poorly or not at all. Sexual fusion, which would seem to represent an ideal union between the sexes, but which she labels "le duel vampirique," because two identities are lost in it, is an example of the lack of balance in human relations caused by an absence of a verbal language of the feminine. She describes sexual fusion as a backward-looking, regressive union which leads to hallucination and delirium, which transforms our reality, and which destructures and denatures our beings.

On the other hand she calls symbolic fusion a forward-looking, evolutionary living ethic which is a true expression of our nature. Sexual fusion leads to death and madness, symbolic fusion leads to a spiritual recovery of our lost, original nature.

Charles de Roquemont's murderous madness, therefore, is a manifestation of the consequences of our insistence on seeking primitive or sexual fusion. His mad pursuit of Esther, the epitome of womanhood in her ethereal and inapproachable radiance, leads to vampiric madness and murder. Charles' identity is dissolved and, as the first line of the novel states, Charles is transformed into a vampire before killing Esther, whose identity consequently is also lost. The murder scene, which is re-created several times throughout the novel, constitutes the climax of Charles' hallucinations and nightmarish, delirious confessional ravings to Olga as they talk in the Park late at night.

Chawaf links the regressive aspects of this primitive fusion with a fear of the feminine which usually blocks any possibilities for symbolic union. This fear she labels anachronistic, and she connects to a fear of the omnipotent, original mother from whose womb we all originate. Charles' murderous love for Esther is an illustration of this anachronistic fear of the feminine. During the sexual murder scene, Charles emits primitive, inhuman cries which, along with his ancient Celtic ancestry, suggest his universal import. Throughout the novel he repeats in the same sentence that he loves women and he hates women.

The murder scene can also be read as the painful, messy rendition of a birth. In this case the birth is fatal to the mother who dies in a pool of blood so the son can regain his own personality. In her essay on language, Chawaf relies heavily on Robert Stoller's book *Perversion: The Erotic Form of Hatred*. Stoller states: "It is possible, then, that the boy does not start heterosexual, as Freud presumed, but rather that he must separate himself from his mother's female body and femininity and experience a process of individuation into masculinity" (137).

According to Stoller, for the boy to acquire his masculinity, he must constantly push the mother away. Stoller wonders: "Perhaps some of the uneasiness men feel about women . . . reflects the need to raise this barrier against the desire to merge with mother. . . . The boy fears losing his masculinity and sense of maleness. . . . he may be overwhelmed by the desire to become one with the dark infinity of inner femaleness once again" (155-56). On the basis of these citations which Chawaf uses in her essay, it is possible to interpret Charles' actions as manifestations of this symbiosis anxiety, as Stoller names the pull that men feel both toward and away from the female element in their lives. There is the need, the desire to be re-united with the mother, to return to one's origins and the equally compelling need to be shed of the mother, the primitive principle which impedes male identity from developing.

Chawaf believes that it is this particularly male anxiety which leads to misogyny; that, faced with a certain type of feminism, some men have experienced either a need for revenge, or worse perhaps, the collapse of their male being or the temptation of androgyny. However, symbolic fusion, or the verbalization of the original feminine, is not a threat to what man has acquired with difficulty, that is his manly personality, but on the contrary it will reinforce it because it will deepen his knowledge of the other, and therefore his desire of the other. This desire sets its sights on a reality not a fantasy, on the person, the subject, and not the object.

Nevertheless, our memory of the intra-uterine experience, this red and tactile language, is the source of our affects. It is therefore the task of the writer to symbolize the body in words, to produce a linguistic fusion whose words will free the body and make it live through language. The second woman in the novel *Rédemption* illustrates this notion. Olga is a script-writer who struggles to bring to life the sexual emotions of two movie characters. She is in fact described as a poet of affects. When she meets Charles, the two immediately connect; for him, she is Esther, for her, he is life. Olga, however, will not be a victim like Esther. Neither is she totally successful in redeeming Charles. We are left with the feeling that the struggle continues indefinitely and the precarious emotional balance which Olga barely maintains could teeter any time into the abyss of madness toward which Charles continuously beckons her.

Chawaf states in her essay that we must go from the earthly matter of the mother to the spiritual matter of our language, but this passage is never-ending. "It is the only way that we have to prevent our being set adrift from our source, from the origin of what is alive. [We must] go beyond the biological condition of the body which an envelope of skin and flesh protects and separates from the exterior but at the same time links to the world through sensory perceptions and the possibility of language" (4).

According to Chawaf, because language derives its structures from the religious and social elements of society, the way we derive our name from the father, the body has remained silent. But if literature is to give us a complete version of what is human, it must include the biological as well as the cultural. Traditionally to symbolize had been associated with the literary and the cultural, not the biological. But as Chawaf sees it, "To write without restrictions, trying to extract the novel from the conventions where it is becoming ingrown, is to attempt to erase the frontiers of language. Doubtless it is a determination that is more metaphysical than literary since, in our Western world which has turned its back on God, our spirituality today has only human life to which to address itself. Today, to symbolize is no longer putting the body to death so that language can be born. It is giving life to language so that the body can be born. The spiritual space of language is human chemistry; it is life; it is on earth. It is human communication so we can help each other live; so we will not kill each other any more" (7).

She concludes that writing is a feminine, biological endeavor, the product of a symbolic uterus. This symbolic uterus, however does not compete with but complements the symbolic phallus, the founder of our culture, the procreating penis of man to which Lacan alludes. The female writer, because of her unbroken ties with maternity and femininity, is better placed to redirect language toward symbolic fusion, toward a "verbalization of the feminine which can help us, through the esthetics of a redemptive literature, conquer the anxiety of separation and death which seem to be inherent in our bodies" (Chawaf 8-9).

Chawaf's standing in literature, of any tradition, is secure and should not be dismissed as part of an experimental phase which has outlived its usefulness. Her whole *oeuvre* is characterized by generosity, wholeness, joy, and freedom. Her explorations into male/female relationships have been ethical and noble. Her daring manipulations of the French language and syntax, her meandering and prismatic sentences, which recall some of French literature's great writers such as Rabelais, Proust, and Claude Simon, have enabled her to pursue her quest for a redemptive literature.

WORKS CITED

Chawaf, Chantal. "La peur du féminin dans le langage: Discussion sur la fusion symbolique." An article written for presentation to American Universities, October, November 1988.

Enjolras, Laurence. *Femmes écrites: Bilan de deux décennies*. Stanford French Italian Studies. Stanford: Stanford UP, Anna Libri, 1990.

Stoller, Robert J. *Perversion: The Erotic Form of Hatred*. New York: Pantheon Books, 1975.

Quelques réflexions sur le "moment post/post-structuraliste," l'écriture du/au féminin et l'éthique de l'écriture chawafienne

Marianne Bosshard
United States Naval Academy

A la suite d'une lecture de plusieurs textes, à première vue disparates, je me suis aperçue d'un ensemble de propositions qui semble les lier, tel un leitmotiv, et dont je tâcherai à dégager les teneurs principales. Il s'agit notamment d'un examen critique de la pensée post–structuraliste qui, depuis plus de vingt ans, a fortement motivé les domaines de la critique littéraire et de la littérature contemporaine "hexagonale."

Pendant de nombreuses années, je me suis concentrée sur l'écriture de femmes conscientes de leur identité sexuelle et je me suis heurtée plus d'une fois à une impasse. D'une part, la nécessité de consolider l'historicité du sujet féminin et d'affirmer son identité, à la fois sur le plan de ma propre fonction de critique et sur le plan des écrivains femmes soucieuses d'en faire autant dans leurs productions littéraires. D'autre part, la théorie déconstructionniste qui, en tant que stratégie d'interprétation, me semble très appropriée à une analyse de textes littéraires, en particulier de textes de femmes car ceux–ci entretiennent un rapport unique vis–à–vis du "réel" historique, social et culturel. Cependant, cette stratégie vise à faire éclater le sujet dans un "faisceau" de "différences," dans un jeu de substitutions à l'infini et c'est là où mes propres réflexions rejoignent les quelques propositions qui suivent.

Dans une communication récente, intitulée "Post/Poststructuralist Feminist Criticism: The Politics of Recuperation and Negotiation," Susan S. Friedman affirme que l'on touche actuellement, surtout dans le domaine de la théorie de la critique littéraire, à un moment décisif de réflexion sur la pensée post–structuraliste. On est arrivé, selon Friedman, à un moment qu'elle appelle "post/post–structuraliste," c'est à dire un point de jonction où on réévalue le passé immédiat et où on esquisse des horizons nouveaux. Bref: on dresse le bilan de ces dernières années.

215

Sans entrer dans les détails de sa discussion fort intéressante de deux modèles "post/post–structuralistes" (le modèle de "récupération" et le modèle de "négotiation"), je me limiterai à un résumé des principaux reproches qui s'articulent, dans ce domaine particulier, contre la théorie post–structuraliste. On met en question ses propensions vers "l'a–historicisme;" vers une certaine "indifférence" et/ou "désengagement;" on se plaint de ses "interdits" concernant la fonction mimétique du langage (sa qualité référentielle vis–à–vis du "réel"); sa tendance "hégémonique" dont la pensée post–structuraliste cherchait, justement, à se démarquer (Friedman 466–8). Voilà, en deux mots, ce qui se dégage de la critique d'un phénomène qui a motivé et à la fois déconcerté maints domaines de la recheche au cours des deux dernières décennies.

La réflexion dite "post/post–structuraliste" porte également sur certains signes avant–coureurs. Toujours selon Friedman, il s'agit, avant tout, d'un réinvestissement dans certaines valeurs d'ordre éthique, notamment dans celles qui incitent (à nouveau?) à l'engagement individuel; à une [re]légitimation de la responsabilité sociale de l'individu tant dans le domaine éthique que dans le domaine politique et, surtout, à un retour emphatique de l'engagement personnel dans la production culturelle et la transformation sociale (Friedman 465).

Comme je viens de le suggérer, cette prise de conscience de la nécessité d'un changement, ce dressement de bilans, "courent" les milieux intellectuels ainsi que les milieux littéraires. Aussi ne s'étonnera–t–on pas d'y déceler des postulats quasi identiques, liés les uns aux autres tel un nouveau leitmotiv.

Sur le terrain de la "philosophie de la différence," on pourait, par exemple, citer le texte de Christian Ruby: *Les Archipels de la différence: Foucault–Derrida–Deleuze–Lyotard* (1989). Suite à une analyse poussée de quatre penseurs–clés de l'ère post–structuraliste qui ont promu la déconstruction de pensées et de systèmes "tout faits" en prêtant leurs voix à la "différence," à des "altérités irréductibles," l'auteur se pose des questions sur quelques effets troublants de ladite démarche. Il constate, à juste titre, que cet ensemble de théories philosophiques risque d'entretenir avec le Savoir "un rapport de neutralité qui équivaut, assez largement, à un abandon" (Ruby 147). Un risque qui les expose, malgré eux, au danger de l'émergence "d'une différence pulvérisée en îlots entre lesquels tout contact serait rompu" (Ruby, couverture). En résumé: la "philosophie de la différence" ressemble, selon Ruby, "étrangement à un soleil illusoire qui réchauffe les âmes sans rien changer à la misère réelle. . ." (Ruby 150).

Notons en passant qu'il est tout de même remarquable de voir jusqu'à quel point ces réflexions critiques, provenant de deux domaines différents, se ressemblent.

Avant d'aborder le territoire des écrits de femmes, et plus spécifiquément celui de l'écriture du/au féminin, je me tourne brièvement vers l'univers romanesque en général qui nous fournira un bel exemple de ce qu'on vient de nommer "le moment post/post-structuraliste." Pour simplifier, je me référerai à un seul texte, *Nouveaux territoires romanesques* (1990), bien qu'il ne soit pas unique dans son genre. En nous dressant le profil de vingt–deux écrivains de la "nouvelle génération" (notons–le tout de suite: à majorité d'écrivains masculins), les auteurs Claude Prévost et Jean–Claude Lebrun croient avoir décelé, sous une diversité de thèmes et de styles, plusieurs dénominateurs communs qui semblent correspondre aux signes avant-coureurs dont parle Susan Friedman.

Après être passé par un "mode négatif"—une suite d'écrits "théoricistes" à commencer par le "Nouveau Roman," relayés ensuite par le groupe "Tel Quel" (y compris ses tendances déconstructionnistes)—dont ces romanciers en question ont à peine su se soustraire, on voit réapparaître, dans leurs oeuvres, des traits qui figuraient naguère sur la liste des "interdits."[1] Nous ne retiendrons que les plus marquants: "un [ré]investissement dans la langue et la production d'un sens;" un [ré]investissement "extraordinaire dans le réel social et historique;" une "exploration du vécu, de l'imaginaire, des déviances de l'individu comme symptomes du social" ainsi qu'un "retour massif de l'Histoire" (Prévost 40–9). Bref: un engagement individuel vis–à–vis du langage et du sens qui, par extension, réaffirme le sujet dans sa propre histoire et dans l'Histoire avec "H" majuscule.

Disons, pour être bref, qu'il s'agit bien de ces "winds of change" dont parle Friedman (465) et qui, de toute apparence, sont en train de mettre en question certains propos de la pensée post–structuraliste, des propos qui ont "hanté" de nombreux domaines créateurs de productions culturelles.

Après ces quelques réflexions, je me suis alors posé la question s'il en va de même dans le cadre de l'écriture du/au féminin, notamment d'une écriture qui s'est développée au début des années soixante–dix et dont le but principal était de réévaluer le sujet féminin dans le langage.

Pour répondre à cette question, je me limiterai à deux réflexions qui vont de pair—à mon avis—et qui portent sur "l'éthique d'engagement" au niveau individuel et l'esthétique qui a incorporé certains postulats de la théorie déconstructionniste.

Je ne crois pas me tromper en affirmant que les "interdits" dont la littérature en général s'est accaparée n'ont jamais atteint la production littéraire des écrivains femmes conscientes de leur identité sexuelle. Au contraire—et par définition même, me semble–t–il—l'exploration du vécu (au niveau du corps phénoménal) et son inscription au niveau symbolique; la présence (ou faudrait–il dire "l'affirmation"?) de l'auteure dans le texte; son rapport vis–à–vis du "réel" social, historique et culturel; l'investissement dans la langue et la production d'un sens ("pluriels/autres," rappelons–le)—tout ceci était des valeurs quasi intrinsèques de leur démarche littéraire. De leurs écrits qui cherchaient, implicitement ou explicitement, à intervenir sur les données du "réel" ainsi que ses normes prescriptives de l'imaginaire. En fait, on a assisté à un phénomène qui, dans sa progression, allait à l'encontre de ce qui s'est passé sur la "grande" scène littéraire de l'époque.

Sans doute est–ce dû, principalement, au fait que l'écriture du/au féminin est une manifestation historique de fraîche date. Pour citer Nancy Miller, "Women have not had the same historical relation of identity to origin, institution, production, that men have had . . . only those who have it [the status of subject] can play with not having it."[2] En effet, ce n'est qu'à la fin des années soixante et surtout après les événements de mai 68, que l'on a pu assister à l'entrée sociale et politique des femmes dans le domaine culturel.

Notons en passant que 1991 s'est avéré une date historique (pour la France), car elle marque la naissance d'un projet monumental élaboré par des historiennes. Les deux premiers volumes d'une *Histoire des femmes en Occident* ont paru dont l'un est consacré à la femme dans l'Antiquité et l'autre à la femme au Moyen Age. Comme l'a noté François Ewald, à juste titre, cette *Histoire des femmes* constitue une grande première, car "comment les femmes, qu'on a si longtemps considérées comme dépendantes, auraient-elles pu avoir une histoire propre, spécifique, autonome? Mieux, comment auraient-elles pu prétendre l'écrire elles-mêmes?" (Ewald 98).

Quant à la démarche esthétique de l'écriture du/au féminin, elle a été fortement influencée par les concepts derridiens: notamment la "non-clôture" et la "différance." Des concepts qui ont préparé la voie à un mouvement textuel non-téléologique, au libre jeu d'altérités dont l'écriture cixousienne est l'exemple le plus marquant.

Bref: il semblerait que la pratique scripturale des écrivains femmes conscientes de leur identité sexuelle a opéré—dès ses débuts—dans une modalité "post/post-structuraliste," sans pour autant négliger quelques concepts post-structuralistes utiles à leur démarche particulière.

Or, l'écriture du/au féminin a dû se soumettre, elle aussi, à un examen critique, comme le montreront les deux textes que j'ai choisis pour faire ce point. A savoir: *Femmes écrites: Bilan de deux décennies* (1990); *1989: Etats généraux des femmes* (1990) qui comporte un chapitre intitulé "Création et Recherche/Arts et Sciences."

Comme le note Laurence Enjolras, on peut analyser le développement de l'écriture du/au féminin comme un des "effets directs" du MLF, ou encore comme un des effets de certaines recherches dans les domaines de la linguistique et de la psychanalyse "anti-lacanienne" destinées à explorer le rapport entre le sujet féminin et le langage. Enjolras en arrive même à la conclusion que cette "écriture féministe et/ou féminine" (ne conviendrait-il pas de les considérer séparément?), de par sa "nature même et [son] contenu répétitif" aurait pu "contribuer largement à précipiter [son] propre suicide" (Enjolras 3;13).

Suivons brièvement la logique du "procès" qu'Enjolras "intente à Chawaf, Cixous, Gagnon, Irigaray, Leclerc, entre autres" (10). Les "défauts principaux" de cette démarche auxquels s'adresse Enjolras et qui semblent lui avoir procuré un "amer désillusionnement, une frustration tenace, une vive irritation," (4) sont de plusieurs ordres. Selon ce critique, ces écrivains "se sont laissées aller . . . à nous inonder—jusqu'à la noyade?—du flot incontrôlé . . . de leurs épanchements lyrico-poético-inconscients . . . donn[ant] accès aux moindres recoins de l'intimité jusqu'à la plus infantilisante . . . sur ce

219

ton type 'Révélations des Ecritures' qu'elles ont tendance à adopter . . ." (10). Toujours d'après Enjolras, leur écriture "est stylistiquement 'visqueuse' et 'gluante,' somme toute insipide" (15). En outre, ces écrivains femmes "affirment leur 'essence' de femme . . . leur 'nature' floue, fluide et fuyante" tombant ainsi—et ceci est le défi majeur qu'Enjolras lance vers ces écrivains—"à nouveau sous le coup des accusations les plus phalliques traditionnellement véhiculées par les hommes à qui elles [ces écrivains femmes] le reprochent" (27).

A en croire l'auteur, une écriture qui se veut logée dans le corps (dans ses dimensions physiologiques, affectives, inconscientes) est vouée à l'échec, et ceci sans que ces femmes s'en rendent compte (28). Car ce faisant, elles (les femmes qui la pratiquent) contribuent au "jeu de ces hommes" selon lesquels des êtres sont divisés en deux groupes bien distincts, le groupe "cérébral" et le groupe "sensoriel" (49). Dans le meilleur des cas, Enjolras propose de considérer ces écrits tout simplement comme "étape [. . .] Nécessaire, essentielle pour la littérature entière . . ." mais vite récupérée comme produit de son temps.[3]

C'est, à coup sûr, un texte qui mérite débats. A ce propos, j'aimerais signaler ce qui, à mon avis, est un talon d'Achille dans le "bilan" dressé par ce critique féministe. On y cherche en vain la moindre référence à des valeurs éthiques (intrinsèques comme je viens de le proposer) de l'écriture du/au féminin. De plus, elle ne fait aucune différence entre un texte féminin et un texte féministe, si ce n'est que sur le plan politique ou de la militance.[4]

Accuser ces écrivains femmes d'avoir contribué, par leur démarche esthétique particulière, à leur propre mise à mort dans le discours contemporain revient, à mon avis, à rentrer dans le "jeu de ces hommes" qui, comme Enjolras note avec justesse, passent sous silence les apports féminins sur la scène littéraire contemporaine (13). Je me demande à quelle fin elle accuse la *victime* et pourquoi elle intente ce procès aux *femmes*?

On oublie trop facilement le risque qu'elles ont pris en établissant un dialogue (explicite et/ou implicite) avec les courants idéologiques de leur époque. Leur effort extraordinaire d'avoir interrogé la légitimité des discours et des pratiques qui dominaient tout système de nominations, de définitions et de raisonnements. En faisant face, par exemple, à la notion lacanienne de la "métaphore paternelle;" au processus de la socialisation du sujet féminin; aux antagonismes entre valeurs féminines et valeurs masculines qui se manifestent dans un social polarisant corps et esprit. Il s'agit là, somme toute, d'un engagement personnel de la part de chacune de ces femmes écrivains vis-à-vis de la réalité sociale, historique et culturelle dont le corps vivant de l'auteur, comme l'a fait remarquer Catherine Rihoit, est le "premier noyau du réel" (Rihoit, *Roman* 18: 11).

Sans doute, l'écriture du/au féminin s'est lancée sur une voie difficile, avec grand nombre d'impasses—la réception n'en est la moindre. A l'époque du "mode négatif" qui dominait la "grande" littérature, elle a pris le risque de concilier l'esthétique et une pratique éthique d'engagement personnel, et ceci sans aucun support socio-culturel qui aurait pu faciliter sa nouvelle démarche.

Il est vrai, aussi, qu'à l'époque d'un retour à un mouvement conservateur (durant les années quatre-vingts), marqué par une nouvelle répression du féminin (Viennot 805), beaucoup d'écrivains femmes ont cessé d'explorer une écriture au féminin. Comme le note Rihoit, certaines d'entre elles croyaient qu'en insistant un peu, les hommes ouvriraient les portes de leur monde et "alors tout irait bien." N'ayant pas pensé que ce monde était un monde de compétition et de pouvoir, certaines, d'après Rihoit, se sont dit: "Ce n'est pas ce que je voulais" et elles sont retournées "au silence ancestral [...] celui qu'on a toujours voulu nous imposer" (Rihoit, *Etats* 208). On aurait alors pu croire que l'on touchait à la fin de cette démarche entreprise par ces écrivains femmes et on serait tenté d'y voir un phénomène qui s'est estompé ou qui a été récupéré par un ordre social redevenu conservateur—tel le MLF.

Cette conception me paraît, néanmoins, d'une singulière étroitesse si l'on tient compte de la création d'un certain historique féminin auquel a contribué un grand nombre d'écrivains femmes. Et c'est justement dans ce nouveau contexte "post/post-structuraliste" qu'il me semble nécessaire de reconsidérer leurs écrits et de les soumettre à des analyses ponctuelles pour en apprécier leurs contributions individuelles. L'apport de l'écriture du/au féminin à la littérature entière n'est point négligeable, mais l'inégalité des espaces d'expression accordés actuellement aux romanciers femmes dans les revues, les magazines littéraires, etc. subsiste.

C'est précisément sur ce terrain–ci que s'expriment les écrivains femmes qui ont participé, le 8 mars 1989, au colloque sur les "Etats généraux des femmes." En réfléchissant aux débuts de l'écriture de femmes il y a vingt ans, Rihoit a cru, à cette époque–là, que "les temps devenaient faciles." En disant que dans "une époque utopique, nous avons cru pouvoir nous recréer nous–mêmes, renaître comme autant d'exemplaires uniques d'une femme nouvelle. Et nous pensions qu'à cette femme nouvelle correspondrait un homme nouveau" (Rihoit, *Etats* 209).

Avec le recul et en regardant en face la situation actuelle dans laquelle se trouvent les femmes écrivains, elle constate, non sans amertume: ". . . ou nous renonçons à une vision différente, et nous nous perdons, ou nous insistons, et on fait beaucoup pour nous perdre." En dépit de cette impasse, Rihoit affirme qu'aujourd'hui plus que jamais il est urgent que les femmes "puissent se reconnaître dans l'image qui leur est donnée d'elles–mêmes," une image qui ne doit être "ni effacée, ni déformée, ni réduite." Elle souligne également que le rôle des écrivains femmes est celui de "témoin," car "qui d'autre que nous dira, ou dira comme nous voulons qu'il soit dit?" (Rihoit, *Etats* 209).

Dominique Desanti, de sa part, s'adresse à une autre difficulté. Elle propose de se mettre en garde contre une séparation trop nette entre ce qui, dans une écriture, relèverait "du féminin mais aussi du masculin." C'est effectivement une problématique qui n'est point nouvelle et qui est encore loin d'être résolue. Néanmoins, elle reconnaît que le "sujet de 'l'écriture féminine' mérite encore de longues controverses et n'est pas un chapitre clos" (*Etats* 197).

En ce qui concerne Hélène Cixous qui a également participé à ce colloque, elle se pose tout d'abord des questions sur "le droit à l'écriture des femmes" en situation de grand danger, quand le monde entier souffre (*Etats* 198). Cependant, en reconnaissant que son écriture et son travail sur/avec la langue sont bien son territoire spécifique, Cixous met l'accent sur la "mission éthique" de l'écriture. Les "besoins" de lire et d'écrire sont, selon elle, la même chose: une "nourriture" dont le but principal est de "courir à l'aide d'un monde menacé," de courir, aussi, à l'aide d'une langue à qui arrive "tous les malheurs": les mutilations, l'inceste, la réduction, le terrorisme qui peut être sournois ou extrêmement violent. "Cette langue que je fréquente de manière particulièrement intensive," nous dit–elle, "et dont tout le monde a besoin, c'est notre autre corps [. . .] à qui arrive tout ce qui arrive aux femmes" (*Etats* 199–201; je souligne). Sur son terrain, Cixous lie clairement la sphère individuelle à la sphère universelle/mondiale. C'est un lien qui, de toute apparence, redevient une des "fonctions essentielles" du roman contemporain (Prévost 66).

En guise de conclusion, j'aimerais brièvement faire allusion à l'aspect éthique de l'écriture chawafienne. En se posant la question "Pour qui écrit–on?" Chawaf se demande s'il faut continuer à penser dans une langue qui ignore le délire de la guerre, le génocide, l'antisémitisme, le racisme, les fantasmes humanicides du terrorisme, l'apocalypse nucléaire, bactériologique et génétique qui nous menacent tous? Comme "s'il n'était pas urgent de permettre au langage de traverser les images jusqu'à parvenir . . . à une éthique et non seulement à une esthétique . . . jusqu'à découvrir le caché . . . le non–dit . . . les méandres du corps et de ses pulsions travestis par les formes et les discours. . ." (Chawaf, "Aujourd'hui" 136; je souligne). Cette citation laisse paraître que l'écriture corporelle de Chawaf vise à transgresser certains tabous d'un ordre socio–culturel qui domine l'individu ainsi que le collectif.

En tant que lecteur, on est amené à suivre l'oeuvre chawafienne sur deux registres. D'une part sur le registre d'un langage poétique et sensoriel marqué par certains traits caractéristiques de l'écriture du/au féminin: notamment une luxuriance verbale; une langue "nourricière" qui s'est développée au ras du corps; un flux de mots qui devient, du même coup, flux syntaxique, flux sémantique et flux textuel. Un langage particulier donc qui permet à cet écrivain d'avancer vers l'inconscient, vers le psychique, vers l'intime, c'est à dire, vers les domaines "qui ne sont pas encore socialisés" (Chawaf, "Aujourd'hui" 139) et que Chawaf essaie d'intégrer dans le symbolique. D'autre part, sur le registre d'un réseau thématique où l'auteur tente de repousser les limites qu'un certain ordre social impose au domaine de l'affectif. Ceci pour explorer des modèles socio–culturels qui permettraient une permutation des valeurs féminines et masculines, dans un monde où "la société" accepterait "son corps humain," où elle accepterait de "vivre au lieu d'exploiter et d'anéantir la vie" (Chawaf, *Le Soleil* 166).

A titre d'exemple, notons que bon nombre de ses textes abondent en images où s'inscrivent à la fois une jubilation exubérante de la vie et un désir angoissé de la protéger contre tout ce qui la menace. Exprimée par un écrivain femme née dans des circonstances où la mort et la vie se sont confondues,[5] cette angoisse vis-à-vis du scandale de la mort se transforme, dans son oeuvre, en un refus de la "mise à mort" de l'affectif par un ordre socio-culturel qui favorise la domination du corps par l'esprit. Notons également que ce refus va de pair, chez Chawaf, avec une vision <u>autre</u> de la structuration du sujet féminin.

Dans plusieurs de ses textes, notamment dans *Cercoeur* (1975), *Chair chaude* (1976), *Blé de semences* (1976), *Le Soleil et la terre* (1976), *Maternité* (1979), *Crépusculaires* (1981) et *L'intérieur des heures* (1987), l'auteur évoque alors des espaces protecteurs et met l'accent sur le lien archaïque entre mère et fille dans la constitution du sujet féminin. Ce faisant, elle remet en question la fonction de la "métaphore paternelle" qui, selon le schéma freudien/lacanien aurait pour but de briser cette unité archaïque afin de permettre à chaque individu d'accéder à son identité sociale.

En contournant le modèle freudien, Chawaf explore une "éducation biologique" afin d'ouvrir la voie à un social qui prend racine dans le corps. Comme alternative, cette "éducation biologique" s'avère certes ambigue, car elle prolonge l'identification du même au même et risque le retour à un certain mythe du maternel. Or, si Chawaf cherche un modèle de la socialisation du sujet féminin qui se différencie du trajet d'Oedipe (selon lequel la fille doit rejeter la mère pour transférer son amour sur le père, transfert qui la fera finalement entrer dans le désir de l'homme), c'est parce qu'elle est consciente d'une problématique sous-jacente au modèle freudien. Non seulement ce transfert est-il difficile pour la fille mais, comme l'a fait remarquer Nancy Chodorow, la fille ne renonce jamais tout à fait à la relation pré-oedipienne avec la mère, "but builds rather whatever happens later on upon this preoedipal base" (101). Les problèmes qui s'ensuivent alors pour la fille devenue femme sont multiples.

En abordant la même problématique par un autre aspect, Luce Irigaray souligne qu'au cours de ce transfert, la fille doit non seulement renoncer à sa mère "mais aussi à son auto-érotisme pour ne plus s'aimer et n'aimer que l'homme." Elle se pose alors la question:

"Comment la femme pourrait-elle aimer l'homme sans s'aimer elle-même?" (Irigaray 68).

Dans le contexte de la thématique fondamentale de l'oeuvre chawafienne—celle de rétablir le lien entre les domaines de l'affectif et du social—il est évident que l'auteur interroge ici le "vieil ordre" selon lequel "on fait passer le social par le père . . . pour devenir un être social . . . le corps, la mère deviennent régression, folie . . . l'esprit, le père deviennent socialisation, évolution, religion . . . solution apportée à l'existence, à l'amour, au désir, suppression de l'existence de la femme. . ." (Chawaf, "Ecrire" 120).

Peut-être faudrait-il, comme le propose Alice Jardine, contourner à la fois "paternalistic values <u>and</u> [their] antithesis: maternal mysticism"? (Jardine 143; je souligne). Ou alors tout simplement "déconstruire" l'Oedipe, cette "histoire d'une longue 'erreur'," comme l'ont fait Gilles Deleuze et Félix Guattari, afin de la remplacer par des "machines désirantes"? En se passant d'un "père cérébral" et de la mère au profit "d'un 'corps plein' collectif, l'instance machinisante sur laquelle la machine installe ses connexions et exerce ses coupures"? (Deleuze 469).

Sans doute n'attend-on pas qu'un écrivain fournisse une "solution" à des problèmes qui concernent la société entière. Mais on voit comment l'écriture chawafienne participe ici à une pratique éthique d'engagement personnel. Une pratique par laquelle elle interroge la légitimité des discours qui dominent le "réel" et l'imaginaire de son époque. Bref: c'est un exemple parmi tant d'autres de cette écriture de femmes qui, dès ses débuts, a opéré dans une modalité "post/post-structuraliste." Quitte à choquer, à déranger et donc risquer d'être rejetée, critiquée et même détestée par les lecteurs et/ou les lectrices (Chawaf, "Aujourd'hui" 139).

Pour conclure, j'ai tâché, dans la première partie, de mettre en relief les composantes principales du "moment post/post-structuraliste" qui indiquent la nécessité de soumettre certains propos de la pensée post-structuraliste à un examen critique. J'ai montré ensuite jusqu'à quel point les réflexions critiques, provenant de domaines différents, se ressemblent.

Dans la deuxième partie, je me suis tournée vers le domaine de l'écriture du/au féminin pour souliger le fait qu'elle a opéré dans une modalité "post/post-structuraliste"—contrairement à ce qui s'est passé sur la "grande" scène de la littérature de la même époque. Avec quelques années de recul, il me semble nécessaire autant qu'utile de la soumettre, à nouveau, à un examen critique pour mieux apprécier sa portée historique et culturelle. L'erreur, c'est d'y voir une mode, de considérer ces écrits de femmes "en bloc" et d'ignorer leur valeur éthique d'engagement personnel. Comme j'ai essayé de le montrer à l'exemple de l'écriture chawafienne, c'est seulement à travers un double regard, une lecture à la fois sur le plan esthétique et éthique, que l'on peut mesurer son apport significatif—et toujours actuel—à la littérature sinon à la "condition humaine" entière.

NOTES

[1] Le terme "interdits" désignera ici l'exclusion de l'auteur de son texte et le sujet de son histoire ainsi que l'interdit de la représentation. Voir *Nouveau territoires romanesques*: 133–34.

[2]   Voir Susan S. Friedman, "Post/Poststructuralist Feminist Criticism: The Politics of Recuperation and Negotiation" (475–6) où elle cite Nancy K. Miller, *Subject to Change: Reading Feminist Writing* (New York: 1988): 106; 52.

[3]   Dans *Femmes écrites* (56), Enjolras se range ici à l'opinion d'Anne–Lise Groberty, Monique Laederach et Amélie Plume dans *Ecriture féminine ou féministe?* (Paris: Zoé Editions 1983): 26; 39.

[4]   Voir le chapitre "Texte féministe, texte féminine" dans *Femmes écrites*: 51–63.

[5]   Nous touchons ici à un fait biographique concernant la naissance tragique de l'auteur: "Je suis née le matin d'un bombardement à la clinique du Belvédère à Boulogne–sur-Seine, le 15 novembre 1943. C'est dans ce bombardement que j'ai perdu mon père, ma mère et ma tante" (*A ma mère*:103).

BIBLIOGRAPHIE

Chawaf, Chantal. *Le Soleil et la terre*. Paris: Mercure de France, 1976.

——. "Aujourd'hui." *Roman* 5 (1983): 135–40.

——. "Ecrire à partir du corps vivant." *Lendemains* 30 (1983): 118–26.

——. "A ma mère." *A ma mère: 60 écrivains parlent de leur mère*. Ed. Marcel Bisiaux et Catherine Jajolet. Paris: Pierre Horay, 1988. 103–08.

Chodorow, Nancy. *The Reproduction of Mothering: Psychoanalysis and the Sociology of Gender*. Berkeley: U of California P, 1978.

Deleuze, Gilles, et Félix Guattari. *Capitalisme et schizophrénie: L'Anti–Oedipe*. Paris: Minuit, 1972.

Enjolras, Laurence. *Femmes écrites: Bilan de deux décennies*. Saratoga: ANMA Libri, 1990.

Ewald, François. "Michelle Perrot: Une histoire des femmes." *Magazine littéraire* 186 (1991): 98–102.

Fouque, Antoinette. *1989: Etats généraux des femmes*. Paris: des femmes, 1990.

Friedman, Susan Stanford. "Post/Poststructuralist Feminist Criticism: The Politics of Recuperation and Negotiation." *New Literary History* 22 (1991): 465–90.

Irigaray, Luce. *Ethique de la différence sexuelle*. Paris: Minuit, 1984.

Prévost, Claude, et Jean–Claude Lebrun. *Nouveau territoires romanesques*. Paris: Messidor, 1990.

Rihoit, Catherine. "Est–ce–t–éthique?" *Roman* 18 (1987): 7–11.

Ruby, Christain. *Les Archipels de la différence: Foucault–Derrida–Deleuze–Lyotard*. Paris: Félin, 1989.

Viennot, Eliane. "Les Modifications de la société française sous l'impact du féminisme depuis 1968." *The French Review* 60.6 (1987): 797–807.

Une lecture de *Yasmina* d'Isabelle Eberhardt

Martine Astier Loutfi
Tufts University

Une monumentale biographie d'Isabelle Eberhardt d'Edmonde Charles-Roux est le plus récent des nombreux livres qui ont été consacrés à cet écrivain et personnage légendaire.[1] Parmi les faits les plus frappants de sa vie qui continuent à susciter l'intérêt il semble que son personnage de nomade mystique, d'errante tourmentée, occupe une place privilégiée.[2] L'étude des oeuvres apparait surtout comme un support de la biographie.[3]

Cependant l'analyse des textes authentiques d'Isabelle Eberhardt, qui sont de publication récente, permet de déceler les marques d'une vision et d'une écriture différentes de celles des auteurs contemporains qui s'interéssèrent à l'Algérie à l'époque de la colonisation.[4] La lecture de *Yasmina*, un texte auquel elle travailla à plusieurs reprises, permet de mettre en valeur l'originalité de sa situation et de son écriture.

La conquête de l'Algérie avait ouvert aux voyageurs la possibilité de confronter les constructions imaginaires de l'Orient avec la réalité. Il est certain qu'un rêve oriental construit à partir des romans de Pierre Loti, de rencontres et d'études poussa Isabelle à voyager au Maghreb. Pour de nombreux écrivains (Fromentin, Flaubert, Maupassant) l'expérience de l'Afrique du Nord se traduisit par un récit de désenchantement, un refus de la réalité, la fuite dans un Orient mythique passéiste. Dans les textes d'Eberhardt et dans *Yasmina* en particulier on trouve au contraire les signes d'un conflit, aux niveaux du récit et du langage, entre la vision de l'écrivain et les formes traditionnelles du thème oriental en littérature française.

Au niveau du récit ce texte s'inscrit dans la structure narrative de l'amour impossible entre l'officier français et la femme indigène. De Loti à Montherlant, on retrouve ce modèle de la rencontre Orient/Occident dans les romans de l'époque coloniale. L'originalité de *Yasmina* réside d'abord dans le fait que le personnage principal est la femme, Yasmina, et que l'inconstant officier n'est que l'instrument du destin de la protagoniste, celui qui successivement l'éveille, la détruit et la tue. La rencontre Orient/Yasmina/colonie- Occident/l'officier/colonisateur clôture par la destruction de la protagoniste, symbole du pays conquis. Il s'agit là d'une différence marquante entre le récit d'Eberhardt et ceux des auteurs de son temps qui assignent presque toujours à la femme indigène un rôle maléfique. Dans le roman colonial, c'est elle, la femme indigène, qui conduit le héros français à la mort. En renforçant ainsi le thème des dangers liés à l'aventure coloniale, les écrivains contemporains d'Eberhardt démontraient les limites étroites du discours littéraire sur la colonisation. Fonctionnant du seul point de vue du lecteur français et énonçant une problématique politique immédiate (faut-il envoyer les jeunes Français dans ces lieux dangereux?) ce discours masquait l'affrontement des peuples et des cultures qui résultait de la conquête du monde par l'Europe.

Plus subtile, ayant elle-même connu dès sa naissance la complexité d'un univers d'exil au confluent de plusieurs langues, Isabelle ne s'enferme pas dans le discours univoque du colonialisme mais au contraire établit dans le texte en français une parole double. N'attachant sa voix ni au discours du colonisateur ni au silence du colonisé, Isabelle désigne l'écart qui les constitue.

Dans *Yasmina*, elle place des éléments qui relativisent la conquête: à Timgad où est née la protagoniste et où elle rencontre l'officier français les envahisseurs se sont au cours des siècles succédés, il y "flottait l'âme mystérieuse des millénaires abolis" (43). La présence de ruines romaines, ces "décombres," ces "débris," au milieu desquels poussent des "chardons bleus" établit dès le début du texte une double définition du temps: temps historique des conquérants qui passent, permanence de la nature et de la vie en Yasmina et les siens "qui ignoraient tout des conquêtes passées." Le commentaire de l'auteur sur "cette terre d'Afrique qui dévore lentement mais sûrement toutes les civilisations étrangères ou hostiles à son âme. . ." modifie d'ailleurs la signification qu'on peut attribuer à la mort de son héroïne, Yasmina. Cette mort signifie certes la destruction des colonisés mais dans une perspective à long terme la colonisation n'est que temporaire et les "peuplades autochtones" survivront à toutes les conquêtes.

D'ailleurs l'auteur refuse d'entrer dans les tactiques de la propagande colonialiste : une des bases de la stratégie française consistait à établir une division entre les populations d'origine berbère et les populations arabes. Les Berbères auraient été christianisés puis ensuite islamisés par la force. De nombreuses expéditions et études destinées à soutenir cette thèse furent faites après la conquête. Isabelle n'accepte rien de cela et déclare: "ces peuplades autochtones ne furent jamais chrétiennes," la croix berbère que Yasmina porte au front demeure un "symbole inexplicable" (48).

La complexité de la situation d'Isabelle Eberhardt, écrivain, est reflétée dans les choix linguistiques qu'elle dut faire. Bien qu'écrits en français, ses textes comportent tous, comme *Yasmina*, de nombreux mots d'arabe dialectal. Il ne s'agit pas là d'une touche banale de couleur locale. Les vocables étrangers sont ici utilisés en situation et comme signes d'écart entre les deux mondes que l'auteur met en présence. Ainsi le nom de Mabrouk que Yasmina donne à son amant français signifie pour elle le désir de le naturaliser pour que "les oiseaux musulmans" sachent dire son nom. Pour lui ce nom signifie l'abandon de ses devoirs de fils et d'officier (54-55).

Dans la scène de la rencontre entre Yasmina et l'officier, puisqu'ils n'ont pas de langage commun ils échangent de l'eau et des bonbons chargés par eux d'exprimer leur désir. La substitution de l'eau et des bonbons aux mots illustre non seulement le vide social qui les sépare mais symbolise aussi l'importance relative que chacun accordera à la relation: elle sera vitale, comme l'eau, pour elle, et seulement un petit plaisir puéril pour lui, comme les bonbons.

Cependant la partie du texte où la langue manifeste le plus évidemment l'écart existant entre les univers des deux protagonistes est celle où l'officier "par simple jeu" (52) prononce la phrase rituelle en arabe par laquelle les musulmans se lient irrévocablement à leur religion. Pour Yasmina cela suffit à faire de lui un croyant. L'auteur souligne la différence entre la parole/acte telle que la conçoit l'Islam et la parole/code de l'Occidental en précisant que "l'énonciation (le mot est italisé) seule" suffisait à la conversion dans l'esprit de Yasmina.

D'ailleurs "l'abîme" qui sépare les amants s'inscrit dans le texte par le fait que les paroles de la femme parsemées d'expressions locales sont à l'évidence des traductions directes de l'arabe dialectal. Par contre, les paroles de l'amant français, bien qu'étant supposées dites en langue arabe (l'officier ayant appris la langue rapidement et parfaitement), sont transcrites par des tournures françaises. Ces différences dans la transcription favorisent le discours de l'officier colonisateur qui parait plus compréhensible et rationnel, au lecteur français. Par contraste, les exclamations de Yasmina: "—Tiens. chacal, bois mon sang. bois et sois content assassin" (71) renforcent la connotation d'étrangeté de l'expression et des moeurs des colonisés.

Malgré l'ouverture au monde des colonisés et la dénonciation de certaines formes de l'exploitation coloniale, l'oeuvre d'Isabelle Eberhardt demeure très marquée par l'idéologie colonialiste de son époque. Par exemple, on y trouve des qualifications raciales de particularités individuelles, non seulement physiques mais aussi mentales et culturelles. Ainsi, après avoir décrit "les grands yeux noirs de la race berbère," (47) elle attribue à son personnage "toute la passion fougueuse de sa race" (52). Par contre le texte d' Eberhardt se distingue fortement de l'idéologie de son temps par la distinction qu'elle introduit entre le "grand enchantement, la griserie intense de l'arrivée" (48) que connait le voyageur français et cet "amour obscur, mystérieux, profond, inexplicable, mais bien réel et indestructible" (*Ecrits sur le sable* T.1, 83) qu'elle éprouve pour sa patrie africaine. La différence profonde qui existe entre la séduction temporaire du voyageur et l'appartenance totale à un autre monde est mise en valeur dans le récit par le fait que l'officier qualifie rétrospectivement de "folie" l'attachement qu'il a éprouvé pour la femme indigène et son monde. Au contraire Yasmina demeure totalement attachée à son pays: elle veut arabiser son amant mais ne songe jamais à sortir de sa propre culture, à utiliser le Français pour s'occidentaliser. L'auteur attribue à son personnage un enracinement qui contraste avec la superficialité de l'exotisme.

En conclusion, on peut donc dire que l'écriture d'Eberhardt participe à la fois de l'idéologie colonialiste de son époque et d'un désir de s'en libérer et d'en renverser les poncifs. Cette ambiguité fondamentale constitue son originalité et son importance en tant que témoignage historique et littéraire.

NOTES

[1] Parmi les biographies les plus importantes citons: Robert Randau, *Isabelle Eberhardt, Notes et souvenirs* (Alger: Charlot, 1945;

Paris: La Boite a documents, 1989); Cecily McWorth, *The Destiny of Isabelle Eberhardt* (London: Routledge, 1951); Françoise d'Eaubonne, *La couronne de sable* (Paris: Flammarion, 1967); Annette Kobak, *Isabelle, the Life of Isabelle Eberhardt* (London: Chatto and Windus, 1988; NY: Knopf, 1989).

2 Voir par ex., Leila Sebbar, "Isabelle Eberhardt, Isabelle l'Algérien" in *Recluses et vagabondes* (Paris: Les Cahiers du Grif, no. 39, Automne 1988).

3 Voir en particulier, Denise Brahimi, *L'oued et la zaouia* (Alger: O.P.U., 1983).

4 Huleu et Delacour, eds. Isabelle Eberhardt, *Ecrits su le sable* T. 1 et 2 (Paris: Grasset, 1988, 1989).

OEUVRES CITÉES

Eberhardt, Isabelle. *Yasmina*. Eds. Delacour et Huleu. Paris: Liana Levi, 1986.

Roux, Edmonde Charles. *Un désir d'Orient*. Paris: Grasset, 1988.

Women at Work in Françoise Ega's *Lettres à une noire*

Annabelle M. Rea
Occidental College

Black women's autobiography, according to Elizabeth Fox-Genovese,[1] can be seen as an extension of the traditional slave narrative, a sort of "report from the war zone" (70). The narrator of Françoise Ega's *Lettres à une noire*, "Maméga," possesses what Fox-Genovese terms the black woman's desire "to bear witness to a collective experience" (70), and, as an experiment, hires herself out as a domestic, to see "jusqu'où peut aller une dame" (Ega 38).[2]

As Overseas Departments of France in the early 1960s, the Antilles only observed the various anticolonial liberation movements around the world. Departmental status, gained after World War II, had not, however, afforded African-Antilleans full equality with the European French.[3] When black Antilleans, lacking adequate employment at home, left for metropolitan France in search of work, they were faced with discrimination and prejudice. Even the passage to France could be a form of exploitation.

Françoise Ega's *Lettres* tells the story of some of Maméga's "sisters of color" brought to France as indentured servants—little better than slaves.[4] Like Ida B. Wells and others before her,[5] Ega decries the continuing existence of slavery long beyond its official abolition in the nineteenth century. Using terms such as "servitude" (142), "la traite" (35), "[s'offrir] à la criée" (89), and "payer son affranchissement" (131), Maméga attacks the practice of importing maids from the Antilles. She indicts all of France, including the government, for stereotyping Antillean women as domestic laborers: "Nous sommes classées par le gouvernement et la France entière comme devant être avant tout femmes de ménage, comme les Polonais sont ouvriers agricoles, les Algériens terrassiers" (137). Ega has one employer even say: "Elles ont cela dans le sang, ces femmes-là" (23).[6]

The book features specific incidents of exploitation and even sadism. The maids are shown having to arise at 6 a.m. and work until they fall into bed at 10 p.m. One, suffering from appendicitis, is forced to continue hard labor although her employer realizes that she is in pain. Another catches her employer turning back the clock to keep her working longer each day without additional pay. These women who employ other women and have the power to command them do not recognize them as women. They are robots—"engin[s] corvéable[s]" (128)—they are animals—"bétail humain" (213)—they are interchangeable creatures. Maméga remains nameless for her first employer. She does receive a name from another, but it is the name of her predecessor, because it is too much trouble for the employer to learn another! Maméga is jeeringly called "cette Baker" (102) because the only black woman's name some French know is that of the American entertainer Josephine Baker. A previous maid did not like oysters; this one will not be offered any. Peas will be cooked for the family members but not for the domestics: "les 'autres' ne comptent pas" (99).

In her continuing experiment, and against the wishes of her husband, before whose concern and anger she knows how to feign acquiescence in order to persist in the path she has chosen, Maméga takes on many jobs other than housework. She sews in a brothel, where she observes women who have preferred prostitution to domestic service, in what she terms their "esclavage volontaire" (115). She sews piecework at home, sells spices at a fair, and types in a law office. Maméga finds her worth in the eyes of the French tied to her status. In the office, her employer sees her as an individual; he serves her a refreshment on a hot day and compliments her on her writing style. In the doctor's home where the same lawyer-employer first saw her, she was a nameless drudge valuable only for her physical strength. Through this employment survey, Maméga is able to prove the falsity of the French saying: "Il n'y a pas de sots métiers" (151). There are, she concludes, jobs that condemn people to less than human dignity.

While European women who go to the Antilles invariably rise in social standing, the inverse is not true. Ega gives the example of Antillean women who might have been accountants with their own maids, as was Cécile, or hairdressers like Solange, who become domestic laborers on their arrival in France. Maméga seeks to peel away the misleading images to expose the true situation of her compatriots. Shortly after making her first inquiry about the publication of her writing, Maméga spots a travel poster with languid Antillean women waving their madras scarves to lure tourists to their tropical paradise (90). In place of this scene, she recalls sweating females doing agricultural "mule work" in sugar cane, pineapple or banana fields. On the continent, Antillean women, their reality just as hidden from European eyes, continue to do menial labor. As Gloria Hull has corroborated, black women everywhere in the western hemisphere, even intellectuals, have an intimate knowedge of menial work outside the home and have had since their arrival from Africa (108).[7]

Maméga's experiences in the labor force provide material for her book and create the heady satisfaction of autonomy because she does not have to ask her husband for money. Her earnings sometimes help the family to enjoy small luxuries—"[le] superflu" (59)—but at other times enable her to buy the day's bread. More important to her than her individual benefits is her sense that she is working for her sisters—"pour toutes les autres noires du monde entier" (32). Unlike many other Antillean women, she is not "just off the boat," but has lived on the continent for some time. Her awareness of French labor laws allows her to counsel the less fortunate on their rights. With Yolande she uses the formal "vous" to increase her friend's self-confidence; her aim is to raise Yolande out of her status as victim. Referring to Maryse Condé and Simone Schwarz-Bart, Christiane Makward has written of a "new age of French Caribbean women's writing where female characters cease to be victims; at the very least they are shown as rebels in spirit and sometimes in actual fact..." (197). Françoise Ega's *Lettres* clearly places her within this "new age," as Maméga, herself no victim, works toward rescuing her sisters from that state.

Maméga is obliging and ever tolerant. She changes her vacation plans, jeopardizing her chances to make publication contacts, to substitute for an ailing young woman afraid of losing her job. She takes in another young woman for six months while she waits for her fiancé. Unlike the nominally Christian white women who exploit their domestic employees, and the Jewish charity worker who refuses even a kind word to many petitioners, repeating, "Je ne peux rien pour vous" (149), Maméga practices her religion,[8] helping those in need, primarily black women, but she also aids a solitary elderly white woman and a young Guadeloupean male stow-away. In contrast to those who are heartless—"sans coeur" (104), "le coeur vide" (149)—Maméga and her friends may not have material wealth, but they have caring hearts.

We see in *Lettres à une noire* a community of individual women, no longer the nameless mass of black domestic employees, but loving individuals who help those in need. Solange, for instance, the narrator's closest friend and her daughter's godmother, radiates sunshine about her. Despite the cruelties of life, her warm laughter, with its restorative powers, echoes through the text. The rich laughter Solange and the narrator share is generously shared with us as readers. For Mamega, this community of supportive women is watched over by the Vierge Noire—the black Madonna—a symbol of the hard-working Antillean woman who knows how to smile with serenity. The black Madonna serves as a tie to Mamega's past, so absent from the surrounding European culture. She is a reminder of her mother back home or of the women storytellers of her childhood, a link to the motherland.

Mamega's "community" holds few men, black or white. Ega's book may, in fact, be seen as too critical of males, for she denounces the attitude of many of the men of color. Those Antilleans she calls "les superbes" (199), the elite, the future leaders, want to banish the domestic workers from their dances because they consider them inferior; these men equal in their cruelty the exploitative white women employers. Mamega chastises the longshoremen for their lack of dignity at a compatriot's funeral, as well as the Congolese priest who tries to seduce her in Paris. However, she makes no direct criticism of her husband, who is often shown as caring, but who remains unappreciative of her interests and talents.

Emile Monnerot, in his introduction to the posthumous 1978 l'Harmattan edition of *Lettres à une noire*, has called Françoise Ega "subversive" (8), and in many ways she is. She has created in her narrator, Mamega, a subversive character in her image. Speaking of her work as wife, mother, and cleaning woman, Mamega says: "C'est mon lot: je n'ai qu'à m'y tenir et je serai sans histoire" (85). "Sans histoire": never making trouble, invisible, without history, without a story. But Mamega cannot do without the pleasure of putting words together, the joy, the "immense bonheur" (12) of understanding, even when it means understanding the painful condition of her sisters. Writing has become a necessity for her, as she puts it, as impossible to give up as her children. It has become a form of relaxation after her exhausting days, and a way for the caregiver to minister to herself.

She writes despite the obstacles created by her limited education, by the interruptions of her daily life, by her lack of space and time. She writes leaning on the washing machine, during the night, or in the early morning hours when her five children are asleep. She even writes in public, on her propped-up purse in the bus, where another passenger assumes she is writing a love letter. She dares to write, despite the mockery of her compatriots and especially those representatives of patriarchy within her family, her husband and eldest son, who tell her that writing is absurd: "On ne mange pas le papier à la vinaigrette" (103) or "Mon écrivain, tu nous fais un gâteau?" (17). No one will be interested in "des histoires de nègres"(36), as her husband puts it. She is not a real writer. Hers are not real subjects.

Although the narrator has her own doubts because she does not fulfill her own preconceptions about the "real" writer whom she imagines in her inner sanctum, and several times admits of her husband, "il a raison" (49-50, 173), she perseveres in her madness. In fact, her husband's opposition serves as a stimulus for her. One may not be able to 'eat' what she has written, but of it she says, "je me régale" (17). Her fans—her children, a friend, Cécile, and "une grande dame" who remains nameless—"devour" her writing (70, 98). The nourishing value of her effort sustains her, as does the support of her female community. Cécile, the first to predict that she will be published, finds her a literary agent. Solange scouts Parisian resources for her as her "démarcheuse" (155), and the mysterious "grande dame aimant les Antilles et les Antillais" (75) encourages her to continue.[9]

The "Noire" of the title is a real woman, another important member of the female support group.[10] Carolina Maria de Jesus, whom Maméga refers to as simply "Carolina," is the author of a diary about her miserable life in a *favela*, or slum, of São Paulo, Brazil, *Quarto de despejo*, translated into English as *Child of the Dark*.[11] Maméga knows Carolina only through an article she reads in *Paris Match*, but the Brazilian woman who writes on scraps of paper she scavenges from the garbage of others, this poor and uneducated woman who dares to write and tries to have her work published, inspires Maméga to continue. Maméga converses with Carolina, sharing her secrets with her, extending her confidence to her as another in the community of women. Although Carolina speaks only Portuguese, the one-sided epistolary relationship has restorative powers, like Solange's laughter. Maméga understands that they share the language of the heart, the heart that was lacking in the European women who exploited their maids, as well as in the male Antillean elite who refused them an equal place at their gatherings.

The form in which Françoise Ega has constructed her text seems particularly significant. *Lettres* may be classified as an epistolary novel, epistolary autobiography, a slave narrative, a letter/journal, or a writer's diary.[12] As a writer's diary, it comments on an earlier work, *Le royaume évanoui*, as well as providing many self-referential statements. The breakdown into nineteen chapters and, especially, the creation of a separate chapter with the same date for the story of the Congolese priest suggests more the diary than the letter. In its rich, warm, humorous detail, it is also a piece dedicated to Solange, a memorial to the ambitious and energetic friend run over in a Paris pedestrian crosswalk: "j'ai tant de choses à écrire à Solange que je ne sais par quel bout commencer. Un livre peut-être!" (217).

More importantly, *Lettres à une noire* belongs to two major fictional traditions: women's autobiography and black autobiography. Primary among the shared characteristics of the two traditions is the extension of the self into a community, in contrast with the "moated self" described by H. Porter Abbot in his *Diary Fiction* (24). I am particularly indebted to Elizabeth Fox-Genovese, Estelle Jelinek, Nellie McKay, and Stephen Butterfield for their analyses of the two domains represented by Ega's text.[13] In her choice of form, Ega has also factored in the interrupted nature of the woman's life and the orality of Antillean culture;[14] her decision to have Maméga address the Brazilian woman through letters is a brilliant narrative solution. The use of direct address with the familiar "tu" also implicates each one of us individually, imploring us to react to injustice, to respond to the needs of others. Ega has targeted two groups particularly, the very rich and the not-so-poor: "pour que les riches . . . puissent faire un meilleur usage des biens de la terre . . . aussi pour que nous, les pauvres, qui cessons de l'être absolument, nous jetions un regard sur ceux qui sont enfoncés jusqu'au cou dans la misère" (54). The opening *in medias res* of "Mais oui, Carolina," echoed in the book's close with the same "Mais oui," plunges the reader directly into the dialogue from the first lines of *Lettres à une noire*.[15] Françoise Ega has resolved the question of terminology with her subtitle, "récit antillais," underlining the orality of this text that provides such a striking example of the black female literary tradition.

240

Lettres can be placed into one further tradition: that of inspirational literature. Maméga's experiment does not shake her basic Christian faith. Despite her outrage at the indignities suffered by her sisters, she has written an optimistic text.[16] The optimism is reflected in the peace she experiences in her home and in nature, where she ceases to be a machine and becomes a woman again, in the warm laughter and support she shares with her female friends, in the joys and triumphs her writing brings her, and also in her dream for the future. A friend has best stated the reason for her labor: her daughter. "Je ne voudrais pas que cette petite se mette à faire des ménages comme moi, j'ai trimé tant d'années pour l'envoyer au Lycée Technique" (144).

The book ends with a chorus of those working women sharing their dream—"We have a dream," to echo Martin Luther King's 1963 speech—their dream of seeing their children in universities or in jobs where their merit has taken them. Like Carolina who left the *favela* through her writing and like her Antillean sisters, Maméga has a dream: a dream for her writing. Black writers are evaluating her manuscript at Easter time, with obvious Christian symbolism.[17] Maméga also has a dream for the black world. Although she saw it dimmed by the assassination of U.S. President John Kennedy, the fighter for school desegregation, her dream for the "dignité définitive" (210) of the black diaspora did not die with him. For "des centaines de milliers de femmes et d'hommes noirs . . . de Johannesburg au Mississippi, en passant par Douala et Fort-de-France" (210), she refused to remain silent, "sans histoire" (85). The woman on the bus who asked her what she was writing and concluded that it could only be a love letter was perhaps after all not so far off.

NOTES

¹ Fox-Genovese refers to the work of Selwin Cudjoe on the question of the relation of black women's autobiography to the slave narrative.

² In his introduction to *Lettres* (6), Emile Monnerot cites the parallel with the white writer John Howard Griffin (Monnerot mistakenly calls him "Griffith") who disguised himself to write *Dans la peau d'un noir*, originally published as *Black Like Me* (Boston: Houghton Mifflin, 1961). All French quotes in my essay come from Ega's text.

³ Family allowances, for example, remained higher for the European French: "J'ai rencontré une Guadeloupéenne qui a sept enfants et qui est venue en France pour avoir les mêmes allocations que les Françaises de France" (122-23).

⁴ For information on the emigration of Antillean women, see two articles in *Les dossiers de l'Outre-Mer* 82.1 (1986), "Femmes des DOM": Céline Celma, "Les Femmes au travail à la Martinique xviiᵉ-xxᵉ siècles: première approche": 24-31, and Frédérique Fanon, "L'Emploi des femmes à la Martinique": 57-64. See also Jean Goossen, "The Migration of French West Indian Women to Metropolitan France," *Anthropological Quarterly* 49.1 (1976): 45-52. Until the founding of the Bureau des Migrations pour les Départements d'Outre-Mer (BUMIDOM) in 1963, the emigration and employment of Antilleans was handled through private arrangements. Solange first brings up the subject as something potentially positive she has heard about; she mistakenly calls it "Zubidom" (135). Later, she identifies it correctly as the Bumidom, and says she is against it (214-15). The Bumidom, because of its poor reputation, was replaced by another agency, the Agence Nationale pour l'Insertion et la Promotion des Travailleurs d'Outre-Mer (ANT), in 1981.

⁵ See Stephen Butterfield's book *Black Autobiography in America* (Amherst: U of Massachusetts P, 1974) on Wells' 1928 volume, *Crusade for Justice*, about which he comments: "She takes the position that slavery still exists; therefore it is still appropriate to combat it with the old abolitionist fervor" (201).

6 The remark, "Elles ont cela dans le sang" recalls the striking anecdote related by Erlene Stetson in "Silence: Access and Aspiration," *Between Women*, eds. Carol Ascher, Louise De Salvo and Sara Ruddick (Boston:Beacon, 1984) where an eight-year-old child, seeing a black baby, cries out: "Auntie, come quick and look, it's a baby maid!" (240).

7 See also Quandra Prettyman Stadler, "Visibility and Difference: Black Women in History and Literature—Pieces of a Paper and Some Ruminations," *The Future of Difference*, eds. Hester Eisenstein and Alice Jardine (Boston: G.K. Hall, 1980) 240.

8 In speaking of the mid-nineteenth-century work of Nancy Price, *Life and Travels*, Hazel V. Carby notes this same use of applied religion to show the hypocrisy of white women. *Reconstructing Womanhood: The Emergence of The Afro-American Novelists* (New York: Oxford UP, 1987) 42.

9 Ega's earlier work, *Le temps des madras*, originally published in 1966 by Editions Maritimes et d'Outremer and re-edited by l'Harmattan in 1989, is dedicated to "une grande Française, Madame Gruss-Gallieni, ma bienfaitrice," which I believed might provide a clue to the identity of the "grande dame" of *Lettres*. Françoise Ega's daughter, Christiane Toumson-Ega, has corrected my hypothesis by saying that the "grand dame" refers to the Martinican novelist and poet Marie-Magdaleine Carbet and not Madame Gruss-Gallieni, the "marraine de guerre" of Françoise Ega's husband.

10 In *Caribbean Writers, A Bio-Bibliographical-Critical Encyclopedia*, ed. Donald E. Herdeck (Washington, DC: Three Continents, 1979) the title is given as *Lettres à Carolina* and it is listed as "in manuscript" after the death of Ega in 1976. According to Christiane Toumson-Ega, L'Harmattan chose the final title after Françoise Ega's death. Françoise Ega herself planned to call her book *Lettres à Carolina*. I wish to express my gratitude to Christiane Toumson-Ega for these rectifications.

11 *Quarto de despejo*, means literally "Room on the Garbage Heap" or "Room at the Dump." Whether Françoise Ega had read the French translation, published by Stock as *Le dépotoir*, or only the *Match* article of May 5, 1962 (pages 22-23; 28, 32, 36, 40, 43), I do not know, but her character clearly had not read the book. For instance, she tells Carolina that selling spices at the fair and watching hundreds of people

pass by eating "tons of sandwiches" is an excellent way to keep one's weight down, when Carolina's daily obsession is scavenging or begging enough food for the survival of her three children and herself. Maméga would not likely have understood Carolina's lack of female friendships or her mention of a "delicious" night of lovemaking with Senhor Manuel (142). See Arthur Flannigan's article "Reading Below the Belt: Sex and Sexuality in Françoise Ega and Maryse Condé," *French Review* 62.2 (1988): 300-12, for an analysis of the absence of sexuality in *Lettres*.

[12] On the epistolary novel see Ruth Perry's *Women, Letters and the Novel* (New York: AMS, 1980). Although she speaks of the seventeenth and eighteenth centuries, much useful material can be gleaned from her book. On epistolary autobiography as a form exclusively used by women, see Katherine R. Goodman, "Elisabeth to Meta: Epistolary Autobiography and the Postulation of the Self," *Life/Lines, Theorizing Women's Autobiography*, eds. Bella Brodzki and Celeste Schenck (Ithaca: Cornell UP, 1988) 317. On the extended slave narrative, see note 1. On the letter/journal, see Valerie Raoul, *The French Fictional Journal: Fictional Narcissism and Narcissistic Fiction* (Toronto: U Toronto P: 1980). See also Lorna Martens, *The Diary Novel* (Cambridge: Cambridge UP, 1985) on the fluid boundaries between the diary novel and the epistolary novel.

[13] See also Claudia Tate, Introduction to *Black Women Writers at Work* (New York: Continuum, 1983).

[14] See especially Maryse Condé's *La Civilisation du Bossale: Réflexions sur la littérature orale de la Guadeloupe et de la Martinique* (Paris:L'Harmattan, 1978) on the Antillean oral tradition.

[15] For the letter as dialogue, see Mireille Bossis, "Methodological Journeys Through Correspondences," *Men/Women of Letters*, *Yale French Studies* 71 (1986): 63. See also Martens (257, note). See note 12.

[16] In *La parole des femmes, Essai sur les romancières des Antilles de langue française*, Maryse Condé writes of *Le temps des madras*, "On peut pardonner à Françoise Ega son parti pris d'optimisme, compte tenu, répétons-le, du fait qu'elle raconte ses souvenirs d'enfance" (Paris: L'Harmattan, 1979) 73. Although she lists *Lettres à une noire* in her bibliography, she does not discuss it.

17 The many Christian comments in this text may irritate some readers. Note, for example, the references to *L'imitation de Jésus Christ* and comments such as, "Mon Dieu, faites que ce soit de la joie, mais pas de l'orgueil, autrement, mon acte n'aurait pas de sens," after the narrator has helped the Guadeloupean stow-away (182).

WORKS CITED

Abbot, H. Porter. *Diary Fiction: Writing as Action*. Ithaca: Cornell UP, 1984.

Butterfield, Stephen. *Black Autobiography in America*. Amherst: U Massachusetts P, 1974.

Ega, Françoise. *Lettres à une noire: récit antillais*. Paris: L'Harmattan, 1978.

Fox-Genovese, Elizabeth. "My Statue, Myself. Autobiographical Writings of Afro-American Women." *The Private Self*. Ed. Shari Benstock. Chapel Hill: U North Carolina P, 1988. 63-89.

Hull, Gloria T. "Alice Dunbar Nelson: A Personal and Literary Perspective." *Between Women*. Eds. Carole Ascher, Louise De Salvo and Sara Ruddick. Boston: Beacon, 1984. 104-11.

Jelinek, Estelle. *Women's Autobiography: Essays in Criticism*. Bloomington: Indiana UP, 1980.

Jesus, Carolina Maria de. *Child of the Dark*. Trans. David St. Clair. New York: Dutton, 1962.

—. *Quarto de despejo*. Rio de Janeiro: Francisco Alves, 1960.

Makward, Christiane, with Odile Cazenave. "The Others' Others: 'Francophone' Women and Writing." *The Politics of Tradition: Placing Women in French Literature. Yale French Studies* 75 (1988): 190-207.

McKay, Nellie Y. "Race, Gender and Cultural Context in Zora Neale Hurston's *Dust Tracks on the Road*." *Life/Lines: Theorizing Women's Autobiography*. Eds. Bella Brodzki and Celeste Schenck. Ithaca: Cornell UP, 1988. 175-188.

De l'oralité à l'écriture:
deux narratrices chez Simone Schwarz-Bart[1]

Claire-Lise Tondeur
Bradley University

Les romans de Simone Schwarz-Bart nous plongent dans l'univers des Antilles, que ce soit par le souvenir comme dans *Un plat de porc aux bananes vertes* (1967) ou directement comme c'est le cas pour *Pluie et vent sur Télumée miracle* (1973). Dans chacun de ces deux romans, la narratrice, une Africaine déracinée sortie de l'esclavage, comme toutes les Caribéennes, poursuit une quête: retrouver les origines du peuple antillais, la sagesse séculaire qui a survécu à l'esclavage et au colonialisme et la transmettre aux nouvelles générations. Cette recherche de l'Afrique originelle, éloignée dans l'espace et le temps, est remaniée et recréée continuellement par l'imaginaire guadeloupéen qui se perpétue dans un folklore oral. Cette quête des origines permettra également aux deux narratrices de découvrir leur propre identité. C'est d'ailleurs le rôle qu'Edouard Glissant assigne à l'intellectuel antillais: lutter contre l'oubli, travailler à rétablir une mémoire collective.

La recherche d'identité qui est au centre de toutes ces préoccupations est aussi une manière d'échapper à la malédiction du zombi. Cette créature, caractérisée par une absence de mémoire et une perte du sens d'identité, se trouve dans un état intermédiaire entre vie et mort, réduit à une existence "végétative", dont peuvent "dispose[r] à leur gré des individus sans scrupules" (Kerboull 137). Comme l'explique Alfred Métraux dans son ouvrage sur le vaudou: "le zombi demeure dans cette zone brumeuse qui sépare la vie de la mort. Il se meut, mange, entend, parle même, mais n'a pas de souvenir et n'est pas conscient de son état" (250). Complètement désorienté, le zombi ne sait plus où commence l'imaginaire et où s'arrête la réalité. Il y a même abolition de leur différence. La mûlatresse Solitude se demande parfois si les noirs ne vivent pas sous un sortilège blanc. "Tout cela arrivait à cause du mystère de la pensée blanche et ceux-là étaient bel et bien perdus qui entraient dans cette pensée, ils devenaient des ombres, des marionnettes à l'intérieur du rêve des hommes blancs: ils n'étaient plus, ils étaient comme s'ils n'avaient jamais été" (*Solitude* 109). A force d'être un cauchemar leur vie devient onirique pour ne pas rester réelle. "Et Solitude ouvrait de grands yeux, serrait étroitement les poings, et se disait en souriant qu'elle n'était pas grand-chose, vraiment, sur la terre des hommes, ne sachant pas même à l'intérieur de quel rêve elle se trouvait" (117). Cette hantise d'un état flottant qui cherche désespérément un ancrage est ce qui pousse narrateurs et personnages à se définir en reconstituant leur identité affaiblie par l'oubli où les a plongés le déracinement et l'esclavage.

Les deux narratrices, c'est-à-dire Télumée et Marie, incarnent l'espoir de tout un peuple de retrouver son identité profonde. Ces femmes sont souvent maltraitées par leurs propres hommes, victimes de la discrimination des colons mais elles résistent, décidant de rester fortes malgré toutes les menaces, à l'instar de Reine Sans Nom qui était "une vraie négresse à deux coeurs, [qui] avait décidé que la vie ne la ferait pas passer par quatre chemins" (*Pluie* 66). "Tu seras sur terre comme une cathédrale" (58) prédit Man Cia, "sorcière de première" (29) à Télumée enfant en lui enjoignant d'être "une vaillante petite négresse, un vrai tambour à deux faces, laiss[ant] la vie frapper, cogner, mais conserv[ant] toujours intacte la face du dessous" (62). Une fois adulte, sa force intrinsèque et occultée lui permet de rester "irréductible" (187), "intacte" (94) sous les insultes et les insinuations racistes de sa patronne.

> Je me faufilais à travers ces paroles comme si je nageais dans l'eau la plus claire qui soit, . . . me félicitant d'être sur terre une petite négresse irréductible, . . . je lui abandonnais la première face afin qu'elle s'amuse, la patronne, qu'elle cogne dessus, et moi-même par en dessous je restais intacte, et plus intacte il n'y a pas. (94)

Télumée a aussi hérité de sa bisaïeule une "foi inébranlable en la vie" (13) qui l'aide à supporter avec courage et dignité les coups répétés d'un destin malheureux, tout particulièrement l'enfer qu'elle subit auprès de l'homme qu'elle avait toujours aimé. La force intrinsèque et indestructible de certaines noires est un élément fondamental dans la lente élaboration d'une identité qui leur soit propre.

Il est significatif que le rôle central du griot, poète musicien ambulant de l'Afrique noire, dépositaire de la culture orale, soit repris, dans ce cas, par des femmes. Dans cette société où l'homme est souvent absent ou de passage, où par conséquent les familles deviennent matrifocales, la place centrale de mémorialiste et transmetteur de la connaissance revient aux femmes, tout particulièrement aux vieilles femmes. Leur expérience de vie et leur statut social ambigu, comme celui du griot (à la fois objet de crainte et de mépris) les prédisposent à ce rôle, poètes et sorcières à la fois. D'ailleurs Télumée, après le décès de sa grand-mère, fait un apprentissage auprès de Man Cia, qui l'initie au secret des plantes. Man Cia est une sorcière, c'est-à-dire une jetteuse de mauvais sorts comme en sont convaincus les habitants de Fond-Zombi, mais elle est également guérisseuse. L'un ne va pas sans l'autre. On retrouve cette même ambiguité face au conteur. Victoire, la mère de Télumée, qui chantait constamment, avait par contre instinctivement peur de parler. "Elle tenait la parole humaine pour un fusil chargé, et ressentait parfois comme une hémorragie à converser" (31). La parole aussi a ce double aspect de danger et de baume. C'est une arme que les femmes utilisent souvent pour médire, "bruiss[ant] de paroles empoisonnées" (50) lorsqu'elles se retrouvent par exemple à la rivière pour laver leur linge. Avec l'interruption de la chaîne des générations qui menace la survivance de l'oralité, c'est l'écriture qui doit prendre la relève. Jusque-là les femmes avaient toujours eu des filles qui continuaient la tradition. N'ayant pas eu d'enfants, Télumée et Marie se doivent de prendre la parole pour que leur lignée ne s'éteigne pas complètement.

Bien que la voix de l'auteur s'efface derrière celle de ses narratrices, la récurrence du motif de la prise de parole comme seul instrument du pouvoir chez ces noires de la Guadeloupe témoigne de l'intérêt particulier que l'auteur porte à ce thème. Presque tous les personnages sont des paysans pauvres qui vivent attachés à un mode de vie basé sur une culture antillaise ancestrale, un culte des Anciens et un monde très riche en légendes. Les deux narratrices ont appris à vivre grâce à leur grand-mère (Man Louise pour Marie, Reine sans Nom pour Télumée) dont la sagesse de vie les a guidées. Les jeunes vont à "l'école antillaise", c'est-à-dire que regroupés autour des Anciens, ils écoutent des contes au contenu didactique, des conseils prodigués en formules lapidaires ou des proverbes véhiculant la sagesse populaire. Si les vieux sont vénérés, c'est parce que l'initiation à la vraie vie a lieu par la transmission orale dont ils demeurent les agents privilégiés. Ils sont cette mémoire vivante de la Guadeloupe que Simone Schwarz-Bart veut sauver en transformant cette oralité en écriture. "Je pense comme les Africains, nous dit l'auteur, que lorsqu'un vieux meurt, toute une bibliothèque disparaît" (*Documents* 15).

Le passage d'un folklore oral à une littérature écrite se fait grâce aux narratrices qui par leurs autobiographies fictives servent de médiatrices à ce parcours. La narratrice s'approprie une parole anonyme fluctuante pour la fixer par l'écriture, l'une tient un journal, l'autre raconte sa vie. La parole collective en créole se transforme en texte rédigé en français mais l'auteur cherche à évoquer l'oralité originelle en ayant recours à un langage très imagé, ponctué de dictons, rythmé comme une musique. C'est ainsi qu'elle essaie de reproduire en français la structure mélodique du créole. Cette langue hybride, dont la structure est proche de celle de l'oral, reprend en écho les mêmes proverbes et s'enrichit d'un lexique particulier pour désigner des réalités propres aux pays caribéens, c'est-à-dire un foisonnement de couleurs, d'odeurs et de végétation luxuriante. C'est un langage qui entrelace des bribes de contes, des couplets de chansons, des proverbes, dont émane toute une sagesse dérivée d'un contact direct avec la nature.

Les récits de Simone Schwarz-Bart sont construits et structurés à partir de deux thèmes principaux: le culte du pays natal et le culte du passé. Pour Fanta Toureh toute l'oeuvre de Schwarz-Bart est vouée à la "restitution d'un passé, à sa réhabilitation" (7). Dans *Un plat de porc aux bananes vertes* le pays natal est en fait recréé par la mémoire. Marie, échouée dans un asile parisien, tient un cahier dans lequel elle transcrit ses rêves de retour à la Guadeloupe. Son regret obsédant du pays natal se cristallise dans un plat de porc, festin auquel elle avait pu goûter enfant, et dont elle se souvient avec nostalgie. Télumée Lougandor, la narratrice de *Pluie et vent sur Télumée Miracle*, au soir de sa vie, tisse un réseau de confidences sur ses joies et ses misères quotidiennes. C'est un chant de douleur et de fierté, d'accablement et de courage qui se transmue en un hymne à la vie.

Un plat de porc aux bananes vertes écrit par le couple Schwarz-Bart a paru sous le titre *La Mûlatresse Solitude* qui doit rassembler plusieurs volumes illustrant la "saga" des Noirs, de 1760 à nos jours, et dont *Un plat de porc aux bananes vertes* constitue le prélude. La mûlatresse Solitude, personnage historique et héroïque de la Guadeloupe du XVIIIe siècle faisait partie des Noirs Révoltés, les Marrons, opposés aux Français et aux Anglais et elle fut suppliciée en 1802 pour avoir lutté en faveur de l'émancipation. Elle est présentée comme l'aïeule de la narratrice Marie qui vit exilée dans un hospice de vieillards parisien. Celle-ci espère avoir gardé de son aïeule Solitude le sang d'une Révoltée. Nous sommes en 1952, Marie a soixante-douze ans, elle est sans ressources, presque aveugle, à la merci des caprices des autres pensionnaires; la grande question pour elle est d'obtenir qu'une de ses voisines de dortoir lui prête des lorgnons. Munie de ces indispensables lunettes, Marie va pouvoir couvrir d'écriture et parfois de dessins un vieux cahier d'écolier. C'est ainsi qu'elle reconstruit patiemment son passé, qui fait irruption comme des accès de maladie. "Quand le passé remonte ainsi le long de ma gorge, il me semble parfois, au réveil, que je suis en proie à une attaque de croup" (13).

Ces lambeaux de passé, qu'elle sent "grouiller sous [sa] peau, comme de la vermine dans une maison abandonnée" (14-15), elle les rassemble avec persévérance mais elle souffre de son exil parisien, tout particulièrement d'avoir échoué dans "le Trou". Déjà isolée de sa famille autrefois par son goût de la liberté, elle se retrouve dans une solitude d'exilée parmi des compagnes blanches dont elle est le souffre-douleur. Leurs petites tyrannies séniles sont inspirées par la couleur de sa peau. Mais c'est son isolement culturel qui lui pèse le plus. Car là il s'agit d'une véritable exclusion. Marie regrette surtout de ne pas pouvoir transmettre son expérience de vie à la jeune génération. "Tu vois, se dit-elle, si tu étais restée au pays, toi aussi tu déverserais ton plein de contes dans les pupilles des enfants comme faisait Man Louise" (138). Les seuls points lumineux mais douloureux dans ce processus, ce sont les apparitions mnémoniques de sa grand-mère. "Frissons d'écume, remous d'eau profonde: et voici soudain qu'une haute lame du Temps dépose, sur la plage désolée de mon esprit, la silhouette de grand-mère assise dans sa berceuse créole" (42).

Si Marie s'est mise à écrire, c'est pour fixer irrévocablement ce passé fuyant, fait de souvenirs disparates. Excités par le toucher d'une feuille de siguine, relique conservée dans sa valise, les souvenirs surgissent. Son enfance antillaise lui apparaît, à l'époque où elle était Mariotte, elle revoit la mère—Moman, Man Louise—la grand-mère, fille de Solitude, et Raymoninque le rebelle, "angélique" batteur de tambour N'goka, qui est probablement le père de Mariotte. La scène centrale qui ressurgit souvent c'est celle de l'agonie de Man Louise. Marie fascinée, revit par exemple la peur de la jeune Mariotte qui assiste au délire de sa grand-mère, qui régressant dans le passé, est terrifiée à la perspective de se faire fouetter par Madame de Grosignan, son ancienne maîtresse du temps où elle était encore esclave, suppliant qu'on ne vende pas son deuxième fils, incapable de reconnaître sa famille qui l'entoure (63-65).

Le souvenir odorant du plat de porc fonctionne comme la madeleine proustienne; il fait jaillir de la mémoire involontaire de Marie des pans entiers de son passé et de celui de la Guadeloupe. La narratrice évoque les coutumes ancestrales: l'art de battre le tambour, de chanter et de conter la sagesse populaire. Elle fait renaître un art de bien vivre et de bien mourir "à l'antillaise". Elle témoigne aussi, par des rappels d'événements historiques, telle la reconstitution de l'époque esclavagiste, des blessures qui ont été infligées à la population guadeloupéenne.

La narratrice de *Pluie et vent sur Télumée miracle* est une vieille paysanne noire de la Guadeloupe qui est restée fidèle à l'enseignement de sa grand-mère, une "haute négresse", surnommée Reine-sans-Nom, parce qu'on ne trouvait pas de nom pour exprimer tout ce que représentait cette femme qui refusait de "s'habituer au malheur" (28). Elevée par sa grand-mère, Télumée est chassée, après une période de bonheur, par Elie, l'homme qu'elle aime depuis l'enfance. Il l'avait d'ailleurs avertie que le malheur est toujours prêt à les assaillir. Cet homme si doux et prévenant, pressent qu'il va sombrer dans une rage éthylique destructrice. "Demain notre eau peut devenir vinaigre ou vin doux, mais si c'est vinaigre, n'allez pas me maudire ... car dites-le-moi, n'est-ce pas un spectacle courant, ici à Fond-Zombi, que la métamorphose d'un homme en diable" (120)? Ensuite Télumée voit mourir, ébouillanté, son deuxième compagnon, Amboise, le meneur des grévistes, qui paie pour ses camarades. A huit ans elle avait déjà assisté au meurtre de son père, tué par un ami. Les dernières années de Télumée, vieille marchande solitaire de cacahuètes, sont des jours de résignation souriante: "je mourrai là comme je suis, debout, dans mon petit jardin, quelle joie!..." (249). Elle a pourtant beaucoup souffert dans sa condition de femme, de noire et d'exploitée mais sa volonté de bonheur est la plus forte. Sa grand-mère insistait que "Nous, les Lougandor, ne craignons pas davantage le bonheur que le malheur" (137). Cette sagesse séculaire, incarnée par le clan des femmes Lougandor, est basée sur la profonde conviction que toute vie est faite de joie et de souffrance, inextricablement liées. Les revers de la vie ont un aspect cyclique, il n'est pas question de pouvoir les éviter.

Nous connaissons les arènes, la foule, la lutte, la mort. Nous connaissons la victoire et les yeux crevés. Tout cela ne nous a jamais empêchées de vivre, ne comptant ni sur le bonheur, ni sur le malheur pour exister, pareils aux familles de tamariniers qui se ferment la nuit et s'ouvrent le jour. (121)

En devenant la narratrice de sa propre vie, Télumée prend mieux conscience de son identité et témoigne par son exemple qu'elle appartient à cette lignée de femmes dont le pouvoir de survie est extraordinaire. Ce qui permet à ces femmes de tout supporter, c'est leur croyance dans l'alternance du bonheur et du malheur qui suit le même mouvement cyclique que les changements dans la nature. Parce qu'elle vit à la Guadeloupe, Télumée n'est pas dévorée par une nostalgie du pays natal. Il s'agit plutôt pour elle d'être témoin, à travers toutes les vicissitudes de l'existence (Pluie et vent), du miracle de les accepter avec sérénité, patience, courage, et dignité; et de pouvoir garder, au-delà de tout, l'amour de la vie, la capacité de jouir de la beauté du monde, et de rester en accord avec les forces de la nature.

Dans cette société matrifocale ce sont donc les femmes qui prennent la parole, reprenant ainsi le rôle millénaire du griot, dépositaire de la tradition orale. Le récit de ces Guadeloupéennes transmet une sagesse de vie faite de courage et d'abnégation. Et à travers leur prise d'écriture, ces femmes trouvent leur identité. Cette quête identitaire est facilitée par "la parenté de l'écriture féminine avec le langage oral" dont parle Béatrice Didier dans *L'écriture-femme* (32), où elle se penche sur le problème de l'"oralitude", c'est-à-dire du rapport à la littérature orale, qu'elle considère comme une "spécificité féminine" qui ne devrait plus être ressentie comme une limite ou une infériorité mais "comme un droit à la différence" (31); constatant qu'"écrire n'apparaîtra plus à la femme comme une sorte de trahison par rapport à la parole si elle sait créer une écriture telle que le flux de la parole s'y retrouve, avec ses soubresauts, ses ruptures et ses cris" (31), ce à quoi parvient parfaitement Simone Schwarz-Bart.

NOTE

[1] Cet article est une version révisée d'une communication présentée au Eighth Annual Wichita State University Conference on Foreign Literature en avril 1991.

OEUVRES CITÉES

Didier, Béatrice. *L'écriture-femme*. Paris: PUF, 1981.

Kerboull, Jean. *Le Vaudou, magie ou religion?*. Paris: Laffont, 1973.

Métraux, Alfred. *Le Vaudou haïtien*. Paris: Gallimard, 1958.

Schwarz-Bart, André. *La mulâtresse Solitude*. Paris: Seuil, 1972.

Schwarz-Bart, André et Simone. *Un plat de porc aux bananes vertes*. Paris: Seuil, 1967.

Schwarz-Bart, Simone. *Pluie et vent sur Télumée Miracle*. Paris: Seuil, 1972.

Textes et Documents #2 1979, Ed. Caribéennes, Centre U. Antilles-Guyane, "Sur les pas de Fanott." Interview de Simone et André Schwarz-Bart.

Toureh, Fanta. *L'imaginaire dans l'oeuvre de Simone Schwarz-Bart: approche d'une mythologie antillaise*. Paris: L'Harmattan, 1986.

Pensée analogique chez quelques écrivaines québécoises

Metka Zupančič
Université d'Ottawa

Au-delà d'une sorte de "sémiotique textuelle," je me propose d'analyser, dans le cadre d'un type de mythocritique, la présence de la pensée analogique chez quelques écrivaines québécoises, surtout chez Yolande Villemaire et Nicole Brossard. Leur écriture représente une sorte de synthèse des phénomènes que l'on trouve également dans d'autres textes, à savoir ceux de Suzanne Jacob et d'Anne Hébert, pour ne citer que quelques noms.

En premier lieu, je postule que l'écriture analogique peut être vue comme étant typiquement mythologique, Antoine Faivre dirait même "théosophique." Mais il ne faudrait pas oublier que la mythologie dans la littérature en question est profondément reconsidérée, que les "mythèmes" (G. Durand) y sont globalement restructurés. En outre, elle semble être porteuse d'une conscience à venir que je définirais un peu superficiellement comme "resacralisation intégrative du monde." Je suggère donc que la littérature analysée est en quelque sorte annonciatrice d'une nouvelle mythologie, d'un nouveau mode spirituel. La caractéristique profonde de ce dernier semble être sa nature intégrative, holistique, où le monde entier est invité à communiquer, dans la mesure du possible, à l'intérieur d'un texte écrit le plus souvent dans une prose très rythmée, très poétique. C'est là encore un signe indiquant la nature intégrative de cette littérature, ne serait-ce qu'au niveau des "genres" et des "modalités" littéraires.

Ce qui dans les textes analysés pourrait être considéré comme le retour "postmoderne" aux "sources," ne signifie aucunement l'acceptation naïve des valeurs passées. Le mode mythique dans la littérature contemporaine, surtout féministe ou écrite par des femmes, a sans doute subi des transformations capitales. Elles semblent relever en partie de cet esprit "moderne" repenseur des institutions du passé, ainsi que de la relativisation des idées, voire des vérités acquises et instaurées comme seules valables. Dans ces transformations, les analogies ont un rôle particulier à jouer. Comme le dit Joseph Campbell, elles sont à la fois la source, l'élément indispensable, et le résultat des métaphores, et donc une sorte d'"épiphanie" qui invite à considérer le monde dans une autre optique, une optique généralisante, totalisante. C'est là que je retrouve les auteures signalées plus haut et auxquelles je reviens dans la suite de ma réflexion.

La pensée analogique me paraît donc être porteuse d'une conception de vie capable de provoquer un changement radical dans nos paradigmes actuels. Pour qu'elle puisse être opératoire à ce niveau complexe, la littérature doit évidemment être considérée non pas comme miroir de la "réalité" mais comme la manifestation des mythes profonds qui régissent notre fonctionnement, et dans ce sens, toujours un pas en avant de la conscience majoritaire et largement acceptée. J'entends par mythes les croyances "fondatrices" d'un groupe, d'un ensemble social. Conformément à la logique immanente du mythe, ces croyances sont constamment refaites et reformulées, sans qu'on en prenne conscience sur un plan "commun," "quotidien."

Comme par exemple dans la *Vie en prose* de Yolande Villemaire ou dans *Le désert mauve* de Nicole Brossard, ainsi que dans *Les aventures de Pomme Douly* et autres écrits de Suzanne Jacob, la pensée analogique produit un monde scriptural où tout se renvoie, où le petit reflète le grand, où le "moi" parle pour le "tout," où le "moi" est en relation permanente avec le "tout." Tout en participant à sa façon aux grands mouvements actuels qui affirment la nécessité d'une perception holistique de notre existence, cette façon de voir le monde est d'après moi présente, en ce qui concerne le Québec, surtout chez des *écrivaines*. Cette pensée est donc consciemment générée par des femmes, par cette "voix féminine" qui, à mon avis, fait basculer de nombreuses idées dans le fonctionnement du monde occidental.

Quelles sont les dimensions ouvertes par cette pensée analogique? Cette écriture parvient-elle vraiment à s'ouvrir au "Tout," à couvrir ce Tout, en créant le Livre tant rêvé? Paradoxalement (le paradoxe faisant partie de la pensée analogique), le Tout est atteint et ne l'est pas, il est possible d'y aboutir de même qu'il est utopique de le faire... Il n'est pas nécessaire de *couvrir* le Tout, il suffit *d'ouvrir les voies* vers le Tout. La littérature en question le fait, parfaitement, de même que les analogies, par leur nature profonde, nous mènent toujours plus loin. Le texte, dans ce sens, ne fonctionne nullement comme un espace clos, il est au contraire ce "paragramme," ce "système ouvert" dont parle Kristeva.[1]

Tout holistique qu'on veuille être, on choisira normalement (dans le sens: de ce qui semble être la norme pour les écrivain(e)s analogiques) d'aller plutôt dans une direction, avec toutes les portes ouvertes, avec la possibilité d'opter pour tous les autres sens, à la fois, aussi paradoxal (encore) que cela puisse paraître. Si j'essaie de définir historiquement la tradition de cette direction (en partant encore du moment actuel, vers le passé, en tâchant de reconstituer, à leur refaire et à me refaire, en sens inverse, la famille spirituelle), j'opterais avant tout pour l'hermétisme, voie métaphorique par excellence. Cette tradition est pour moi d'autant plus facile à reconnaître que son "patron," Hermès égyptien ou grec, le messager par excellence, comporte dans sa "carte d'identité" mythémique, la possibilité d'être "parmi," "entre les deux," "in between," ni tout à fait dans le masculin ni tout à fait dans le féminin, dans les deux à la fois, dans le Tout à la fois, si on veut. Sans pouvoir explorer plus à fond, dans ce contexte, le complexe hermétique, il faut noter qu'il sert aussi bien les hommes que les femmes en quête de leur identité spirituelle,[2] passant par les types d'apprentissage telle la pensée symbolique représentée par le tarot, ou encore l'alchimie. Dans notre cas, il s'agit évidemment de l'alchimie du langage, dans son art de produire des mutations, des transformations. Ceci mène, dans (ma) pensée analogique, à un autre domaine plus ancien encore dont l'hermétisme s'inspire ou bien dans lequel il se retrouve et se confirme. En fait, si on veut éviter les dangers de classification étroite, on peut d'une part dire que l'hermétisme est peut-être l'expression du mode analogique la plus proche aux occidentaux, la plus ancrée, la plus présente à nos esprits, mais que la pensée analogique en général est plus vaste. Elle est parfaitement reconnaissable dans ce grand livre de transformations qu'est le Yi King chinois. D'autre part, pour suivre les étapes des manifestations du mode analogique/ hermétique dans le passé, on n'ignorera pas son expression grecque orphique[3] (l'orphisme recouvrant aussi le platonisme et menant au néoplatonisme...).

Tout ceci pour définir le contexte de ce qui m'intéressera plus particulièrement. Je désire donc montrer la présence et la pertinence de la pensée analogique dans les textes des écrivaines "différentes et semblables"/ "ni tout à fait les mêmes ni tout à fait les autres." Je crois devoir me concentrer sur deux textes, qui, en quelque sorte, en suggèrent d'autres, les englobent tou(te)s. Ce sont *Le désert mauve* de

Nicole Brossard que j'aborderai dans la deuxième partie de mon texte, alors que je parlerai en premier de *La vie en prose* de Yolande Villemaire. Il s'agit là de la biographie/ autobiographie/ livre-sphinx non seulement de l'écrivaine, mais de tout un mouvement de ce que j'appellerais alchimistes modernes au féminin, des "sorcières"[4] possédant la magie du langage pour se transformer elles-mêmes et transformer le monde. Livre miroir donc, où toutes se retrouveront, se mettront à dialoguer, à se renvoyer l'une l'autre, l'une à l'autre, avec au centre, ce moi, *cette* moi pivot, ouvreuse des portes, des rapports, des analogies.

Ce texte de Yolande Villemaire se place à maintes reprises sous l'enseigne d'Hermès (patron de l'alchimie, entre autres). Les rappels de ce messager se déversent immédiatement, comme pour confirmer encore ce mode de pensée fondamental, dans un tourbillon d'analogies/ associations, à ne citer qu'un des passages les plus typiques:

> C'est pourtant mercredi, jour de Mercure. Le mercure monte dans le thermomètre mais le dieu de communications ne transmet aujourd'hui que le silence. Je te jure que c'est pas facile d'imaginer chevillé d'ailes cet avorton messager que je suis en train de prendre en grippe. J'oublie qu'il a déjà été porteur de tes hiéroglyphes et qu'il y a en Egypte une ville du nom d'Hermopolis. (Villemaire 113)

Aussitôt, plusieurs questions apparaissent qu'il n'était pas vraiment possible d'aborder plus haut: se mettre sous le signe d'Hermès/ Mercure est-il une activité automatique, toujours la même? Là encore, la pensée analogique l'emportera dans sa capacité de parler à travers les opositions/ à travers les paradoxes et les oxymores. Tout en taxant Mercure d'avorton, tout en lui reprochant d'être un messager silencieux, Yolande Villemaire se sert de ce mythème,[5] pour cause, je dirais. Tout en procédant par la négation, par le rejet, par la tension (dialectique), elle permet à ce messager d'être là. Pour signaler? Qu'on n'échappe pas à la tradition, mais qu'on peut et qu'on se doit, presque, de reformuler les anciens mythes, les anciens paradigmes.

La première dans la série des reformulations / restructurations, dans le cas de Yolande Villemaire, consisterait, à mon avis, dans le refus de se conformer à une seule tradition. Tout "holistique" (dans son temps) que pouvait être la pensée alchimique, hermétique traditionnelle, elle déconsidérait probablement le recours aux "techniques" autres que les siennes. Le monologisme (Bakhtine) n'était-il pas un des traits les plus caractéristiques de notre histoire occidentale? Si le monde occidental (on a tendance à dire: le monde entier) a maintenant atteint la maturité, l'ouverture nécessaire pour déboucher sur le dialogisme, la littérature devrait nous en donner des preuves, si on accepte la fonction d'"anticipation" que je lui prête. Dans le cas de Yolande Villemaire, première marque du dialogisme: cette communication, à l'intérieur d'un seul texte, entre toutes celles et tous ceux (!) qui ont participé, d'une façon ou une autre, à la création de son univers romanesque. Les aimé(e)s, les désiré(e)s, les abandonné(e)s; les interpellé(e)s, les invité(e)s. Les hommes **et** les femmes. Mais ce même procédé dialogique est manifeste, dans ce roman, sur le plan du matériau utilisé, des invocations (magiques?) des mondes différents. Champignons magiques, le pendu (du tarot), le livre des mutations (le Yi King) sont évoqués côte à côte (Villemaire 237). Un "mudra sacré" à côté des "valiums" et de "la bouche ouverte comme Hermès hiérophante" (Villemaire 279). Et l'abondance des passages métaphoriques renouant des domaines: "la ligne du temps se love en claquant **comme** ma langue de serpent dans le jardin d'Eden,"6 ce qui un peu plus loin permet une autre image "édénique," celle d'Urantia (toujours Villemaire 240), avec toutes les connotations ésotériques que cela comporte. Et puis tous ces jeux à l'infini des associations phonétiques, "Titan tétant mes mamelles de Tellier" (Villemaire 241)—pour ne citer que cet exemple. Dans cette littérature, "comme [encore!] le réel, parfois, bascule dans la fiction"— Ariane en visite chez l'écrivaine produit l'image de l'Ariane personnage du roman évoquant Ariane (traditionnelle, grecque) dans le dédale et renvoyant au dédale de l'écriture—l'Ariane nouvelle, la femme, devenant l'hiérophante, le guide, avec, en outre, **cette enfant**, "Michaelle . . . née le 29 septembre, jour de la fête de Saint-Michel Archange" (le tout Villemaire 285) qui devient la protectrice ("sous l'aile protectrice de l'archange Michaelle," Villemaire 286) de cette Ariane (réelle? fictivement réelle?).

Nicole Brossard est elle aussi entièrement dans le mode de pensée métaphorique, analogique, totalisant: en fait, elle est toute entière dans ce **comme** qui se situe bien sûr **entre** les deux champs sémantiques, **entre** deux mondes mais qui est en même temps une ouverture, dans tous les sens. Le **comme** est cette potentialité ouverte dont je parlais dans le cas de Yolande Villemaire. Hésitation entre deux ou plusieurs modes, soit, mais aussi point focal tout à fait instable et, ce qui est propre au paradoxe, ne générant peut-être qu'une seule certitude, celle des réseaux s'ouvrant à partir de cette position.

Ce qui me paraît très intéressant dans ce type d'écriture, celle de Nicole Brossard en l'occurrence, c'est que la lectrice/ le lecteur peut rentrer dans le réseau d'analogies complémentaires entre elles presqu'à n'importe quel moment, à n'importe quelle page: les éléments-charnières la/ le guideront d'une unité minime du discours à la perception de la globalité. Ceci prouve d'ailleurs mes affirmations au sujet de la globalité s'ouvrant dans et à travers ce type de textes. En outre, pour reprendre la loi hermétique de base: le petit renvoie au tout, le tout révèle la partie.

Chez Nicole Brossard, la condensation dans le détail fait que des "mondes" surgissent lors de l'analyse d'un petit passage. En même temps, ces éléments s'inscrivent dans une poétique qu'ils aident bien sûr à édifier et où ils sont comme des pièces incontournables et non-négligeables de ce tout en mosaïque. Rien ne semble jamais être univoque, dans *Le désert mauve*, et pourtant, le texte invite à la lecture par une simplicité apparente, par un langage qui a l'air d'être transparent. Là encore, nous sommes dans le domaine du paradoxe—la "légèreté de l'être / de l'écrit" va de pair avec l'accumulation, le trop-plein, la condensation des figures, pour parler de la rhétorique de ce discours. Parfois, paragraphe/phrase après paragraphe, s'alignent les mêmes mots (le revolver, le téléviseur, etc., dans *Lieux et objets*, à partir de la p. 67), et cette répétition quasiment rituelle des mots "simples" crée un certain rythme on pourrait dire enchanteur, dans cette magie conforme, il me semble, aux objectifs de l'écrivaine. Dans ces mêmes passages, un agent de passage(s), ce **comme**, va introduire une nouvelle complexité, va ajouter à une "évidence" (apparente encore) une dimension qui va ou ne va pas être pleinement développée. Parfois, Nicole Brossard s'arrête au beau milieu de son évocation, de son image, de la comparaison. Soit que la suite ne lui semble pas nécessaire, soit le trop-plein de l'image peut équilibrer le déséquilibre apparent—en ayant peut-être pour conséquence ce vide (apparent lui aussi). L'analogie repose sur les paradoxes si elle ne veut pas s'épuiser dans la conformité: ces oppositions sont donc parfaitement légitimes, de plus, significatives de cette poétique dont j'essaie de montrer le fonctionnement. Une de ses caractéristiques, ce sont non seulement les accumulations des images, mais également les recouvrements des procédés rhétoriques différents. Si on prend l'exemple, toujours dans le même roman, de la partie *Dimensions,* dans *Un livre à traduire,* le titre de ce passage étant lui-même significatif, on perçoit que les comparaisons ne sont jamais simples, univalentes: elles reposent le plus souvent sur ce qui, dans les définitions de la pensée mythologique, est appelé *coincidentia oppositorum,* et qui semble même en être le principe de base. Du point de vue de la rhétorique, une comparaison est souvent une synesthésie peu habituelle (p. 147: l'immobilité / comme / une saisie de la raison; le désert / comme / un commentaire; capable de dérouter tous les silences). Souvent, il s'agira d'une synesthésie multiple, d'un oxymore s'affirmant en règle dans le texte. En outre, chaque élément de la comparaison en oxymore ou en synesthésie (ou, éventuellement, les deux à la fois) est apte à engendrer une autre image, provoquant, étant à l'origine de ce débordement permanent. La métaphore, pour qu'elle soit originale, devra mettre en jeu des "espaces" incompatibles: celle de Nicole Brossard vise moins l'originalité que la totalisation de l'expérience, tant de l'écriture que des sens que celle-ci met en jeu. À pousser encore un peu plus loin, l'arrangement de l'écriture de ce roman est en lui-même métaphorique: nous n'ignorons pas la disposition du récit en quatre grandes parties, *Le désert mauve, Un livre à traduire, Un livre à traduire (suite)* et *Mauve, l'horizon.* Je dirais, presque entre parenthèses, que les quatre parties sont en elles-mêmes significatives et métaphoriques, le 4 étant le chiffre féminin, lié ici non pas à la mort mais à la création féminine-englobant-la-vie-et-la-mort; le cycle des vies et des déchéances. Pour revenir à cette disposition: la première partie est "comme" un texte en anglais, tout en apparaissant, dans le roman, en français, "comme" un original à partir duquel les spéculations sur la signification vont se faire. La dernière partie est "comme" une traduction de ce premier "roman dans le roman." Entre les deux, les commentaires de la traductrice, marquant en quelque sorte le **passage entre** le texte "original" et la "traduction," créent un espace semblable à ce recouvrement de deux champs sémantiques. Mais cet espace nouveau déborde lui aussi le texte, l'"original" ainsi que la "traduction." Et encore, tout est lié, inextricable, tous ces "corps" nécessaires l'un à l'autre, se relayant le rôle du générateur / de la génératrice de l'image, de la comparaison, de la métaphore à plusieurs niveaux. De cette **Laure,**[7] prénom au singulier, auteure "présumée" de la première partie du livre, on passe à ce "je multiple" de l'interprète/ traductrice Maude **Laures**, mot presque générique, pour ouvrir la brèche à toutes celles qui sont inspiratrices et créatrices à la fois. Ce **"l'or"** ("l'aure!") au féminin, matière précieuse et agent**e** de transformation, répondant aux **Mauves** du titre par ce

Maude—mode de voir, de penser, de repenser la pensée d'une autre. Ces M multipliés faisant écho, évidemment, à toutes les allitérations dans le texte (du genre de "mousse de saumon" dans la première partie du roman). Au dire de Nicole Brossard, la phonétique du [mov] / [lor], de cet [o] dans -or- ou -aur- est pertinente dans son écriture, revenant souvent, et elle met elle-même "l'or"/ [lor] en relation avec le [o] dans "mauve."[8] Cette conjonction s'explique encore par la pensée analogique, voire ésotérique: le mauve étant la couleur de l'esprit, de la force qui guérit—et qui, depuis la tradition hindoue (au moins), a la même qualité que l'or, ce dernier étant le symbole de la transformation alchimique, son but même.

Tout dans ce roman, et ceci à plusieurs niveaux, peut devenir "mobile" et "moteur/motrice," comprenant un autre texte, une autre unité de discours, l'éjectant, la conditionnant, la générant, la repoussant, la réintégrant. On le sait: le texte est "bien sûr" écrit par Nicole Brossard, et tout ce jeu sur les traductions est une métaphore géante pour les passages, pour les métamorphoses où le "je est une autre" (Y.Villemaire)—mais, en fait, où le "je" et "cette autre" sont là, toutes les deux à la fois. Si Nicole Brossard décide d'inclure, dans un seul texte, tous ces niveaux différents du récit, si elle veut faire coexister, à l'intérieur d'un ensemble scriptural, le "texte de départ" et le "texte d'arrivée," c'est qu'elle insiste avant tout sur les processus des mutations dans lesquels les "oppositions" sont présentes en permanence. Sur le plan de la "thématique" du livre (mais y a-t-il une thématique en dehors de ce que le Tout semble suggérer?), le désert et l'horizon sont là,[9] le "désert" engendre "horizon," la mort, le point focal, permet l'ouverture des horizons. La bombe atomique qui éclate dans le désert d'Arizona, l'oeuvre de l'homme long, détruisant le peu de vie qui y reste, dans cette chaleur et lumière, ne permet-elle pas l'ouverture des horizons à cette jeune fille sans âge, éternelle, comme N. Brossard le fait dire à Angela Parkins? Dans une métaphore, les deux éléments sont forcément présents, à la fois. Dans un livre-métaphore, les constituantes de l'image, du discours, sont toutes là (comme le sont tous les hypotextes dans un discours qui se veut postmoderne). En outre, le passage, le lien, ce **metapherein** est là également, le processus de la transformation, de la modification intégrés au récit, intégrant les parties, mais aussi, ouvrant le récit à d'autres cumulations, à d'autres débordements. Le papillon tatoué sur l'épaule de Mélanie est "comme" ce symbole de la régénération, de la mutation, figé, capté dans sa stabilité, dans son "envol," pour que Mélanie puisse prendre la relève, elle qui va changer par la force des choses, dont les modifications cellulaires vont influencer les transformations possibles de cette image tatouée.

Pour revenir au 4, au principe de l'incarnation (porteuse de la mort, bien sûr, mais de nouvelles naissances également): ce texte est "comme" incarné dans le paradoxe, déroutant et calmant à la fois. Déroutant, parce qu'il fait se juxtaposer, jusqu'à l'explosion, toutes ces images débordantes, mais aussi, parce qu'il accumule, fait coïncider des modèles de pensée différents. Kathy Kerouac mère nourricière et plutôt démiurge au féminin, avec sa voix magique qui crée le monde autour d'elle, qui produit des changements dans le comportement des gens, et qui pourtant n'est pas capable de calmer sa propre angoisse.[10] Kathy qui croit à l'invention de la réalité par la pensée et qui en même temps vit dans son corps, dans ses désirs. Lorna, son amante, qui, elle, veut vivre sa relation et non pas projeter sa propre vision de celle qu'elle aime sur la personne en cause, Lorna pour qui le corps est porteur de la pensée. Et Mélanie, fugitive entre les deux, entre toutes, rompant même avec les nouveaux modèles, comme si l'initiation à la vie de l'adulte devait toujours passer par la rupture avec la mère, même si on est dans un monde au féminin.[11] Et l'homme long qui récite le sanskrit et qui ne fait pas coïncider sa recherche spirituelle avec son travail de destruction[12]—peut-être nécessaire, tout de même, et porteur de nouvelles constructions?! Et Angela Parkins trop peu et trop masculine, trop peu et encore trop féminine, narguant tout le monde, pour masquer peut-être sa propre peur. Angela qui reste "parmi," entre deux modes d'existence, entre les images d'elle-même, au lieu d'être dans le tout, dans l'inclusion. En fait, peut-on vraiment tout inclure?—pour revenir à la question ouverte plus haut. Mélanie qui veut joindre tous les opposés, le désert et le motel Mauve, n'exclut-elle pas, à un certain niveau, non seulement sa mère mais d'autres aussi, pour les réinclure peut-être à un autre moment? Quoi qu'il en soit, encore: tout dans un même texte, pour ouvrir les horizons, pour élargir les frontières, pour assurer les passages.Quelles sont les valeurs fondamentales du monde/Monde surgissant de ces jeux d'analogies? Dans le cas des auteures mentionnées, ce n'est sûrement pas un monde à prédominance mentale. Déjà, la pensée symbolique (des femmes) s'inspire des registres tout à fait différents du seul intellect—qu'elle inclut également. Ce qui est particulièrement significatif pour cette écriture, c'est la pensée "corporelle," avec la présence du **corps** dans le corps du texte, avec les sensations, les émotions, les craintes, les intuitions / instincts. Et c'est dans ce sens que les anciens mythèmes se voient le plus et le mieux transformés, intégrés dans cette vision "ronde," cyclique, et par là, très féminine, de la vie et du monde.

NOTES

[1] Le foisonnement des renvois intertextuels dans la littérature dite post-moderne n'est-il pas en lui-même indicateur de cette ouverture du système, en vue de l'établissement d'un nouveau mode de penser la littérature ainsi que la vie / la prose qui, elle, se déverse dans la réalité et vice versa, dans Yolande Villemaire mais aussi dans d'autres textes? J'y reviendrai.

[2] Pour ne nommer, en dehors des auteur(e)s cité(e)s dans ce lieu, que le "capriccio" très hermétique de Michel Butor, *Le portrait de l'artiste en jeune signe*, très androgyne même si comme "ancré" dans la tradition alchimique masculine.

[3] Je signale ici que j'ai placé mes études sur Simon, et plus récemment sur Butor, sous l'enseigne de l'orphisme—vu comme expression littéraire holistique, regroupant à l'intérieur de la Parole (dans la définition d'Elizabeth Sewell, *The Orphic Voice*), le rituel, la danse, les mathématiques et les autres arts plastiques. Les liens entre ces domaines s'établissent très clairement à travers les analogies, à travers les mots clés servant comme une sorte d'"aiguilleurs." Cette vision de l'orphisme s'adapte parfaitement à beaucoup de textes québécois au féminin.

[4] Je pense ici à Barbara Walker qui peut nous éclairer sur les renversements effectués, par les "sorcières" modernes, des paradigmes hérités du Yi King, du Tarot, etc.

[5] J'emploie le mot dans la définition de Gilbert Durand, surtout dans les *Figures mythiques et les visages de l'oeuvre*.

[6] Allusion encore très explicite à la restructuration des connotations mythiques traditionnelles.

7 Quand on dit Laure, ne doit-on pas penser, dans le mode postmoderne, à toutes les Laures "inspiratrices" de la création—surtout littéraire? Sauf que dans ce cas, Laure est **créatrice en même temps qu'inspiratrice**: le texte écrit par une femme, élément actif, assure la relève, pour d'autres écritures au féminin, surtout dans le roman en question. Ici encore, tout texte est à la fois hypertexte (G. Genette) de ce qui a déjà été fait et en même temps hypotexte pour les textes à venir.

8 Pour N. Brossard, le "mauve" regroupe deux qualités, celle du rouge, de la passion, et du bleu qui est plutôt froid. Je dirais qu'elle évoque ainsi elle-même le principe de la "coïncidence des opposés" qui, d'après moi, conduit son cheminement scriptural. La passion elle-même, telle qu'introduite dans le texte, apparaît dans toute son ambiguïté (p. 148). On le voit à la même page (148), "au coeur de l'émerveillement et de la déroute": le terme de passion, hérité de nos anciens, est en lui-même une coïncidence des opposés. L'acceptation des oppositions, de la nature même du paradoxe est selon moi une autre preuve de la démarche "totalisante" de l'écrivaine.

9 L'horizon qui suggère un autre [lor], comme l'a signalé, dans mon cours à McGill, Peter M. Wilson. D'autre part, Marina Bost a cité des *Voyelles* de Rimbaud où le "o" est considéré comme "bleu violet."

10 Kathy se présente comme le reflet, peut-être, mise en abyme/en miroir de cette Laure Angstelle, auteure supposée du "livre à traduire," *Le désert mauve*. Angst-elle, celle qui est l'angoisse même—elle/la peur de trop s'affirmer, de trop être elle-même, de trop prendre sur elle le poids de sa nature de démiurge. Dans le livre, on remarque cette même attitude dans la scène (fictivement) "imaginée," entre Angela Parkins et Laure Angstelle, où Angela reproche à l'"auteure" de l'avoir fait tuer, alors que Laure recule, se replie derrière le geste de l'homme long, ou encore, affirme qu'une fois les choses mises en place, elles prennent leur propre cours dans la "fiction."

11 Ce sont peut-être Angela Parkins ou la cousine qui peuvent être vues comme des initiatrices venant à la rencontre de cette jeune fille à la fois "assoiffée" et capable de "maîtriser sa soif."

12 Pour N. Brossard, comme elle me l'a affirmé, l'image de "l'homme long" coïncide parfaitement avec le personnage de Robert Oppenheimer. Cette figure représente dans le roman une des

possibilités de la "quête" de l'absolu. Comme N. Brossard le suggère, cette recherche est poussée trop loin, ce qui cause "l'éclatement" du personnage, lié à ses actes non-tolérants, prémonitoires, en ce qui concerne le livre, des manifestations récentes (réelles) de l'agressivité masculine contre les femmes perçues comme non-soumises.

OEUVRES CITÉES

Brossard, Nicole. *Le désert mauve*. Montréal: L'Hexagone, 1987.

Butor, Michel. *Le Portrait de l'artiste en jeune singe*. Paris: Gallimard, 1967.

Campbell, Joseph. *The Power of Myth*. New York: Doubleday, 1988.

Durand, Gilbert. *Figures mythiques et visages de l'oeuvre*. Paris: Berg International, 1979.

Faivre, Antoine. "Démystification et remythisation." *René Guénon et l'actualité de la pensée traditionnelle*. Sous la dir. de René Alleau et Marina Scriabine. Braine-le-Comte: Éditions du Baucens, 1977.

Jacob, Suzanne. *Les aventures de Pomme Douly*. Montréal: Les Éditions du Boréal, 1988.

Kristeva, Julia. *Semeiotikè*. Paris: Seuil, 1969.

Sewell, Elizabeth. *The Orphic Voice*. New Haven: Yale UP, 1960.

Villemaire, Yolande. *La vie en prose*. Montréal: Les Herbes Rouges (TYPO), 1980.

Zupančič, Metka. *Orphisme et polyphonie dans les textes de Claude Simon*. Diss. Univ. de Zagreb (Croatie), déc. 1988. Reprise dans *Lectures de Claude Simon: La polyphonie de la structure et du mythe*. Toronto: les Éditions du GREF, 1996.

--- . "Artiste holistique--Art globalisant: Lecture orphique de Michel Butor." *La création selon Michel Butor*. Colloque de Queen's University. Dir. Mireille Calle-Gruber. Paris: Librairie A.-G. Nizet, 1991.

The Reader as Writer in Madeleine Monette's *Le double suspect*

Susan Ireland
Grinnell College

Le double suspect draws on the traditions of the fictional journal and the detective story in order to give an account of self–discovery through reading and writing. The novel is composed of two journals written by Anne in Rome between June 8 and December 10. These are inspired by another journal kept by Manon, which Anne has decided to rewrite in order to arrive at a satisfactory reading of it. One of Anne's journals recounts how she came to rewrite Manon's story, and the other contains the rewritten version. Both are written in black notebooks distinguished only by the fact that one set has red edges. Manon too used similar black notebooks: "une série de cahiers noirs tous identiques et numérotés sur les pages desquels s'entassait, comme dans un journal, une écriture fine, inégale et presque illisible" (35). Anne sets out to make these unreadable journals readable by portraying Manon in the process of writing the very journal which has inspired her own rewriting.

The title—*Le double suspect*—suggests a detective story. Indeed, two suspected suicides, those of Manon and of Paul, her husband, create a mystery at the center of the novel and lead to the investigations carried out first by the police and then by Anne. The police inquiry is, however, alluded to only briefly. Instead, the novel is an account of Anne's personal investigation after she inherits Manon's journals. Her inquiry is purely textual in nature since she sets out to reconstitute the events leading to the suicides by reading and interpreting the journals. References to the enigmatic nature of Manon and her journal recur frequently: Manon is "mystérieuse et énigmatique" (43), and the the notebooks contain "une énigme que je devais résoudre à tout prix" (42). Other allusions to enigmas of various kinds emphasize the nature of the narrator–detective's task: she refers to events as "les pièces d'un puzzle" (36) and compares Manon's enigmatic comments to knots—"je n'avais pas réussi à découvrir la maille sur laquelle je devais tirer pour que les noeuds se dénouent" (33). Her journal subsequently recounts her "travail de déchiffrement" (238) as she attempts to untie the knots and solve the puzzzle of the suicides.

A traditional detective story moves from ignorance to knowledge because it "must hide before it reveals its mysteries. Right until its end the secret must weigh on the imagination or the reason of its hero" (Macherey 40). *Le double suspect* illustrates this model in that Anne's reading of Manon's journal "cherche à dévoiler ce que Manon a voulu taire" (127). "Taire" and "dévoiler" represent the two poles between which detective fiction is organized, and words evoking them recur throughout the text: "J'ai l'impression que tout cela cache quelque chose . . . que je finirai bien par découvrir" (121); "faire dire aux cahiers noirs ce qu'ils ne disaient pas en toutes lettres et formuler clairement ce qu'ils ne faisaient que suggérer" (238). Anne rereads the black notebooks over and over again in order to find the secret hidden in them. Just as the detective story recounts "l'histoire d'une absence," the "absent" story of the crime, which the detective sets out to discover (Todorov 58), so she sets out to reconstruct the "absent" story: "la reconstituer, cette histoire, malgré les pièces manquantes, malgré les trous dont elle était tissée et au creux desquels elle semblait prendre tout son intérêt et toute sa signification" (38). This reconstruction is necessary because Manon's journal provides only "une vision trouée, morcelée, fragmentaire des événements" (127), and Anne refers frequently to the missing elements which prevent her from solving the enigma. Her desire to know the secret hidden in the "creux" motivates her investigation, and its "absence" thus dominates the text. As she moves from one pole to another, from the "taire" of Manon's notebooks to the "dévoiler" of her own journal, she gradually fills in the "creux," the gap which lies at the heart of the notebooks, and she thus arrives at a satisfactory reading of them.

Her meticulous textual investigation of the suicides—"une lecture attentive du texte" (127)—leads to the revelation of Manon's latent homosexuality. This is the secret that Manon wished to hide from herself and others, the "vérité . . . en creux" hinted at in her journal (130). The "creux" in the text thus contains a secret of a personal nature, which Anne brings to light by reading between the lines. Early in the novel, Manon's discovery of her husband's homosexuality provides a model for Anne's discovery of Manon's secret. Manon finds out "ce qu'il a dissimulé" (59) when she finds him sleeping with another man, just as Anne later reveals "ce qui pour elle était inavouable" (128).

270

Because of their secrets, the characters constitute enigmas for themselves and others, and Anne relates one after another Manon's attempts to explain her husband's behavior, Manon's efforts to understand herself, her own attempts to comprehend Manon, and finally her desire to understand herself.

By combining the detective story with the form of the fictional journal, Madeleine Monette exploits the fact that a journal is generally a vehicle for self–knowledge. "The central preoccupation of the fictional intimiste is . . . himself," asserts Valérie Raoul in her book on the French fictional journal (Raoul 30). Manon's journal is presented as a "journal intime," which she keeps in order to try and understand her husband's suicide and through which she gradually becomes aware of her own homosexual tendencies. Because of the personal nature of the journal, Anne feels that in reading it, "je viole une intimité à laquelle je n'ai pas droit" (39). Like Manon, she starts her journal in order to understand someone other than herself (Manon), but she soon senses that the secret she seeks in Manon's journal is doubly important because "une fois mise à jour, elle sera aussi la mienne" (130). Keeping the journal leads to self–discovery as she comes to realize that she too has a secret. Bringing it to light depends on solving the enigma of Manon and her journal—"y retrouver cette part de moi-même qui semble y être enfermée" (49). What begins as an attempt to produce a reading of Manon's story thus leads her to reread her own self: "J'avais voulu refaire patiemment et fidèlement le trajet des cahiers noirs et, sans m'en rendre compte, j'en étais devenue la seule et unique cible" (238).

The title of the novel, the blurring of the boundaries between the characters, and the numerous references to doubles reflect the narrator's increasing identification with Manon. The title, *Le double suspect*, suggests this doubling, and during the course of the novel, Anne first discovers Manon's *désirs suspects* (238) then realizes that "aux prises avec ce personnage auquel je m'identifiais de plus en plus étroitement, j'aie tout simplement fini par céder aux mêmes peurs et aux mêmes scrupules que lui" (238). Raoul points out that the use of a double is a common feature of the fictional journal: "It is the logical development of the other as reflection of the self. As well as providing effects of patterning, parallel, and contrast, one other character often plays the part of 'twin soul' in the narrator's attempt at self–definition, representing one pole of his own duality" (Raoul 37). In *Le double suspect*, Manon contemplates herself in a series of relationships with

Paul, Michel, Andrée, and finally Anne. These characters serve as doubles and reflect parts of herself, which she comments on in her journal. She describes her relationship with Michel, for example, as "un jeu de miroirs inversés" (78), and Andrée provides her with "une image de moi dans laquelle je me reconnaissais point pour point" (205). Since she knows or suspects that each of them is homosexual, she begins to question this aspect of her own identity. The many references to mirrors and reflections thus emphasize the role played by the double in the self's dialogue with the other.

Manon in her turn plays the part of "twin soul" for Anne as Anne's quest for self–definition comes increasingly to resemble her own. Manon notes in her journal that people often confuse her with Anne because she and Anne are "le même âge" and have "le même physique, la même ossature, la même couleur de cheveux, la même démarche (sauf qu'Anne porte toujours des talons plats et moi des talons hauts)" (212). After Manon's death, Anne moves into her hotel room and begins to adopt her taste in clothes. She buys a pair of high–heeled shoes out of an apparent desire to blend more fully with her other—"je me sentais devenir quelqu'un d'autre et cet autre me plaisait. J'en suivais l'image de vitrine en vitrine amusée par ce reflet de moi–même" (46). When she tries on Manon's clothes in front of her mirror, the identification is complete: "le visage de Manon m'était revenu en mémoire en se substituant au mien" (46). Anne's increasing physical resemblance to her double thus reflects her psychological identification with her and foregrounds the steps she has taken towards self–discovery.

Keeping a journal leads both Manon and Anne to discover a new self. When she begins to write her journal, Manon defines herself as "la femme de Paul," an identity she constructed for herself five years earlier—"je me suis fabriquée une image" (98). However, she now seeks to refashion this image and to create a new identity just as Andrée, one of her doubles, has done: "M'appuyant sur les détails qu'Andrée m'avait fournis à propos d'elle–même quelques mois plus tôt, je me suis donc fabriquée une nouvelle image" (219). Anne in her turn does the same when she begins to identify with Manon. At the end of the novel, she clearly emerges as a new self, a change symbolized by her rejection of the name given to her by her father and her adoption of the name Anne, which she has used in her journal (235). Her adoption of the name given to her textual self as it is redefined through its inscription in the journal emphasizes the relationship between the writing of the journal and the construction of the self. Manon notes that her journal constitutes "un autre moi" (209), and it is through their journals that she and Anne are able to rewrite their selves.

Throughout her journal, Anne explores the nature of the "I" and its importance in solving the enigma of the self. The use of the "journal intime" lends itself to such an exploration since it generally contains an account of self–discovery written in the first person. At the outset, Anne is afraid to speak or write about herself in her own voice and comments that she lives vicariously through others (215). However, when she decides to rewrite Manon's journal in the first person, she expresses her concern about adopting the "I" of another person:

> Le problème, c'est que je n'arrive pas à dire *je* . . . . je devrai me substituer à Manon pendant tout ce temps–là pour écrire, comme si j'étais à sa place . . . . Or je crains que cette activité de décentrement ne soit pour moi qu'une source de confusion comme si, à force de m'identifier à Manon, ma personne et la sienne risquaient de se superposer au point où je ne saurais plus *qui* écrit. (51)

Her decision to use the "I" of Manon means that the "I" in one of the journals that form the novel is that of Anne speaking in her own voice, while in the other it is Anne's fictional representation of Manon's voice. This creates complex relationships between the different journals as a series of first–person narratives present events from various perspectives and points in time. Anne herself comments on this aspect of the text: "(il y avait d'abord l'image que Manon avait d'elle–même et de moi, puis l'image que j'avais de moi–même et d'elle, et ensuite l'image qu'elle avait d'elle–même et de moi, etc.)" (236). The multiple "I"s emphasize the blurring of the boundaries between the characters and make it increasingly difficult for Anne to identify her own voice. Part way through the novel, she notices that "la voix de Manon se confond étrangement à la mienne" (126), and by the end, the two voices, like the physical appearance of the characters, have become virtually indistinguishable.

Anne's appearance in both journals adds to the confusion. Raoul points out that "the subject–object dédoublement is shared by all . . . those who recount their own story in the first person" since they are at once narrator and object of their narrative (35). This is the case of both Anne and Manon, who each write about themselves in their respective journals. The situation is further complicated by the fact that Anne also refers to herself in the third person when she appears as a character in her fictionalized version of Manon's journal, in which the first person pronouns refer to Manon not to herself. At the beginning of this journal, Manon imagines she is recounting her story in the third person: "je me suis mise à me raconter ce qui m'arrivait: Elle est assise sur un banc . . . " (65). This image draws attention to the self–objectification experienced by both Anne and Manon when they write their own stories.

Although Anne sets out to rewrite Manon's story as faithfully as she can, she makes up details when narrative coherence requires it: "c'est précisément parce que les cahiers ne disent pas tout et que leur vérité m'échappe que j'ai tendance à vouloir *inventer*" (43). It is therefore out of "un certain souci de *réalisme*" that she begins to invent information about places and characters (128), and she soon realizes that with every page she writes, she has taken "un pas de plus vers la fiction" (238). She justifies this by pointing out that her source is another text whose accuracy cannot be verified. In a similar fashion, she notes that the "I" which makes Manon and herself "une seule et même personne" really represents neither of them since it is "une pure invention," a fiction born of their objectification as characters in a text (126). Her version of Manon's story thus emphasizes the nature of the self as a fictional construct. She portrays Manon as a "mythomane" who has rewritten her self (237), and by following in her footsteps, she illustrates the way in which "we select, we construct, we compose our pasts and hence make fictional characters of ourselves" (Gass 128).

When Anne first states her intention to record her reading of a text— "refaire le trajet d'une écriture" (49)—she does so in terms which recall Jean Ricardou's description of the contemporary text as "l'aventure d'une écriture" (Ricardou 14). Although she constantly stresses her role as reader and emphasizes the fact that neither her journal nor her novel would have been written had she not read Manon's notebooks, she also points out that reading immediately leads her to writing: "J'ai déjà commencé à les récrire mentalement dès l'instant où j'ai commencé à les lire" (49). The story of reading thus becomes the story of writing, and once she has achieved self–knowledge through the reading and writing of a journal, Anne realizes that she, like Monette, has just completed her first novel.

To be more precise, the novel tells the story of rewriting. Anne makes this clear at the outset when she equates her intention to fill in the gaps in the notebooks with rewriting them: "les récrire . . . en combler les vides" (48). After reading Manon's unconnected, disorganized notes, Anne comments that "C'est comme si j'étais devant un brouillon, devant une série de notes et fragments écrits . . . qui n'attendaient que d'être récrits pour prendre une forme définitive" (48). It is the fragmented nature of Manon's journal which makes it difficult to read and which motivates Anne to give it form. Consequently, at the end of *Le double suspect*, "D'une pile de cahiers à l'autre, il n'y a en effet que la différence entre un premier brouillon et le manuscrit définitif d'un roman" (240). Anne's rewriting of the notebooks has thus created a new text in the same way that she and Manon have written a new identity for themselves. Both of these forms of rewriting have taken place in the journal, and in each case, moving from "taire" to "dévoiler," from the "brouillon" to the "forme définitive," has enabled the reader/writer to fill in the gaps and thereby make the unreadable readable.

The emphasis on reading as a form of writing presents *Le double suspect*, like Manon's journal, as a "writerly" novel, which requires the active participation of the reader (Barthes 11). Like Manon herself, it "ne se donne pas à lire dès la première rencontre" (38). Anne, whose reading is "loin d'être passive" (128) provides the model for the reader of such a text. Reading and writing are thus equated throughout the novel, which, through its presentation of a writer as reader, emphasizes the role of the reader as writer.

WORKS CITED

Barthes, Roland. *S/Z*. Paris: Seuil, 1970.

Gass, William. *Fiction and the Figures of Life*. New York: Random House, 1958.

Macherey, Pierre. *Pour une théorie de la production littéraire*. Paris: Maspero, 1978.

Monette, Madeleine. *Le double suspect*. Montréal: Quinze, 1980.

Raoul, Valérie. *The French Fictional Journal*. Toronto: U of Toronto P, 1980.

Ricardou, Jean. *Problèmes du nouveau roman*. Paris: Seuil, 1969.

Todorov, Tzvetan. *Poétique de la prose*. Paris: Seuil, 1971.

Le devenir du corps–image chez Elise Turcotte

Margaret Cook
Université d'Ottawa

Elise Turcotte, écrivaine francophone, représente une des tendances de la nouvelle poésie québécoise, poésie qui se veut ouverture au monde, mais à un monde ramené à la hauteur d'objets familiers, de la réalité. L'imaginaire québécois cherche à se lier avec le destin du monde dans les poèmes de Turcotte, et également dans les poèmes d'autres écrivaines telles que Louise Bouchard, Louise Dupré et Hélène Dorion. Turcotte approche les paroles du monde à travers les paysages du coeur dans ses quatre recueils: *Dans le delta de la nuit* (1982), *Navires de guerre* (1984), *La voix de Carla* (1987), et *La terre est ici* (1989). Son écriture se veut quête du réel et cette quête passe à travers une exploration de soi qui est élaborée dans la forme du poème en prose. L'espace devient donc celui du corps–conscience, espace d'ouverture et d'enfermement où le rythme prend le signifié en charge. Enfin, le corps se manifeste comme corps–image, ce qui mène à une concrétisation du sentiment (utilisation d'associations concrètes) et une figuration de la description (utilisation de tropes). La vérité du langage est alors remise en cause dans le rapport entre le concret, l'abstrait et l'image.

L'exploration de soi et du réel

L'écriture de la quête du réel est celle d'un imaginaire qui s'identifie au destin du monde et à sa connaissance. Cet imaginaire se relie alors au réel: "Mais la ville derrière nous,le vent qui parle, qui décrit les choses que nous avons dans la gorge. Choses fragiles, édifices de neige" (*Terre* 66). Tout est sujet d'observation, car tout laisse en même temps des traces en nous ("Les planètes suivent comme des barques, puis ce qui entre en nous avec les planètes", *Terre* 78) et aussi des traces dans le monde, mais un monde ramené, somme toute, à peu de choses: "Regarde, même si tu dors, même si tu n'es pas là, ça laisse des traces aussi dans le grand carré de sable désert" (*Delta* 25). De plus, l'exploration du réel se dédouble d'une exploration de soi, de son être et de son regard sur la vie quotidienne. L'espace correspond donc au corps–conscience et la quête est composée d'un va–et–vient entre poétique et réflexion, va–et–vient qui se caractérise par un investissement narratif: "Faut–il compter sur la réalité? La répartition du regard laisse aussi entrevoir des tissus sur une table à repasser, des livres ouverts et ce qui traîne amoureusement dans le langage" (*Carla* 34).

Il est nécessaire d'exposer et de clarifier la tâche du poète. Ainsi, le texte même appelle notre attention sur sa matérialité ("la réalité", "des livres", "le langage"), sur son langage et sur sa forme. Nous notons que la forme exploitée est celle du poème en prose, forme de prédilection de la plupart des nouveaux poètes québécois.

Dans sa thèse de doctorat sur le poème en prose au Québec, Marc Pelletier soutient que celui–ci est reconnaissable par la disposition en strophes et par des procédés liés à la répétition (554, 559). Cette dernière sert à établir une organisation musicale et à véhiculer le lyrisme de l'expression. De plus, la répétition s'oppose à la linéarité de la prose, pour créer un nouveau langage. Ajoutons à cela la remarque de Michael Riffaterre qui dit: "c'est en se refermant sur soi–même pour former une unité de signifiance que le texte se comporte en poème" (274).

En effet, les textes d'Elise Turcotte sont complets en soi et possèdent les caractéristiques d'unité et de brièveté du poème en prose. Chez les nouveaux poètes québécois, cette tendance à l'interpénétration des genres littéraires se manifeste de façon générale (voir Louise Bouchard, Louise Dupré et Hélène Dorion). L'interpénétration noue la vision intérieure, que ce soit le réel intime chez Turcotte, ou le souvenir chez Louise Bouchard, à un lyrisme extérieur: "Je fêtais l'enracinement dans l'histoire le désir dispersé" (*Delta* 14) et "Le poids de l'ombre quand elle marche et l'odeur au centre de la musique" (*Carla* 22). L'auteur néglige les liens logiques, évacue la subordination et cette agrammaticalité laisse prédominer la sensation. Louise Cotnoir remarque que dans les textes des écrivaines de la modernité, il s'agit de "désarticuler les modèles, la linéarité, la loi par des enchevêtrements, des distorsions sémantiques, des espacements" (Drapeau 39). Caroline Bayard, dans son étude *The New Poetics of Canada and Québec* (190), parle de lapsus, de décousu et de dérivations. En effet, chez Turcotte, le style est elliptique, et l'absence de connecteurs permet une certaine autonomie sémantique. Du point de vue de la structure du texte, une certaine impertinence (dans les termes de Jean Cohen) est créée. À un premier niveau littéral, les mots ne s'accordent pas; ils semblent provenir de champs sémantiques complètement disparates: "Desserrer la ceinture, la séduction, l'irréférence tout à coup" (*Delta* 17). Des signifiés apparemment contradictoires engendrent le processus de mise en question de la signification. Néanmoins, à un deuxième niveau, une harmonie est rétablie lorsque le sens figuré de "desserrer" est considéré en conjonction avec son sens littéral. Ainsi, les aspects concrets, émotifs et abstraits de la vie se rejoignent.

La forme du poème en prose va de pair avec le nouvel investissement de l'aspect narratif du texte que nous avons mentionné. Le travail du poème s'élabore dans ce registre en conjonction avec un style elliptique pour mettre en scène le devenir de la nature qui s'établit en parallèle avec le devenir de la femme. En somme, il s'agit de réduire la différence entre les deux et même de les unir si possible: "Le sol s'incline encore avec les mots, car tout continue à tourner, même si l'on change de tête ou de nom. Il sera alors toujours possible de parler de ruines (ce que nous aimons par–dessus tout), et même de gestes souffrant dans le désert" (*Terre* 34). Le langage est nécessaire pour exprimer le devenir continu à la base de l'introspection poétique.

L'espace du corps–conscience

Dans son exploration et dans son ouverture, le corps devient conscience et rythme du réel: "Tous mes gestes fauves cherchent furieusement des clartés dans le noir, revirant ma peau à l'envers pour y décoller le réel" (*Delta* 28). L'espace est alors défini comme celui de l'ouverture mais également celui de l'enfermement, puisque le corps se montre corps–monde: "Nous sommes la plaine, le détroit, les falaises. Nous sommes l'après–midi lent entre la ville et le fleuve" (*Terre* 76). La première personne du pluriel prend alors le monde en charge.

La simultanéité de l'ouverture et de l'enfermement est relevée comme une caractéristique du texte féminin par Louise Dupré. Elle signale ce trait ainsi que d'autres dans son étude critique *Stratégies du vertige* (22–23). Elle constate que le texte féminin tend à se développer de façon circulaire plutôt que linéaire, que sa temporalité est cyclique, et que son espace est en même temps celui de l'ouverture et de l'enfermement. Enfin, elle ajoute que le texte féminin adopte souvent une forme litanique. Hélène Cixous, de son côté, parle du texte au féminin comme un texte "sans but ni bout", et Turcotte affirme: "Je perds la trace de l'histoire qui n'a ni commencement ni fin" (*Navires* 46). Le sens se révèle plutôt à travers des touches contrastées, impressionnistes.

De même que la première personne du pluriel prend le monde en charge, le rythme prend le signifié en charge. Rappelons que pour Henri Meschonnic, le rythme est le facteur essentiel qui différencie prose et poésie: "Le rythme étant essentiellement une récurrence cyclique, il y a vers quand c'est le rythme qui "mène", et prose quand c'est la structure logique de la phrase" (166). Le rythme cadencé est celui de l'énumération ou du parallélisme, deux figures fondamentales dans la poésie de Turcotte: "Le foulard. Le bracelet avec les mots dans la serrure. . . . Le travail. Les galaxies. L'impertinence." (*Carla* 9). La construction utilisée est celle de la parataxe et l'emploi du verbe principal est suspendu. Même lorsque la structure poétique est plus développée, l'énumération prime: "Jamais indemne, jamais intacte de rien, je restais prise avec une odeur, un vêtement, le ravage des corps, les soupçons si j'écris. Lequel de toi était destinataire?" (*Navires* 15).

Enfin, ce rythme lyrique et incantatoire fait ressortir le subjectivisme de l'expérience qui est expérience de soi, du réel et de l'écriture:

> Oui, dites–le moi, prenez–moi jusqu'à ce que l'eau coule de mon corps, jusqu'à ce que je ressente bien tout l'extérieur des choses, pas seulement leur contour un fantôme de mots, jusqu'à ce que j'entende bien le son des voix et ce qu'il y a dedans. (*Delta* 12)

Le corps est donc conscience par laquelle se confirment les images de la vie quotidienne dans leur mouvement. Il est le lieu d'observation et de constatation. Tout part du corps, des sens, et des désirs. Voilà sans doute pourquoi cette poésie est poésie de devenir et non d'être. Comme dit Louise Dupré au sujet de France Théorêt, "l'écriture est le lieu où trouver sa langue et où retrouver son corps" (Royer 151).

Concrétisation du sentiment et figuration de la description

Le corps se réalise alors en corps–image, l'image étant une matérialisation d'un fragment du réel et étant créatrice de langage. Un effet de circularité, aussi caractéristique du texte au féminin, est créé: le sentiment et l'abstrait sont mis en évidence par le biais de rapports et d'associations concrètes (la concrétisation), alors que la description se manifeste par le biais de figures et de tropes (la figuration). La concrétisation sert à rendre une émotion ou une abstraction plus familière et plus intime: "assise toute seule dans le côté louche du réel, je mange une orange fragment d'un discours amoureux." (*Delta* 42). Une autre dimension est ainsi ajoutée au lien avec le réel: "Je les [les choses] supplie de m'aimer, tranquilles comme une phrase qui se détache." (*Terre* 15). Les rapports sont intimes et complexes et la concrétisation aide à les éclaircir ("C'était un désir mort entre la couleur du sable et du sang", *Navires* 15).

La figuration de la description, par contre, ne rend pas nécessairement plus familier, mais elle renforce le lien avec le réel intime: "L'événement bien sûr avait une transparence de libellule. Insaisissable. Essayez de ne pas comprendre." (*Navires* 59). Une fusion peut ainsi s'opérer: "Il est encore tôt, la brume est assise avec les passants; avec nous, elle se déchire comme une voix." (*Terre* 37). Cependant, il s'agit toujours du rapprochement entre deux réalités plus ou moins éloignées.

Enfin, à travers l'examen de la relation entre différentes réalités, la question de la vérité du langage, question par excellence de la modernité, est reprise: "Mais nous ne possédons pas le langage. Nous ne savons plus qui nous sommes; nous pensons *feu, gradins, Himalaya.*" (*Terre* 54). Le langage, nous le savons, n'est plus adéquat; il n'est plus capable d'assumer le rôle de "miroir de la réalité et de la vie" (expression de Clément Moisan):

> Je dis noire, noire comme la mer rouge de sel, les statues de sel au fond de la mer, enlisées pour toujours dans le corail submergées, les petites plaintes d'oubli, je dis noire je dirais claire quelque part. (*Delta* 53)

Robert Kroetsch, poète canadien–anglais, constate "the lovely treachery of words", et Shoshana Felman nous rappelle que le langage possède une nature double: il est référentiel, mais il échoue à la référentialité; il est ainsi en erreur. Néanmoins, selon Nicole Brossard, le scepticisme postmoderne nous laisse une mélancolie, mais également un désir de reconstruire.

En fin de compte, dans l'écriture et à travers elle, la seule réponse possible qui traverse ces textes est celle de l'image ("Nous sommes des images latentes dans le regard de l'autre", *Navires* 47), de ce rapprochement de réalités qui ne peuvent jamais être dites de façon entièrement adéquate. Les mots reprennent ainsi corps:

> Le titre sera blanc. Blanc comme le bruit. Blanc, la couleur du nom de Carla. L'espace où mille autres noms se soulèvent. Puis s'effondrent. Le souffle des choses, le chant, les hommes et les femmes de la planète. Une sorte d'arythmie. Les bords et les commencements. Le bonheur. La distance qu'il y a dedans. (*Carla* 17)

L'image fait oublier la composante narrative, car elle bénéficie d'une autonomie sémantique. Elle est reflet du réel quotidien sous ses différents aspects. Ces textes se situent effectivement entre le poétique, "l'histoire enfouie", et la réflexion sur le langage.

En conclusion, le monde d'Elise Turcotte est celui d'une conjugaison entre l'intime et une vision subjective du réel. Son écriture comprend le lyrique, le quotidien et l'autobiographique. Le journal personnel et la chronique qui occupent une place importante dans cette écriture se transforment "eux-mêmes dans une structure polyphonique et fragmentée" (Pierre Nepveu dans Royer 105). Comme l'affirme Louise Dupré (238): "puisque l'écriture ne peut livrer une vérité, elle essaie de la montrer". Néanmoins, avant d'arriver à l'image, il faut passer à travers l'écriture de soi et du monde, et donc du corps-conscience pour aboutir au corps-image.

OEUVRES CITÉES

Turcotte, Elise. *Dans le Delta de la nuit.* Trois–Rivières: Ecrits des Forges, 1982.

——. *Navires de guerre.* Trois–Rivières: Ecrits des Forges,   1984.

——. *La Voix de Carla.* Montréal: Vlb, 1987.

——. *La Terre est ici.* Montréal: Vlb, 1989.

Dans notre texte, nous utilisons les abréviations *Delta, Navires, Carla* et *Terre.*

Bayard, Caroline. *The New Poetics in Canada and Québec.* Toronto, Buffalo, London: U of Toronto P, 1989.

Brossard, Nicole. Conférence à l'Université d'Ottawa. 29 janvier 1991.

Drapeau, Renée–Berthe. *Féminins singuliers.* Montréal: Triptyque, 1986.

Dupré, Louise. *Stratégies du vertige.* Montréal: Remue–ménage, 1989.

Meschonnic, Henri. *Critique du rythme.* Paris: Verdier, 1982.

Pelletier, Marc. *De Silvio à Nicole Brossard. Le poème en prose en littérature québécoise.* Ottawa: Université d'Ottawa, 1987.

Riffaterre, Michael. *La Production du texte.* Paris: Seuil, 1979.

Royer, Jean. *Introduction à la poésie québécoise.* Montréal: Bibliothèque québécoise, 1989.